新形态电子商务"产教融合"精品系列教材

电子商务基础与实务

主 编◎胡 令 刘小娇 张 莉
副主编◎匡益明 张 薇 熊尚彦 盛希林

电子工业出版社
Publishing House of Electronics Industry
北京·BEIJING

内 容 简 介

本书以培养学生的电子商务基础知识和初步技能为核心，以工作过程为导向，以电子商务相关基础知识为主，配合电子商务初步技能的操作，其主要内容包括电子商务的初步认识与应用、电子商务模式分析、电子商务技术与安全、电子支付与网上银行、电子商务与物流、网络营销、网络客户服务与管理、电子商务法律、电子商务发展的热点应用。

本书以项目教学的方式组织内容，书中项目均来源于企业的典型案例。本书包括9个项目，每个项目都由项目情境、项目任务书、具体任务和项目总结4部分组成，每个任务都由任务描述、相关知识、任务实施、任务评价、知识拓展和同步拓展6部分组成。通过知识学习和任务操作，学生不仅能够掌握电子商务理论知识，而且能够初步掌握电子商务操作的方法，从而为进一步学习电子商务专业课程奠定基础。

本书可作为应用型本科及高等职业院校电子商务、市场营销、国际贸易和工商管理等专业电子商务课程的教学用书，也可供相关从业人员和有兴趣的人员学习和参考。

未经许可，不得以任何方式复制或抄袭本书之部分或全部内容。
版权所有，侵权必究。

图书在版编目（CIP）数据

电子商务基础与实务 / 胡令，刘小娇，张莉主编.
北京 : 电子工业出版社, 2025. 6. -- ISBN 978-7-121-48326-4

Ⅰ．F713.36

中国国家版本馆CIP数据核字第2024HQ5638号

责任编辑：贾瑞敏
印　　刷：三河市龙林印务有限公司
装　　订：三河市龙林印务有限公司
出版发行：电子工业出版社
　　　　　北京市海淀区万寿路173信箱　　　邮编100036
开　　本：787×1092　1/16　　印张：15.25　　字数：389千字
版　　次：2025年6月第1版
印　　次：2025年6月第1次印刷
定　　价：55.00元

凡所购买电子工业出版社图书有缺损问题，请向购买书店调换。若书店售缺，请与本社发行部联系，联系及邮购电话：(010) 88254888，88258888。

质量投诉请发邮件至zlts@phei.com.cn，盗版侵权举报请发邮件至dbqq@phei.com.cn。

本书咨询联系方式：(010) 88254019，jrm@phei.com.cn。

前　言

电子商务作为网络化、信息化的新型经济活动，正在以前所未有的速度迅猛发展，已经成为国民经济的重要组成部分。正如党的二十大报告所强调的，"加快发展数字经济，促进数字经济和实体经济深度融合，打造具有国际竞争力的数字产业集群"，电子商务正是这一趋势的生动体现。互联网时代的商务模式让我们的生活和工作变得更加方便快捷、灵活自如：要么电子商务，要么无商可务。因此，作为21世纪的年轻人，我们有必要对电子商务领域的相关知识和基础技能进行全面的了解。

本书按照项目情境、项目任务书、具体任务（任务描述、相关知识、任务实施、任务评价、知识拓展、同步拓展）和项目总结的体系结构编写，分别从电子商务的初步认识与应用、电子商务模式分析、电子商务技术与安全、电子支付与网上银行、电子商务与物流、网络营销、网络客户服务与管理、电子商务法律和电子商务发展的热点应用这9个方面进行阐述，在遵循一般电子商务交易流程的基础上略有变通。通过知识学习和任务操作，学生不仅能够掌握电子商务理论知识，而且能够初步掌握电子商务操作的方法，从而为进一步学习电子商务专业课程奠定基础。

本书具有以下特色。

1．突出"理实一体"的教学理念。本书主要作为应用型本科院校及高等职业院校电子商务专业的教材，因此密切配合应用型本科院校及高等职业院校人才培养模式的要求，重视技能操作的学习特点，同时注意拓宽电子商务专业知识面，及时增加最新内容，体现科技发展需求和时代特征，突出对学生的创新精神、实践能力和综合能力的培养。

2．实用性强。编者在本书的编写过程中力求做到理论联系实际，学以致用，注重突出教材概念清楚、内容精练、易教易学的特色，在每个项目中均列出应掌握的技能要求；力求图文并茂、可读性强；步骤清晰，注重分析和应用，便于学生学习和掌握。

3．教师的教学时间减少，学生的操作时间增加。本书在保证清晰介绍基本概念、基本原理和基本分析方法的前提下精选内容，根据应用型本科院校和高等职业院校学生知识层次的需要，简化理论分析，注重知识拓展与应用，在每个任务中均增加了任务实施与任务评价，以强化学生的操作能力。

4．设置知识拓展、同步拓展与项目总结。每个任务均附有知识拓展、同步拓展，每个项目后都有项目总结，前两者可以拓宽学生的知识面，对开阔学生的眼界与开发学生的思维具有引导作用；后者整理了每个项目的知识点，以帮助学生学习总结，同时对学生学完每个项目后应掌握的理论知识与实践技能提出明确要求，对学生的学习具有一定的指导意义。

5．增加网络客户服务与管理等相关内容，引入相关法律法规对电子商务的规定。本书从管理的高度体现客户服务对电子商务的重要性,根据最新法律法规对电子商务相关内容进行解读。

6. 增加了电子商务最新应用的内容,介绍了数字经济背景下快速发展的移动电子商务、跨境电子商务、农村电子商务等热门内容,并将之独立作为一个项目进行介绍。

本书的参考课时为 64~72 课时,建议采用理论与实践一体化的教学模式。各项目的参考课时见下面的课时分配表,具体时间可结合各院校实际自行调整。

课时分配表

项目	课程内容	所需课时
项目一	电子商务的初步认识与应用	6 课时
项目二	电子商务模式分析	8~10 课时
项目三	电子商务技术与安全	8~10 课时
项目四	电子支付与网上银行	8 课时
项目五	电子商务与物流	6 课时
项目六	网络营销	10~12 课时
项目七	网络客户服务与管理	6 课时
项目八	电子商务法律	6 课时
项目九	电子商务发展的热点应用	6~8 课时

本书的编写以湖南省教育厅普通高等学校新文科研究立项项目《新文科背景下电子商务专业改造提升改革与实践》(文件编号:湘教通〔2021〕94 号,序号:71)为重要依托。本书在编写过程中充分汲取了该项目丰富的研究成果与实践经验,书中诸多理论内容与实训任务便是基于此项目的阶段性成果精心提炼而成的。本书由湖南信息学院与益阳职业技术学院联合编写,湖南信息学院胡令、张莉和益阳职业技术学院刘小娇担任主编,湖南信息学院匡益明、张薇、熊尚彦、盛希林担任副主编。

感谢湖南省数字商务协会、湖南中榜集团有限公司等行业企业提供的丰富案例支持,感谢谭剑秘书长、黄仁华董事长等行业企业领导给了中肯的指导意见。在编写过程中,参阅了大量的相关资料及素材,吸收和借鉴了近年来国内相关论著和教材的一些内容,在此向相关单位和作者表示衷心的感谢。本书还配有丰富的教学资源,可以登录华信教育资源网免费获取。

编 者

目 录

项目一 电子商务的初步认识与应用 1
 项目情境 1
 项目任务书 1
 任务一 初识电子商务 2
 任务二 电子商务的发展与应用 11
 项目总结 20

项目二 电子商务模式分析 21
 项目情境 21
 项目任务书 22
 任务一 B2B 电子商务模式分析 22
 任务二 C2C 电子商务模式分析 31
 任务三 B2C 电子商务模式分析 39
 任务四 其他电子商务模式 46
 项目总结 55

项目三 电子商务技术与安全 56
 项目情境 56
 项目任务书 56
 任务一 电子商务技术基础 57
 任务二 电子商务安全 67
 项目总结 78

项目四 电子支付与网上银行 79
 项目情境 79
 项目任务书 79

任务一　认识电子支付......80
　　任务二　网上银行的使用......93
　　项目总结......102

项目五　电子商务与物流......103

　　项目情境......103
　　项目任务书......104
　　任务一　认识电子商务物流......104
　　任务二　电子商务企业物流模式的比较......118
　　任务三　电子商务企业物流模式的选择......125
　　项目总结......130

项目六　网络营销......131

　　项目情境......131
　　项目任务书......131
　　任务一　认识网络营销......132
　　任务二　网络市场调研......142
　　任务三　网络营销方法选择......149
　　项目总结......156

项目七　网络客户服务与管理......157

　　项目情境......157
　　项目任务书......157
　　任务一　认识网络客户服务......158
　　任务二　网络客户服务的主要形式与程序......167
　　项目总结......179

项目八　电子商务法律......180

　　项目情境......180
　　项目任务书......180
　　任务一　认识电子商务法律及其意义......181
　　任务二　电子商务中的法律问题解析......189
　　项目总结......209

项目九　电子商务发展的热点应用 210

项目情境 210

项目任务书 210

任务一　移动电子商务 211

任务二　跨境电子商务 217

任务三　农村电子商务 224

项目总结 235

项目一

电子商务的初步认识与应用

项目情境

2024年3月22日,中国互联网络信息中心(CNNIC)在北京发布第53次《中国互联网络发展状况统计报告》。报告显示,截至2023年12月,我国网民规模达10.92亿人,较2022年12月新增网民2480万人,互联网普及率达77.5%。

作为数字经济的重要业态,网购消费持续发挥稳增长、促消费作用。2023年,全国网上零售额达15.4万亿元,连续11年稳居全球第一。

商务部、中央网信办、国家发展改革委等联合发布的《"十四五"电子商务发展规划》中提到,到2025年,我国电子商务高质量发展取得显著成效。电子商务新业态新模式蓬勃发展,企业核心竞争力大幅增强,网络零售持续引领消费增长,高品质的数字化生活方式基本形成。电子商务与一二三产业加速融合,全面促进产业链供应链数字化改造,成为助力传统产业转型升级和乡村振兴的重要力量。其中,作为主要指标的总规模目标,到2025年,电子商务交易额达46万亿元,全国网上零售额达17万亿元,相关从业人员达7000万人。从目前的数据来看,"十四五"发展目标有望提前实现。

(资料来源:根据中国互联网络信息中心、商务部网站文件整理)

问题:电子商务是什么?电子商务交易总额、网络零售的交易额都来源于什么?

项目任务书

项目一任务书如表1-1所示。

表1-1 项目一任务书

任务编号	分项任务	职业能力目标	职业素养目标	知识要求	参考课时
任务一	初识电子商务	能利用互联网进行购物	1. 能利用互联网不断学习新知识、新技术,有一定的创新意识 2. 具有电子商务行业敏感度,善于捕捉相关电子商务行业、企业的最新信息	1. 了解电子商务的含义、特点与分类 2. 了解电子商务的功能	3课时

续表

任务编号	分项任务	职业能力目标	职业素养目标	知识要求	参考课时
任务二	电子商务的发展与应用	能利用网络调研等方式正确认识电子商务行业、企业发展的现状与影响，以及电子商务的经典案例	3．有一定的团队合作精神，初步树立电子商务创业意识	1．了解电子商务的发展历程与现状 2．明确电子商务行业的发展方向与可涉及范围	3课时

任务一　初识电子商务

一、任务描述

小李是某大学电子商务专业的大一学生，准备利用国庆节7天的假期和同学一起出去旅游并进行调研，以便为将来的电子商务创业实践打下基础。在出发前，小李就在网上买好了随身要携带的用品，制订了7天的行程计划，订好了往返的车票、目的地的住宿和餐饮、公园场馆的门票，找好了当地的向导，选择好了要实地调查的对象……由于功课做得足，小李一行人劳逸结合，满载而归。

请思考：小李利用网络做了哪些准备？你还可以利用网络做些什么？

二、相关知识

（一）电子商务的含义

作为在传统商务基础上发展起来的一种新型的商务模式，电子商务不仅改变了传统的交易模式，也改变了商业伙伴之间建立合作关系的模式及计算机应用平台模式，显现出了巨大的商业价值。

简单来说，电子商务就是人们利用现代信息技术进行商务活动，是商务活动的电子化形式。电子商务所指的商务活动不仅包含交易，而且涵盖了企业运营、管理、服务和消费等各个领域，其主题是多元化的，功能是全方位的，涉及社会经济活动的各个层面。人们常常从狭义和广义的角度来理解电子商务。

1．狭义的电子商务

狭义的电子商务（Electronic Commerce，EC），是指人们利用现代信息技术手段在网上进行以商品或服务交易为中心的各种商务活动，也被称作电子交易。其中的商品可以是实体化的，如服装鞋帽、五金家电、日用百货、食品等，也可以是数字化的，如音乐、影视、新闻、软件、电子书籍等；服务活动包括在线教育、法律咨询、旅游出行等。

2. 广义的电子商务

广义的电子商务（Electronic Business，EB）是指交易当事人或参与人利用计算机和网络等现代信息技术所进行的各类商务活动，包括货物贸易、服务贸易和知识产权贸易，以及在各种不同形式的网络环境下从事的包括市场分析、原材料采购、产品设计与研发、产品生产与销售、客户关系维护与管理、物流配送等在内的各种经济事务。这些活动几乎涵盖了企业的所有经济活动。可见，电子商务不仅包括电子交易，也可以理解为各行各业，包括政府机构、企业和事业单位各种业务的电子化、网络化，以及企业整体经营流程的优化和重组，因此也被称作电子业务。

电子商务的基本概念由交易主体、电子市场、交易事务、物资流、资金流和信息流等基本要素构成。其中，交易主体是指能够从事电子商务活动的客观对象；电子市场是 EC 实体从事商品和服务交换的场所；交易事务是 EC 实体之间所从事商务活动的具体内容；物资流是指商品和服务的配送和传输渠道；资金流是指资金的转移过程，包括付款、转账、兑换等过程；信息流既包括商品信息的提供、促销营销、技术支持和售后服务等内容，也包括诸如询价单、报价单、付款通知单和转账通知单等商业贸易单证，还包括交易方的支付能力、支付信誉和中介信誉等。

（二）电子商务的特点

电子商务是综合运用信息技术，以提高商业伙伴间商业运作效率为目标的一种商业模式。它通过将交易过程中的资料以电子方式呈现，实现整个商业运作过程的直接化、无纸化。电子商务可以使贸易环节中各个商业伙伴更加紧密地联系起来，更快地满足客户需求，并在全球范围内选择商业伙伴，以最少的投入获得最大的回报。

与传统的商务活动方式相比，电子商务具有以下几个特点。

1. 成本低

企业或个人进行电子商务活动，可使成本大大降低，具体表现在以下几个方面。

（1）电子商务实行无纸贸易，可减少 90%的文件处理费用，并降低管理成本。

（2）不需要店铺，只要一台联网的计算机即可完成交易，大大降低了经营成本。

（3）买卖双方通过互联网对供需信息进行即时沟通，使无库存生产和无库存销售成为可能，从而使库存成本尽可能接近零。

（4）距离越远，在网络上进行信息传递的成本相对于信件而言就越低。电子商务可以缩短信息传递的时间，减少数据重复录入，从而降低信息传递的成本。

（5）买卖双方通过网络进行商务活动，无须中介参与，减少了交易环节，降低了流通成本。

（6）卖方可通过互联网进行商品介绍、宣传，节省了在传统方式下的广告制作及印刷等的费用，降低了宣传成本。

（7）企业利用内部网（Intranet）可实现"无纸办公"，从而提高内部信息的传递效率，节省时间并降低管理成本。同时，内部网把公司总部、代理商及分布在世界各地的子公司和分公司联系在一起。通过这种方式，企业能够及时对各地市场做出反应，实现及时生产、及时销售，减少库存积压，加快配送速度，从而有效降低商品成本。

2. 效率高

互联网将贸易中的商业报文标准化，使商业报文在世界各地的传递能够瞬间完成。计算机自动处理数据，使原料采购、产品生产与销售、银行汇兑、保险办理、货物托运及申报等过程无须专人干预，就能在最短的时间内完成。电子商务克服了传统方式的费用高、易出错、处理速度慢等缺点，极大地缩短了交易时间，使整个交易过程快捷且方便。

3. 交易虚拟化

通过互联网进行的商务活动，买卖双方从谈判、签约到付款等交易环节，无须当面进行，均可通过计算机在网络这个虚拟环境中进行。对卖方来说，其可以到网络管理机构申请域名，制作自己的主页，上传商品信息。虚拟现实的网上聊天等技术的发展使买方能够根据自己的需求选择卖方，并将信息反馈给卖方。通过信息的交互，买卖双方签订电子合同，完成交易并进行电子支付，从而实现交易虚拟化。

4. 交易透明化

在电子商务中，通畅、快捷的信息传输可以保证各种信息自动实时地进行相互核对，从而防止出现信息伪造的情况。例如，在典型的许可证 EDI（Electronic Data Interchange，电子数据交换）系统中加强了发证单位和验证单位的通信、核对，这样，假的许可证就不易漏网了。此外，海关的 EDI 系统也有助于边境的假出口、骗退税等问题的解决。

5. 交易全球化

电子商务使世界各地的人们都可以及时了解国际上的供需信息，这就加速了信息交流，促进了国际商务活动的开展。在互联网技术发展和经济全球化的背景下，电子商务交易全球化越来越简易与频繁。

（三）电子商务的分类

电子商务有多种分类方式，按照不同的标准可分为不同的类型。

1. 按交易对象分类

1）企业与企业之间的电子商务

企业与企业之间的电子商务即 B2B（Business to Business），包括非特定企业间的电子商务和特定企业间的电子商务，是指采购商与供应商通过互联网进行谈判、签约、付款，以及索赔处理、商品发送和运输跟踪等所有活动。

2）企业与消费者之间的电子商务

企业与消费者之间的电子商务即 B2C（Business to Customer），是利用互联网使消费者直接参与经济活动的高级形式。目前，互联网上遍布各种类型的商业中心，提供从日用品、书籍到计算机、汽车等各种商品和服务。

3）企业与政府之间的电子商务

企业与政府之间的电子商务即 B2G（Business to Government），其覆盖企业与政府组织间的各项事务，包括政府采购、税收、商检和管理条例发布等。一方面，政府作为消费者，可以通过互联网发布自己的采购清单，公开、透明、高效、廉洁地完成所需物品的采购；另一方面，政府对企业进行宏观调控、指导规范、监督管理的职能通过互联网以电子商务的方式更能充分、及时地体现出来。借助于网络及其他信息技术，政府职能部门能更及时、全面地获取所需信息，做出正确决策，做到快速反应，从而迅速、直接地将政策法规及调控信息传达给企业，发挥管理与服务的作用。例如，政府将采购清单通过互联网发布，公司可以以电子化方式回应。再如，在公司税的征收上，政府可以采用电子交换方式进行。

4）消费者与消费者之间的电子商务

消费者与消费者之间的电子商务即 C2C（Customer to Customer），是指消费者与消费者之间进行交易的形式。互联网为个人经商提供了便利，任何人都可以借此"过把瘾"，各种个人拍卖网站层出不穷，形式类似于"跳蚤市场"。C2C 的典型形式是网上拍卖。在 C2C 电子商务平台中，最早成立的是美国的 eBay，创办于 1995 年；我国的易趣创办于 1999 年 8 月。此外，阿里巴巴于 2003 年 5 月投资 4.5 亿元人民币创办的淘宝网，以及腾讯于 2005 年 9 月 12 日上线发布、2006 年 3 月 13 日宣布正式运营的拍拍网，都是典型的 C2C 电子商务平台。

2. 按所使用网络的类型分类

根据所使用网络的类型，电子商务可以分为以下 3 种形式。

1）基于 EDI 的电子商务

基于 EDI 的电子商务是按照一个公认的标准和协议，将商务活动中涉及的文件标准化和格式化，通过计算机网络，与商业伙伴进行数据交换和自动处理。

2）基于 Internet（互联网）的电子商务

基于 Internet 的电子商务是指利用联通全球的网络开展的电子商务活动。

3）基于 Intranet 的电子商务

基于 Intranet 的电子商务是指在一个大型企业的内部或一个行业内开展的电子商务活动。通过这种形式可以形成一条商务活动链，这样可以大大提高工作效率和降低业务成本。

3. 按交易的商品内容分类

按交易的商品内容分类，电子商务主要包括如下两类商业活动。

1）有形商品电子商务（或称间接电子商务）

有形商品指的是实物商品，这种商品的交付不能通过计算机网络实现。有形商品电子商务模式指的是这种商品在互联网上进行交易，而实际交付仍然通过传统方式进行。

2）无形商品电子商务（或称直接电子商务）

网络既有信息传递的功能，又有信息处理的功能，因此，无形商品，如信息、计算机软件、视听娱乐产品等，可以通过网络直接向消费者提供。

4. 按交易过程分类

按交易过程分类，电子商务可以划分为交易前、交易中和交易后3类电子商务。

5. 按用户使用的终端分类

按用户使用的终端分类，电子商务可以分为传统电子商务与移动电子商务。移动电子商务是电子商务的扩展与延伸，是电子商务未来的发展趋势。

1）传统电子商务

传统电子商务是指以计算机（台式计算机、笔记本电脑）为终端，依托互联网开展的电子商务。这是目前普遍采用且日益成熟的电子商务模式。

2）移动电子商务

移动电子商务是指通过手机、PDA（掌上电脑）等小型、可移动的"口袋式"终端开展的B2B、B2C、C2C电子商务活动。移动终端既是一个移动通信工具，又是一个移动POS（Point of Sale，销售点情报管理系统）机、一台移动的银行自动柜员机。移动电子商务将互联网、移动通信技术、短距离通信技术及其他信息处理技术完美结合，使用户可在任何时间、任何地点开展电子商务，如订票、购物、娱乐和无线医疗等。

人们越来越多地使用移动设备替代信用卡和纸币进行付款，使移动电子商务市场成为电子商务增长速度最快的一个领域。

随着技术的发展，电子商务模式也在不断创新和发展。电子商务模式没有好坏之分，只有适合与不适合的区别。只要能够降低成本、提高效益，确实能带来更多的社会价值和商业价值，就是好的模式，也是有生命力的模式。

（四）电子商务的功能

电子商务可提供网上交易和管理等全过程的服务，因此它具有广告宣传、咨询洽谈、网上订购、网上支付、电子账户、服务传递、意见征询、交易管理等功能。

1. 广告宣传

电子商务企业可凭借Web服务器在互联网上发布各类商业信息。客户可借助网上的检索工具迅速地找到所需商品，而企业可利用网站主页（Homepage）和电子邮件（E-mail）在全球范围内进行商品的宣传。与其他各类广告相比，网上的广告成本更低，但给客户提供的信息量非常丰富。

2. 咨询洽谈

电子商务企业可借助非实时的电子邮件、新闻组（Newsgroup）和实时的讨论组（Chat）来了解市场和商品信息，洽谈交易事务，如有进一步的需求，还可用网上的会议白板（Whiteboard Conference）来交流即时的图形信息。网上咨询洽谈能打破面对面咨询洽谈的限制，为异地咨询洽谈提供方便。

3. 网上订购

电子商务可使买卖双方借助邮件交互传送实现网上订购。通常，在进行网上订购时，商品介绍的页面上会提供十分友好的订购提示信息和订购交互格式框。当客户填完订购单后，系统会回复确认信息单来确认订购信息的收悉。订购信息也可采用加密的方式使客户和企业的商业信息不被泄露。

4. 网上支付

要使电子商务成为一个完整的过程，网上支付是重要的环节。客户可采用信用卡账号进行支付。直接采用电子支付手段可节省大量的人力资源，但需要更为可靠的信息传输安全性控制，以防止诈骗、窃听和冒用等非法行为。

5. 电子账户

网上支付必须有电子金融的支持，即银行或信用卡公司及保险公司等金融单位要为金融服务提供网上操作的服务，而电子账户管理是其基本的组成部分。

6. 服务传递

对于已付款的客户，电子商务企业应将订购的商品尽快送到客户的手中。对于商品有些在本地，有些在异地的情况，企业可通过电子邮件在网络中进行物流调配。最适合在网上直接传递的商品是信息产品。

7. 意见征询

电子商务企业能十分方便地采用网页上的"选择""填空"等格式文件来收集客户对销售服务的反馈意见，这样可以使企业的市场运营形成一个封闭的回路。客户的反馈意见不仅有利于提高售后服务的水平，而且能使企业获得改进产品、发现市场的机会。

8. 交易管理

交易管理涉及人、财、物等多个层面，包括企业和企业、企业和客户及企业内部等方面的协调和管理。因此，交易管理是涉及商务活动全过程的管理。

三、任务实施

步骤一：登录 3 个以上不同的求职招聘网站或招聘企业官网，调查电子商务相关人才市场需求，对需求较多的相关岗位、岗位要求、薪酬待遇等进行总结，要求省内外企业均有，完成表 1-2。

表 1-2　电子商务人才市场需求表

序号	网站名称及网址	网站类型	公司名称	电商相关岗位	需求人数	岗位要求	薪酬待遇	总结
1								
2								
3								
4								
5								

步骤二：回顾以前旅游购物的经历，分析传统旅游的程序及进行传统旅游购物时买方与卖方

的业务流程，查阅相关资料，画出活动中买方与卖方的业务流程图，并完成表1-3。

表1-3 业务流程表

对象	流程					评价
	1	2	3	4	5	
传统旅游买方						
传统旅游卖方						
传统购物买方						
传统购物卖方						

步骤三：查阅相关资料，分析旅游电子商务、零售业电子商务与传统商务运作过程，按照交易前准备、交易磋商、合同签订、货物交付、支付与清算5个环节进行分析，完成表1-4。

表1-4 运作过程分析

项目	环节					结论
	交易前准备	交易磋商	合同签订	货物交付	支付与清算	
旅游电子商务						
零售业电子商务						
传统商务						

步骤四：参观当地一家传统零售企业，确定其消费群体、消费群体的特点及有哪些个性化需求，根据参观所见与查阅的网站资料分析旅游和零售业开展电子商务的优势和劣势是什么、机会是什么，电子商务环境下的增值服务表现在哪些方面及通过什么技术可以实现，是否充分体现了互联网的优势。

四、任务评价

任务评价表如表1-5所示。

表1-5 任务评价表

项目	学习态度（20%）	团队合作情况（20%）	步骤完成情况（50%）	其他表现（10%）	小计（100%）	综合评价
小组评分（30%）						
个人评分（30%）						
老师评分（40%）						
综合得分（100%）						

五、知识拓展

QuestMobile发布《2023中国移动互联网年度报告》

2024年1月30日，国内知名的商业智能数据服务商QuestMobile发布了《2023中国移动互联网年度报告》。报告显示，2023年中国移动互联网用户总规模达到12.27亿人，全年维持2%的稳定增速；从用户结构上看，一线、新一线及二线城市的活跃用户提升了10.5%，显示出城市化效应下用户向大中城市聚集,虽然用户总量保持低增速,但用户品质在加速提升。

用户品质的持续提升进一步带动了消费模式的质变,理性克制、健康饮食、户外活动及体验消费成为核心诉求,进而带来互联网使用及流量模式的剧变。在去重总用户量超5亿人的平台维持12家的格局下,这些变化正在带来全新的增长机会和亮点。

用户品质提升带来互联网应用的三大变化

QuestMobile数据显示,截止到2023年12月,去重总用户量超5亿人的企业共有12家,其中,腾讯控股、阿里巴巴、百度集团及抖音集团的企业用户量均超10亿人,分别为12.21亿人、11.51亿人、11.02亿人、10.57亿人;蚂蚁集团、拼多多、美团、京东、快手、腾讯音乐、中国移动、微博用户量均超过5亿人,分别为9.12亿人、8.81亿人、8.78亿人、6.81亿人、5.72亿人、5.45亿人、5.3亿人、5.29亿人。

虽然总体格局并没有发生太大变化,但是,整个2023年,在用户构成上,随着一线、新一线及二线城市用户占比持续提升,用户品质出现了较快提升,从而导致整个互联网使用及流量模式发生了三大变化。

首先,在经历了十多年的持续增长之后,移动互联网使用黏性在2023年出现了微下滑。2023年12月,移动互联网月人均使用时长为165.9小时,同比下降了近12小时,约7%;月人均使用次数为2559.6次,同比下降了近3%;月人均使用App个数则同比继续微涨,显示各App的用户注意力争夺仍在加剧。

其次,与线下相关的线上应用则出现了持续、高速的逆势增长。其中,堪称体验消费之王的文旅消费就是典型。2023年,与文旅消费相关的电影演出、火车服务、用车服务、在线旅游等,同比分别增长了172.3%、66.7%、46.8%、34.1%;当然,与市民生活相关的消费同样如此,公交服务、闲置交易、外卖服务、本地生活依然火热,分别增长了48.2%、29.1%、16.1%、12.4%。

最后,AI大模型的火爆让与智能化相关的应用也持续高增长,不仅诞生了文心一言、讯飞星火、通义千问等消费级AI应用,还出现了诸多"AI+"应用领域,如购物、办公、拍摄等。而兼具智能化与线下场景的应用则更加火爆。例如,智能汽车、智能配件、智能穿戴、智能家居的增速分别达到49.5%、49%、20%、18.4%。这几个典型行业的用户规模也分别达到7601万人、2277万人、11603万人、29397万人。

三大变化带来诸多"新打法"

用户行为的变化直接导致了产品开发和消费玩法上的剧变。纵观2023年,智能产品开发模式、线上产品运营模式及品牌营销模式均发生了剧烈变化,由此诞生了诸多"新打法"。

在智能设备中,国产智能手机厂商在处理器、屏幕、摄像、续航之外纷纷"卷"起了"AI大模型"手机。比如,华为的盘古大模型、OPPO的安第斯大模型、vivo的蓝心大模型、小米的MiLM、荣耀的魔法大模型,均领先于国际品牌率先发布、上线。

从终端品牌市场活跃表现上看,2023年12月,华为活跃设备占比达到22.8%,苹果、OPPO、vivo、小米、荣耀分别为21.7%、18.6%、14.5%、10.2%、6.8%。综合来看,华为、OPPO、vivo和小米等国产品牌已经稳稳占据了7成以上的市场份额。

同时，长短视频平台的内容生态持续在智能大屏上延伸。比如，OTT业务（Over the Top，视频及数据服务业务）端的流量表现强劲，云视听极光、银河奇异果、CIBN酷喵影视、芒果TV、云视听小电视、百事通鲜时光活跃设备数量分别为1.11亿个、1.02亿个、0.89亿个、0.64亿个、0.49亿个、0.34亿个。

在线上产品应用方面，内容平台与电商（及生活服务）的相互跨界越来越迅猛。一边是内容平台纷纷搞起了电商和生活服务，除了抖音、快手等短视频平台在电商领域高歌猛进，2023年12月，哔哩哔哩与淘宝App重合用户规模增长17.0%，小红书商家版App较去年同期增长130.3%。另一边，电商及生活服务领域消费平台均加强对视频内容属性的建设，2023年12月，美团App月人均使用时长同比提升8.9%，淘宝、京东App观看直播用户比例进一步提升至23%、8.1%。

至于品牌营销，从"淄博烧烤"到"哈尔滨冰雪"，从"酱香拿铁"到"疯狂动物城地铁"，从"军大衣"到"Citywalk"，任何品牌，只有坚持创新的体验、跨界联名、性价比至上等"新打法"，才能接住这"泼天的富贵"。

"新打法"助力国产品牌抢夺消费新机会

快速的变化、新的打法，给国潮品牌崛起带来凶猛的势能，除了线下文旅市场、演出电影市场"国潮汹涌"，"不是大牌用不起，而是国货更有性价比"的口号还给各领域产品带来诸多消费新机会。例如，新能源汽车市场，比亚迪、广汽埃安、上汽通用五菱、理想汽车、长城汽车、长安汽车等国产品牌，销量份额分别达到33.3%、6.3%、5.9%、4.8%、3.1%、2.9%。

在服饰行业的羽绒服领域，波司登、雅鹿、雪中飞、罗蒙、高梵等国产品牌稳稳占据了抖音及快手平台销售额前五位。而在家用电器领域，美的、海尔、创维、康佳、苏泊尔、奥克斯、格力、添可、美菱、追觅等国产品牌更是上榜抖音及快手平台销售额榜单。

"微短剧"成为全新的内容消费增量市场，"红果免费短剧""星芽免费短剧"两款短剧垂直App快速崛起，截止到2023年12月，已经跻身在线视频行业TOP10，月活分别达到2400万人、1500万人。

而长短视频平台也在加速抢夺这一新赛道，在充实平台上的短剧内容的同时，还加速"小程序""热门剧"等玩法。例如，抖音通过小程序建设短剧生态，积极探索与长视频平台的合作，改编大热剧集、电影IP，实现流量、口碑双丰收。落霞剧场、碧海剧场、微剧吧、笑笑视界、麦芽微剧、钓鱼短剧六款短剧类小程序流量巨大。

（资料来源：中国日报中文网）

思考：按照上述分析方式尝试对当前中国跨境电商、农村电商等交易情况进行分析。

六、同步拓展

（1）大学生想要对电子商务进行自主学习，请利用网络购物平台为自己或班上同学购买1~2本电子商务专业方面的参考书，并记录参考书名称、购书网站和购书流程。

（2）电子商务平台实验。请登录淘宝网、京东、阿里巴巴、当当分析如下两个问题。

① 网站内容和页面特点是什么？

② 思考并分组讨论：网站满足了人们哪些方面的需求？该类网站如何盈利？

任务二　电子商务的发展与应用

一、任务描述

小李作为电子商务专业的学生，对专业充满憧憬，经过多次实地调研和亲身体验，在感受到电子商务带来的便利后，更加坚定了毕业后利用专业知识进行创业的想法。他希望通过自己的工作为人们带来更多的便利。现在，小李需要对电子商务的起源与发展进行更深入的了解。

二、相关知识

（一）电子商务的起源与发展

电子商务的起源与发展

随着计算机的普及和网络（特别是互联网）的迅速发展，发达国家形成了一种新的企业经营方式——把所有的商业活动和贸易往来电子化，利用发达的网络环境进行快速有效的商业活动。这就是近年来的世界热门话题——电子商务。

贸易信息以莫尔斯码点和线的形式传输，就标志着运用电子手段进行商务活动的时代到来了。人们开始将 EDI 作为电子商务的应用技术，这就是电子商务的雏形。

其实，电子商务这个概念起源于 20 世纪 70 年代。那时，一些大企业通过建立自己的计算机网络实现各个机构之间、商业伙伴之间的信息共享与交换，这就是广为流行的 EDI。EDI 是一种为满足企业需要而发展起来的先进技术手段，须遵照统一的国际标准。EDI 通过传递标准的数据流来避免人为失误，大大降低了成本，提高了效率。EDI 是电子商务的基础，并且 EDI 技术已经摆脱了昂贵的企业独立网络，而融入互联网中，从而使电子商务逐渐成为主流的商务活动方式。

1. 基于 EDI 的电子商务

人类利用电子通信的方式进行贸易活动已有几十年的历史了。早在 20 世纪 60 年代，人们就开始用电报报文发送商务文件；20 世纪 70 年代，人们又普遍用方便、快捷的传真机来替代电报，但是由于传真文件是通过纸面打印来传递和管理信息的，过多人为因素影响了数据的准确性和工作效率，因此人们开始将 EDI 作为电子商务的应用技术，将业务文件按一个公认的标准从一台计算机传输到另一台计算机，这使得单证和文件处理的劳动强度、出错率及费用大为降低，效率大为提高，极大地推动了国际贸易的发展。由于 EDI 极大地减少了纸张票据，因此人们形象地称之为"无纸贸易"或"无纸交易"。

从技术上讲，EDI 包括硬件与软件两大部分。其中，硬件主要是计算机网络，软件则包括计算机软件和 EDI 标准。

从硬件方面讲，20 世纪 90 年代之前绝大多数 EDI 都不通过互联网，而通过租用专用网络实现。这类专用网络被称为增值网（Value Added Network，VAN）。这样做的原因主要是出于对安全性的考虑。但随着互联网安全性的日益提高，作为一个费用更低、覆盖面更广、服务更好的系统，互联网已呈现出替代 VAN 而成为硬件载体的趋势。因此，有人把通过互联网实现的 EDI 直接称为 Internet EDI。

从软件方面讲，EDI 所需要的软件主要是将用户数据库系统中的信息翻译成 EDI 的标准格式，以供传输交换。由于不同行业的企业是根据自己的业务特点来规定数据库的信息格式的，因此，当需要发送 EDI 文件时，必须把从企业专有数据库中提取的信息翻译成 EDI 的标准格式。这时就需要相关的 EDI 软件来帮忙了。

2. 基于互联网的电子商务

由于使用 VAN 的费用很高，因此只有大型企业才会使用，这就限制了基于 EDI 的电子商务的应用范围的扩大。20 世纪 90 年代中期以后，互联网迅速普及，逐步从大学、科研机构走向企业和百姓家庭，其功能也已从信息共享演变为一种大众化的信息传播工具。自 1991 年起，一直被排斥在互联网之外的商业活动正式进入这个"王国"，使得电子商务成为互联网应用的最大热点。以直接面对消费者的网络直销模式而闻名的美国戴尔公司 1998 年 5 月的在线销售额高达 500 万美元，2011 年，该公司财年总收入上升为 615 亿美元。当时的另一个网络新贵亚马逊网上书店的营业收入从 1996 年的 1580 万美元猛增到 1998 年的 4 亿美元，2004 年的纯利润则为 3 亿多美元。1995 年开办的 eBay 是互联网上最大的个人对个人的拍卖网站，这个"跳蚤市场"2007 年的营业额达到 76.7 亿美元。

根据联合国贸易和发展会议的统计，全球电子商务交易总额 1994 年达到 12 亿美元，2000 年增加到 3000 亿美元，2014 年全球销售总额达 1.316 万亿美元，预计 2025 年全球电子商务销售总额将达到 7 万亿美元，绝大部分的国际贸易额以网络贸易形式实现。

FIS 旗下 Worldpay 发布的全球支付报告显示，即使在新冠疫情期间，全球电子商务的增长速度依旧强劲，2021 年，全球电子商务交易总额超过 5.3 万亿美元，同比增长 14%，移动设备交易额占电子商务市场交易总额的 52%。预计到 2025 年，全球电子商务交易总额将达到 8.3 万亿美元，其中，亚太地区将达到 4.33 万亿美元，欧洲将达到 1.4 万亿美元，北美将达到 2.23 万亿美元。

互联网已成为全球最大的互联网络，覆盖 150 多个国家和地区。最初主要是利用互联网的电子邮件功能进行日常的商务通信，后来发展到利用互联网进行信息发布，出现电子商务的各种交易模式。互联网的迅速发展使电子商务市场成为一个巨大的市场，这个市场突破了国界，正在地球上形成一个新的大陆，即"第七洲"——虚拟洲。电子商务企业可以在这个"虚拟洲"上构筑覆盖全球的营销网络。

（二）我国电子商务的发展

中国互联网络信息中心发布的第 53 次《中国互联网络发展状况统计报告》显示，截至 2023 年 12 月，中国网民规模达 10.92 亿人，互联网普及率达 77.5%，较 2020 年年底新增网民 10326 万人，提升 7.1 个百分点，如图 1-1 所示。

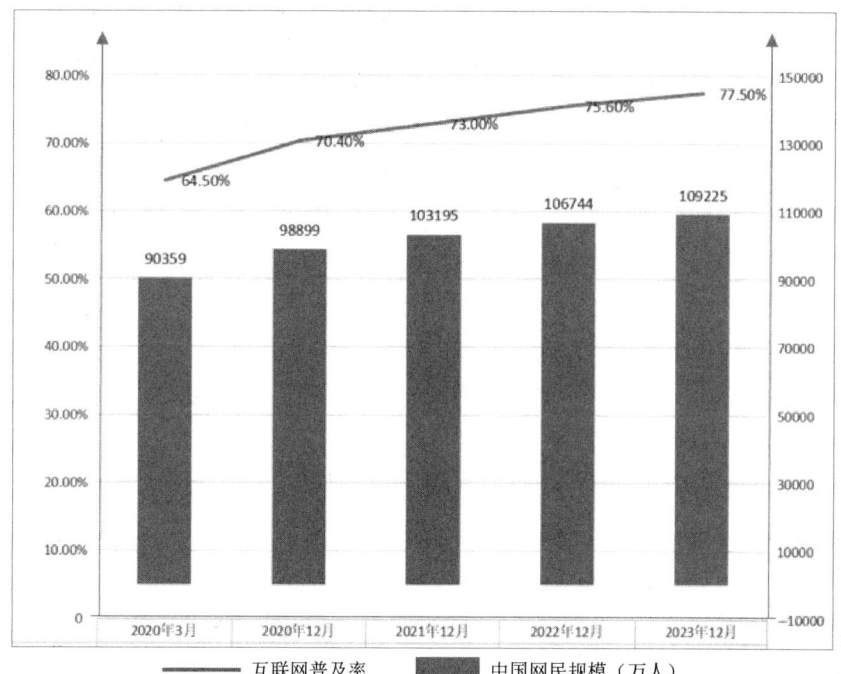

图1-1　2020年3月—2023年12月中国网民规模和互联网普及率

该报告显示，2023年我国数字化、网络化、智能化发展日新月异，不断夯实数字底座，持续提升服务质量，有力推动互联网普及率增长。

（1）网络基础设施建设持续加强。以5G、千兆光网为代表的"双千兆"网络进入快速发展建设阶段，网络基础设施不断完善。

（2）通信服务质量深度优化。电信业务便利化程度得到大幅提升，在架服务应用产品更加丰富。截至2023年9月，累计线上业务办理量占比超80%，视频客服服务用户超2000万人次；App在架数量达261万款、小程序数量超700万款（在架，指产品或服务放置在可供销售的位置或平台上，以供客户浏览、选购和购买）。

（3）智慧生活提升了网民上网的幸福感。2023年，5G与各行各业的融合加速推进我国数字化建设进程，为经济社会发展注入新动能。

（4）数字适老普惠范围不断拓宽。对老年人、残疾人乐享数字生活的保障力度显著增强。2577个老年人、残疾人常用网站和App完成适老化及无障碍改造，超过1.4亿台智能手机、智能电视完成适老化升级改造。

（三）电子商务的应用

近年来，随着现代计算机、网络和通信技术的发展和广泛应用，电子商务正逐渐改变人们的学习、生活和工作方式，其应用渗透到各行各业。提到电子商务的应用，人们马上就会联想到亚马逊等网站。其实，不光这些，企业电子商务也是电子商务应用中很重要的一部分。另外，像政府采购、网上纳税算不算电子商务应用呢？下面主要介绍几个方面的电子商务应用。

1. 市场电子商务应用

面向市场的，以市场交易为中心的电子商务活动即市场电子商务。市场电子商务包括促使交易达成的各种商务活动。其中，网络营销是最重要的市场电子商务活动。除此之外，实现交易的电子贸易活动也很重要。市场电子商务主要是利用 EDI、互联网实现交易前的信息沟通、交易中的网上支付和交易后的售后服务等。

在现阶段的营销活动中，常用的网络营销工具包括企业网站、搜索引擎、电子邮件、网络实名/通用网址、即时信息、浏览工具条等客户端专用软件、电子书、博客等。借助这些工具，企业可以实现营销信息的发布、实现与用户间的交互，并为实现销售营造有利的环境。

举例来说，快乐购有限责任公司的购物网站——快乐购设置了食品健康、个护美妆、餐厨日用、服装配饰、布艺家纺、家电数码、品牌馆等专区，图文并茂，与人们的生活直接相关，每年的销售利润可观。其网站首页如图 1-2 所示。

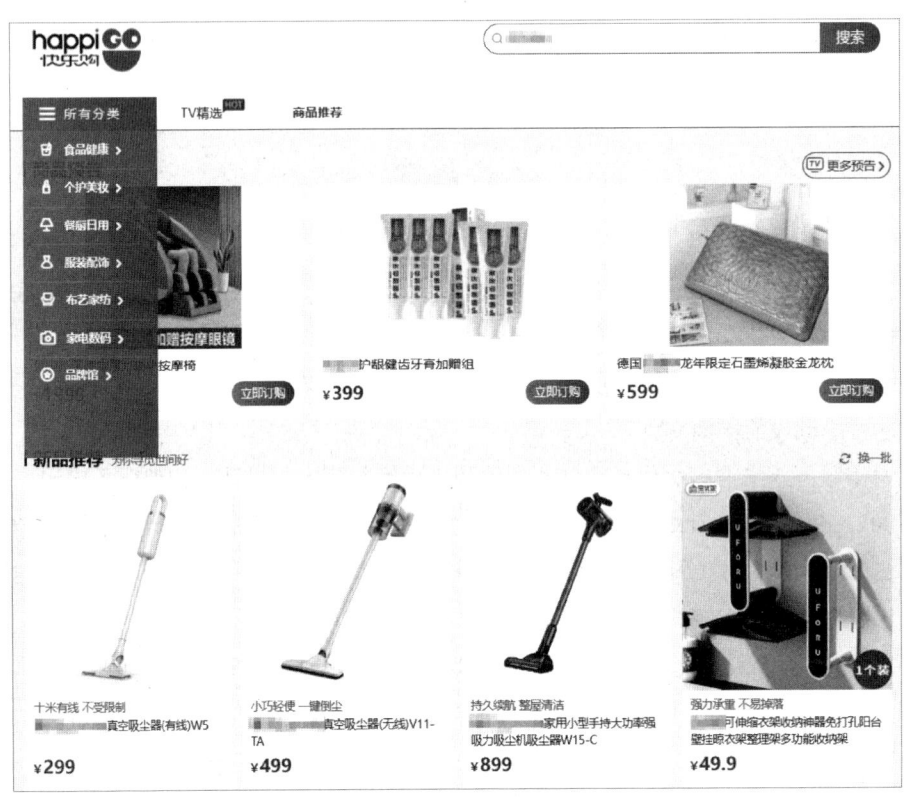

图 1-2　快乐购网站首页

市场电子商务的代表就是网上商店。网上商店是利用互联网技术开展商品零售业务的企业在网络世界中建立的虚拟商店：在互联网上就是一个站点，其摆放商品的目录和各种商品影像的介绍让人们足不出户就能获得亲临商场的体验。

举例来说，如果一个购买固定品牌西服的客户不喜欢现有西服的色彩、款式等，那么他不必像往常一样选择别的品牌，而只需将自己喜欢的色彩、款式和尺寸通过电子邮件发送给商家，这样就可以在很短的时间内得到满足自己要求的西服了。网上购物彻底改变了传统购物方式，不再需要面对面交易、一手交钱一手交货等。网上购物是一种崭新的、有效而又安全可靠的购物方式。客户可以先通过输入电子订货单说明自己要购买的商品情况，然后调出自己的电子钱包和电子信用卡即可完成购物并得到电子收据。从整个购物过程可以看出，这是一种与传统购物方式不同的利用现代高新技术进行购物的方式。

2. 企业电子商务应用

企业电子商务是运用互联网技术重组企业内部的经营管理活动。最典型的企业电子商务应用是供应链管理（Supply Chain Management，SCM），即从市场需求出发，利用网络将企业的销、产、供、研等活动串联在一起，实现企业的网络化、数字化管理，从而最大限度地适应网络时代市场需求的变化。这是企业内部的电子商务。

要将电子商务的具体应用落实到企业，企业需要从全局出发，根据市场需求对企业业务进行系统化规范，并重新设计业务流程和基本构架，以适应网络经济时代的数字化管理和数字化经营。

例如，网上银行就是银行以互联网为基础提供各式各样的金融服务，其功能一般包括银行业务、商务服务及信息发布等。其中，银行业务主要包括个人银行、对公业务（企业银行）、信用卡业务、多种付款方式、国际业务、信贷及特色服务等；商务服务包括投资理财、资本市场、政府服务等；信息发布包括国际市场外汇行情、对公汇率、储蓄利率、汇率、国际金融信息、证券行情、银行信息等。目前，网上银行实现的功能主要是信用卡、个人银行、对公业务等客户与银行间关系较密切的部分，我国各大商业银行都纷纷开通网上银行的业务。网上银行业务的扩展，特别是人们对网上支付的认同，会极大地促进网上商店交易的达成。

3. 移动电子商务应用

移动电子商务就是利用手机及掌上电脑等无线终端进行的 B2B、B2C 或 C2C 的电子商务。它将互联网、移动通信技术、短距离通信技术及其他技术完美结合，使人们在任何时间、任何地点都能进行各种商务活动，实现随时随地在线上线下购物与交易、在线电子支付，以及各种交易活动、金融活动和相关的综合服务活动等。

进入 20 世纪 90 年代，移动通信技术迅猛发展，已有的 GSM（Global System for Mobile Communications，全球移动通信系统）和 CDMA（Code Division Multiple Access，码分多址）业务持续发展，备受关注的第三代移动通信（3G）系统、第四代移动通信（4G）系统则开始在大规模进入市场前进行各方面的准备工作。

随着时代的发展与技术的进步，人们对移动性和信息的需求急速增加，移动互联网已经渗透到人们生活、工作的各领域。随着 5G 时代的到来，移动电子商务成为各个产业链竞相争抢的"大蛋糕"。其因可以为用户随时随地提供所需的服务、应用、信息和娱乐，同时满足用户从众、安全、社交及自我实现的需求而深受欢迎。

4. 社会电子商务应用

社会电子商务就是社会经济活动都以互联网为基础，利用信息和通信技术，在大众公用计算机网络上有效实现行政、服务及内部管理等功能，在政府、社会和公众之间建立有机服务系统的集合。"网上政府"所实现的就是人们常常提到的电子政务。电子政务即政府活动的电子化，包括政府通过互联网处理政府事务、利用互联网进行招投标、实现政府采购，以及利用互联网收缴税费等。其中，最主要的两个应用就是政府网上采购（示例如图1-3所示）和网上税收管理。

图1-3 湖南省政府采购网

对于政府网上采购和网上税收管理是否属于电子商务的应用，人们一直争论不休。我们认为，政府网上采购和网上税收管理也是信息化建设的项目，既是电子政务的应用，也是电子商务的应用。根据采购公开程度，政府网上采购包括公开招标采购、邀请招标采购、竞争性谈判采购等方式，目前最常用的方式是公开招标采购。

三、任务实施

步骤一：利用网络及相关资料进行调研，找出国外排名靠前的5家电子商务企业，比较其经营范围和企业人数等情况，完成表1-6。

表1-6 国外排名靠前的5家电子商务企业情况比较

排名	企业名称及网址	创始人及所在国家	成立时间	经营范围	企业人数	年交易额	主要成功原因或典型事例	结论
1								
2								
3								
4								
5								

步骤二：进行调研，找出我国成立较早的5家电子商务企业，比较其经营范围等情况，完成表1-7。

表 1-7　我国成立较早的 5 家电子商务企业情况比较

排名	企业名称	创始人	成立时间	经营范围	年交易额或目前市值	目前动向	成功或失败原因	典型事件	结论
1									
2									
3									
4									
5									

步骤三：利用网络及相关资料进行分析，找出我国近两年排名靠前的 5 家电子商务企业，比较其网站、经营范围及企业规模等情况，完成表 1-8。

表 1-8　我国近两年排名靠前的 5 家电子商务企业情况比较

排名	企业名称	网站	成立时间	经营范围	企业规模	世界排名	结论
1							
2							
3							
4							
5							

四、任务评价

任务评价表如表 1-9 所示。

表 1-9　任务评价表

项目	学习态度（20%）	团队合作情况（20%）	步骤完成情况（50%）	其他表现（10%）	小计（100%）	综合评价
小组评分（30%）						
个人评分（30%）						
老师评分（40%）						
综合得分（100%）						

五、知识拓展

2023 年互联网风云人物

2023 年，谁是科技互联网圈最具话题性的人物？有一路狂飙完成超车的创业大佬，也有一路拼搏到企业一把手的顶级打工人，还有舆论影响力丝毫不亚于明星的头部主播们……

1. 张一鸣

作为一个连续创业者，张一鸣借助算法实现了狂飙，字节跳动因此坐上了中国互联网公司"赚钱一哥"的宝座。

据报道，字节跳动 2023 年的第二季度收入达到 2100 亿元。而腾讯在第二季度的收入为 1492 亿元。这已经不是超过了一点半点，可以说是远远超过了。

字节跳动的崛起重申了一个道理：创新是市场的魔术棒。担心巨头扼杀创新？在这看似固化的市场大棋盘上，张一鸣用抖音、TikTok 这两张王牌证明：即使在巨人的脚下，也有创新的舞台；在互联网世界，没有永远的王者，只有不断的挑战者。

字节跳动超越腾讯，并不只是数字上的游戏，而是对市场环境变化的活生生证明。进行内部创新和对外部环境做出敏锐反应的企业，就像在冰河上行走的人，既要警惕脚下的冰面，又要留意远方的风云变化。这里，变革不断在内外压力的淬火中进行。

2. 黄峥

11 月 29 日，在黄峥隐退一千多天后，拼多多市值力压阿里巴巴，成为美股市值最高的中概股。虽然拼多多美股市值在盘中短暂超过阿里巴巴，但一瞬间的高潮也是历史性时刻啊！而且到了岁末，拼多多还实现了连续多日的超越。

那个曾经被多少人看不上，甚至被调侃为"帮人砍一刀"的拼多多，已经实现了华丽转身。不用太久，即使在三年前，谁要说拼多多市值会超越阿里巴巴，打死我也不信。三年前，阿里巴巴市值是 8000 多亿美元，而拼多多还不到 1000 亿美元，两者根本不是一个量级的。

拼多多市值能超越阿里巴巴，首要原因是阿里巴巴遭遇了一些非市场化原因导致的市值大幅下跌。当然，拼多多的增长势头的确非常猛，而且人均创收很是惊人——拼多多员工在前三季度人均创收 1222 万元，是同期京东的 7.07 倍，预估是阿里巴巴的 4.17 倍。再看最为实际的利润，拼多多在第三季度经调整利润仍有 170 亿元。

过去十年的中国互联网江湖，一直是阿里巴巴与腾讯双雄争霸的格局，二者交替领先，几乎看不到追赶者。如今，江山开始换代了。江湖上看似没有了黄峥的身影，但四处都是他的传说。此番拼多多市值登顶，黄峥显然是最大赢家。

3. 黄仁勋

5 月，黄仁勋带领英伟达打破纪录，成为全球第一家市值突破 1 万亿美元的芯片公司，他也因此成了全球华人科技界的领袖。

在英伟达的发展过程中，黄仁勋带领团队走过了数次深渊边缘。曾经，英伟达经历过世嘉的合同撤回、PC 市场的竞争、手机市场的退场，甚至在拥抱人工智能技术时也承受过股东的压力，但英伟达并没有被压垮，反而积累了宝贵的经验，最终反败为胜。其中，黄仁勋的个人魅力与领导能力不可忽视。他的创新精神、果断的决策、深沉的耐心及对人工智能的信心，都是英伟达成功的关键因素。

在英伟达创立 30 周年之际，黄仁勋以身作则，展示了一个成功 CEO 的形象：有坚定的信念、明确的目标，以及对成功的无尽渴望。

4. 吴泳铭

9 月 10 日，吴泳铭出任阿里巴巴集团 CEO，兼任淘天集团董事长、阿里云董事长与 CEO。12 月 20 日，吴泳铭兼任淘天集团 CEO。

这意味着吴泳铭将身兼阿里巴巴集团、淘天集团、阿里云智能集团三个 CEO 或董事长职务。

阿里巴巴官方表示，这一安排旨在以技术创新引领淘天集团的变革，确保集团对两大战略重心——电商和云的统一指挥和高强度持续投入。

在马云时代，阿里巴巴的战略目标是构建一个连接消费者和商家的平台。在张勇时代，阿里巴巴开始更加注重自家品牌的建设和提升。然而，面对当前的挑战，阿里巴巴需要回归初心，重新聚焦平台的价值和功能，更多地关注支持中小商户。吴泳铭时代可能会在张勇时代的基础上发展出一个更加平衡的商业模式，既注重自家品牌的建设和提升，又重视平台的价值和功能。

5. 雷军

12月28日，在官宣造车1003天后，雷军召开了小米汽车真正意义上的第一场公开发布会，小米SU7正式亮相。自捐赠武汉大学13亿元后，雷军再一次刷屏了，小米汽车也将迎来真正的考验。

雷军在12月30日的新年贺词中称："我想，我可以为这些驾驶者们造一辆好车，一辆承载他们所有向往的梦想之车！""我希望，每一脚油门、每一次过弯、每一下刹车，都能让你享受'人车合一'的掌控感。"

6. 何小鹏

12月20日，《亮见》栏目独家对话小鹏汽车董事长、CEO何小鹏。何小鹏复盘了小鹏汽车近10年的造车之路，并回应了外界关于亏损、年销量、智能化等诸多问题。2023年6月，小鹏汽车的累计交付量突破30万台，11月已经完成12万台车的交付，提前一个月超过2022年全年水平。"我们正在从一个残酷竞争的死人堆里面往外走，我觉得现在越走越快。"何小鹏这样形容目前小鹏汽车的现状，甚至现场"立flag"（立下一个要实现的目标）："X9是一个面向30万元以上级别的车型，我们期望在中国纯电MPV里面做到NO.1。"

为了实现百万级、千万级的销量，小鹏汽车在2023年做了两个布局——牵手滴滴和大众。这被外界看成是一种抱团取暖的行为。与大众合作，在一定程度上被人们理解为培养竞争对手，而何小鹏则给了截然不同的答案："你不能一家把市场都吃掉，如果你赢了，这个世界就不会赢。"他认为以前企业内部分立就是一家好企业，未来则需要跟整个生态乃至社会共同分利。为何小鹏的格局点赞！

（资料来源：节选自网易DCCI互联网研究院）

六、同步拓展

（1）请登录北京京东世纪商贸有限公司网站，分析网站所销售的哪些产品满足了人们哪些方面的需求，以及该网站建立得如何。

（2）利用互联网搜索至少5名近年涌现的国外或我国的电子商务风云人物，了解他们的创业经历、所在企业的发展历程、经营业务范围、各自特色及可供学习之处。

项目总结

本项目主要介绍了电子商务的含义、特点与分类，电子商务的起源与发展，电子商务的应用等。随着互联网技术的发展和成熟，电子商务被应用到各个领域，将带来一场史无前例的革命，从而将人类真正带入信息社会。掌握电子商务的基础知识，熟悉电子商务的发展和应用，是学习和运用电子商务的基础和前提。

项目二

电子商务模式分析

项目情境

闻名遐迩的义乌"中国小商品城"始建于1982年，经过40多年的精心建设和培育，已经发展成为一个以小商品市场为龙头，以农贸城、物资市场、室内用品市场、文化市场等10多个专业市场和30多条专业街为依托，以运输、产权、金融、技术、劳动力等要素市场为支撑，国外、市外分市场相呼应的市场体系。凭借这一独特模式，义乌逐步成为在国际上有一定知名度的小商品都会。尤为值得一提的是义乌购，其网站首页如图2-1所示。作为浙江中国小商品城集团股份有限公司的官方在线平台，义乌购不仅是义乌小商品批发市场的数字镜像，而且是跨越时空界限的商贸桥梁。义乌购覆盖国际商贸城一至五区、篁园服装市场、国际生产资料市场及进口商品城等核心区域，汇聚几万个在线商铺，商品琳琅满目。平台实时推送市场动态、行业深度资讯及热门产品专题，为采购商与经营户提供一站式信息解决方案。此外，义乌购还创新提供求购服务、转租转让信息发布、投诉快速处理、经济侦查合作平台及安全担保交易等多元化服务。特别是其独步业界的3D实景商铺展示技术，让每一位访客都能仿佛置身于义乌小商品批发市场之中，享受前所未有的沉浸式购物体验。

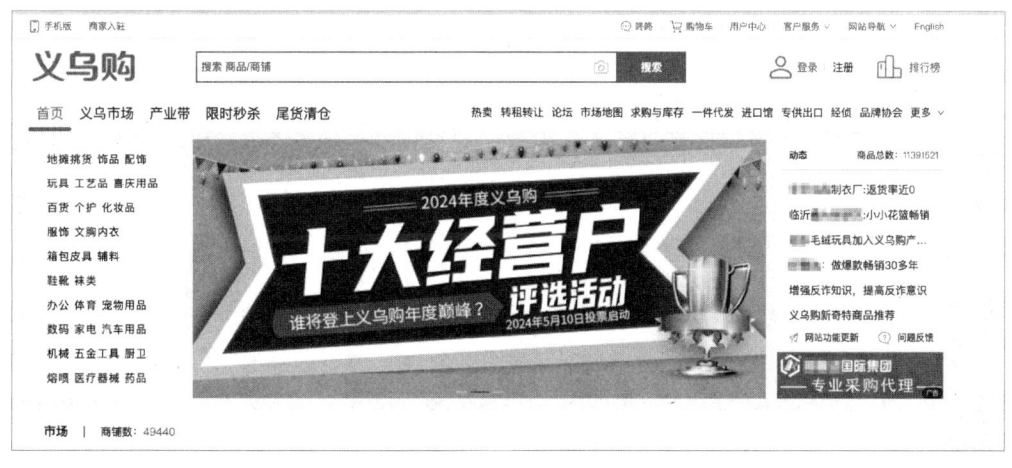

图2-1 义乌购网站首页

综上所述，义乌购是一个集商铺商品展示、市场地图导航、商业资讯发布、论坛交流互动等功能于一体的综合性电子商务平台，为采购商和经营户提供了便捷、高效、可信的交易环境。

问题：义乌购是什么类型的电子商务模式？你能区分 C2C、B2C、B2B 电子商务模式吗？你知道它们各自的特点吗？你还听说过什么电子商务模式呢？

项目任务书

项目二任务书如表 2-1 所示。

表 2-1　项目二任务书

任务编号	分项任务	职业能力目标	职业素养目标	知识要求	参考课时
任务一	B2B 电子商务模式分析	能快速识别 B2B 电子商务网站运作模式和盈利模式	1. 能够深入理解电子商务模式的多样性和演变趋势，熟悉并能够应用电子商务相关的技术工具和平台，如支付系统和数据分析工具 2. 能够理解和运用数字技术进行市场分析、营销推广和客户管理 3. 遵守电子商务领域的职业道德规范，如诚信交易、客户隐私保护等	1. 了解 B2B 电子商务模式的基本情况 2. 了解 B2B 电子商务模式的类型 3. 掌握 B2B 电子商务网站的盈利模式	2 课时
任务二	C2C 电子商务模式分析	能快速识别 C2C 电子商务网站并分析它们的盈利模式		1. 理解 C2C 电子商务模式的含义等 2. 了解 C2C 电子商务模式的盈利模式 3. 理解 C2C 电子商务模式的交易流程	2~4 课时
任务三	B2C 电子商务模式分析	掌握 B2C 电子商务模式的核心模型，如价值链、供应链和营销模型，并能在实际分析中应用		1. 理解 B2C 电子商务模式的含义和类型 2. 了解 B2C 电子商务模式的交易流程	2 课时
任务四	其他电子商务模式	电子商务模式 O2O 等的体验与应用		理解 O2O 等电子商务模式的含义与适用范围	2 课时

任务一　B2B 电子商务模式分析

电子商务模式分类

一、任务描述

小周父亲的公司承包了一个近 2 万平方米的地下商业城，准备将其打造成长沙市最专业的大型婴童产品批销市场。除将一半出租给品牌商外，剩下的都自己经营。对于到底经营哪些产品，哪些产品更好卖，从哪里进货，价格如何，货源有没有保证等，小周父亲迟迟拿不定主意。因为小周是学电子商务专业的，所以父亲委托小周利用掌握的电子商务知识进行分析。

你觉得小周是直接上百度查呢，还是找一些更专业的网站进行直观的对比呢？

二、相关知识

（一）B2B 电子商务模式概述

B2B 电子商务模式是企业对企业的电子商务，具体是指互联网企业以提供互联网展示推广平台的方式，为跨行业的各类企业的国际、国内贸易和即时沟通提供便利，同时在线下为企业提供市场推广服务，特别是在交易会等场合举办的市场推广活动。

过去几年，物流和供应链成本增加、海外消费需求波动，企业面临着各种经营压力。然而，全球 B2B 电子商务市场规模逆势增长，呈现出万亿美元的蓝海市场。第三方机构调研数据显示，2022 年全球 B2B 电子商务市场规模为 7.9 万亿美元，预计 2027 年将达到 20.9 万亿美元。电子商务是目前增长速度最快的渠道，到 2025 年，通过电子商务产生的 B2B 产品销售额将至少每年增长 10%。在我国，艾瑞咨询发布的《2023 年中国 B2B 行业研究报告》显示，2018—2022 年 B2B 行业以 4.7% 的年均复合增速持续扩容，2022 年行业规模已达到 15.5 万亿元。

B2B 电子商务模式不仅建立了一个网上买卖者群体，也为企业之间的战略合作提供了基础。单打独斗的时代已经过去，企业间的合作联盟逐渐发展起来。"小门户+联盟"的模式成为我国 B2B 电子商务发展的趋势。市场认为，由于 B2B 电子商务模式具有比 B2C 电子商务模式更现实的盈利前景，商务网站由 B2C 向 B2B 转型已成为一种全球化趋势。因此，B2B 电子商务模式会在近一段时期内代表电子商务发展的重点和方向。

（二）B2B 电子商务模式的类型

随着 B2B 电子商务的发展与人们对这种模式的认识的角度不同，人们对 B2B 电子商务模式的类型也有不同的说法。

B2B 电子商务模式

1. 习惯性分类

以往，人们习惯性把 B2B 电子商务模式分为 4 类，即综合 B2B 电子商务模式、垂直 B2B 电子商务模式、自建 B2B 电子商务模式及关联行业 B2B 电子商务模式。

1）综合 B2B 电子商务模式

综合 B2B 电子商务模式在网站上聚集了分布于各个行业的大量客户群，供求信息来源广泛。通过这种模式，供求信息可以得到较高的匹配。但综合 B2B 电子商务模式缺乏对各行业的深入理解和对各行业资源的深层次整合，导致供求信息的精准度不够，进而影响买卖双方供求关系的长期确立。阿里巴巴网站是这种模式的典型代表。

2）垂直 B2B 电子商务模式

垂直 B2B 电子商务模式着力整合、细分行业资源，以专业化的平台打造符合各行业特点的 e 化服务，提高供求信息的精准度。垂直 B2B 电子商务模式明确了供求关系，但供求信息的广泛性不足。网盛科技是这种模式的典型代表。

3）自建 B2B 电子商务模式

自建 B2B 电子商务模式是行业龙头企业基于自身的信息化建设程度，搭建以自身产品供应链为核心的行业化电子商务平台。行业龙头企业通过搭建的电子商务平台，串联起行业整条产业链。

供应链上下游企业则通过该平台实现资讯获取、沟通和交易。但此类电子商务平台过于封闭，缺少产业链的深度整合。中国石油、中国石化采用的就是这种模式。

4）关联行业 B2B 电子商务模式

关联行业 B2B 电子商务模式是相关行业为了提升目前电子商务平台信息的广泛程度和准确性，通过整合综合 B2B 电子商务模式和垂直 B2B 电子商务模式而建立起来的跨行业电子商务平台。

2．按商业模式分类

中国电子商务研究中心的最新报告将国内的数千家 B2B 电子商务网站按其商业模式分为"四大门派"，即综合 B2B 电子商务模式、行业 B2B 电子商务模式、"小门户+联盟"模式、仓单模式，如表 2-2 所示。

表 2-2　国内 B2B 电子商务网站"四大门派"

模式	主要特征	行业应用
综合 B2B 电子商务模式	品牌知名度高，行业覆盖面广，大而全，服务泛而不精	阿里巴巴、慧聪网、中国制造网、环球资源网
行业 B2B 电子商务模式	专注于某一行业，采用"会员+广告"的盈利模式，内容与服务专业化程度高，但未打通上下游产业链	以中国化工网、中国服装网为代表的 3000 余家专业 B2B 电子商务网站
"小门户+联盟"模式	用联盟方式进行整合，从而提供"既综合又专业"的 B2B 服务	生意宝、中搜行业中国
仓单模式	提供在线交易、在线支付结算和物流配送服务，交易资金由银行第三方监管	金银岛、广东塑料交易所、浙江塑料城网上交易市场

3．按业务面分类

据亿邦动力网研究，B2B 电子商务模式按其业务面可分为以下几种主流模式：垂直 B2B 电子商务模式、区域 B2B 电子商务模式、外贸信息撮合服务平台模式、小额外贸交易服务平台模式、外贸进出口代理服务平台模式。其各自特点与典型代表等如表 2-3 所示。

表 2-3　B2B 电子商务主流模式对比

类型	特点	典型代表	优势	劣势
垂直 B2B 电子商务模式	该模式是面向制造业或面向商业的（行业 B2B），可以分为两个方向，即上游和下游。生产商或零售商与上游的供应商可以形成供货关系。生产商与下游的经销商可以形成销货关系	中国化工网	成本要低很多	因为其面对的多是某一个行业内的从业者，所以客户相对集中且有限
区域 B2B 电子商务模式	该模式是面向中间交易市场的（水平 B2B），即将各行业中相近的交易过程集中到一个场所，为采购商和供应商提供一个交易的机会	阿里巴巴、慧聪网、中国制造网、环球资源网等	通过本地化的市场熟悉度、低成本运营、稳定的供应链和高效沟通等优势，为企业提供更加灵活、经济和可靠的商业合作环境	成本相对较高
外贸信息撮合服务平台模式	・为外贸企业寻找海外订单 ・盈利模式：会费+竞价排序+广告 ・服务对象：中小外贸企业	中国供应商网、环球资源网、中国制造网	属于传统的外贸 B2B 服务平台模式，偏重"电子黄页"及在线展会，平台不介入交易服务，流量大是其突出的优势	综合费用较高，订单数量较少；由于技术门槛不高，易受到搜索引擎及行业网站的冲击

续表

类型	特点	典型代表	优势	劣势
小额外贸交易服务平台模式	・为小企业寻找海外小额订单，参与小额支付并提供速递 ・盈利模式：收取交易佣金+竞价排序+广告 ・服务对象：小企业及个人	敦煌网、全球速卖通、eBay	入驻门槛低（无须缴年费），借助海外小额交易平台直接向海外消费者推广，能代客户安排速递及收取货款	单量分散、交易佣金及物流费用高；企业无法正常收汇、办理核销、退税及做账；存在一定的法律风险
外贸进出口代理服务平台模式	・为中小企业提供专业进出口服务，全程代理客户完成通关、物流（海、陆、空）、金融（外汇结算、核销、退税、保险）服务，提供免抵押和担保的贸易融资，提供免费商品展示及第三方通关认证 ・盈利模式：固定代理费（最高1000元/次）+第三方服务商返利 ・服务对象：符合中国海关、商检、税务及知识产权规则产品的任何制造企业、商贸企业及个人	一达通	无须缴纳会费及交易佣金，按进出口次数收取远低于企业自营进出口的代理服务费。其本质是倡导进出口服务外包，做广大外贸企业公共的进出口服务部；直接为外贸企业降低服务成本、提高服务效率。其中免抵押和担保的小额贸易融资（单笔100万元内）是平台与商业银行联合开发的创新产品	虽然提供免费商品展示，但平台流量不大，寻找订单效果不佳

（三）B2B 电子商务网站的盈利模式

《中国行业电子商务网站调查报告》显示，国内行业电子商务网站数量持续高速增长，每年平均增速超过 15%，90%以上的企业网站均实现了盈利。网站盈利模式主要包括会员费、广告费、竞价排名和增值服务费等，如图 2-2 所示。

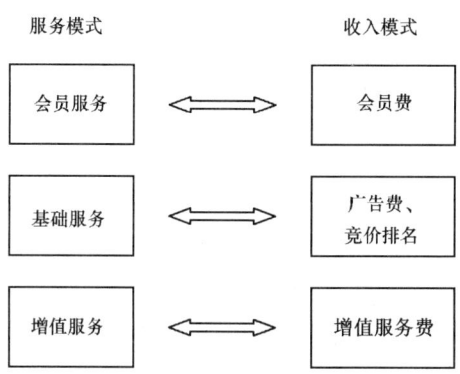

图 2-2　B2B 电子商务网站服务与收入分析

1. 会员费

企业要通过第三方电子商务平台参与电子商务交易，就必须注册为 B2B 电子商务网站的会员，但每年只有交一定的会员费才能享受网站提供的各种服务。目前，会员费已成为我国 B2B 电子商务网站最主要的收入来源。例如，阿里巴巴网站收取中国供应商会员、诚信通会员两种会员费。

2. 广告费

网络广告是门户网站的主要盈利来源，同时也是 B2B 电子商务网站的主要收入来源。阿里巴巴网站的广告根据其在首页的位置及广告类型来收费。中国化工网有弹出广告、漂浮广告、横幅（Banner）广告和文字广告等多种表现形式供用户选择。

3. 竞价排名

企业为了促进产品的销售，都希望在 B2B 电子商务网站的信息搜索中排名靠前，而网站会在确保信息准确的基础上，根据会员交费的不同对排名顺序进行调整。阿里巴巴的竞价排名是诚信通会员专享的搜索排名服务。当买家在阿里巴巴搜索供应信息时，竞价企业的信息将排在搜索结果的前三位，从而被买家第一时间找到。中国化工网的化工搜索则是建立在全球最大的化工网站上的化工专业搜索平台，支持对全球近 20 万个化工及化工相关网站进行搜索，同时采用搜索竞价排名方式来确定企业排名顺序。

4. 增值服务费

B2B 电子商务网站通过增值服务来增加收入，这些服务包括企业建站服务、产品行情资讯服务，以及企业认证、在线支付结算、会展、培训等服务。中企动力"一大把"网站为了迎合中小企业的需求，不但提供贸易信息，而且将行业资讯、管理咨询、网络营销方案乃至社区的思想等集成在一起为中小企业服务。自从 2000 年 Oracle 发布全球首款电子商务套件之后，IBM、微软等 IT 巨头也纷纷推出电子商务应用解决方案，只因电子商务会是中小企业信息化的有效切入点。随着我国 B2B 电子商务行业总体趋于平台网络化发展，铭万网、阿里巴巴推出的集企业电子商务管理及应用于一体的商务软件，已经成为国内 B2B 电子商务的第二大盈利模式。铭万网和阿里巴巴进入应用软件领域，正式开启了 B2B 电子商务网站依靠会员服务和软件服务的双盈利模式阶段。

三、任务实施

步骤一：找到并浏览国内排名靠前的 5 家 B2B 电子商务网站，了解其特点、经营范围、面向对象、交易流程与收入来源等，对 B2B 电子商务网站形成感性认识，完成表 2-4。

表 2-4　国内排名靠前的 B2B 电子商务网站对比

序号	网站名称	域名	特点	经营范围	面向对象	交易流程	收入来源	备注	结论
1									
2									
3									
4									
5									

步骤二：找到并浏览有婴童产品经营项目的 5 家 B2B 电子商务网站，了解其特点、经营范围、商品来源、发货要求、现有市场规模、客户评价等，学会对同类型的 B2B 电子商务网站进行比较，完成表 2-5。

表 2-5　婴童产品电子商务网站对比

序号	网站名称与域名	特点	经营范围	商品来源	发货要求	现有市场规模	客户评价	备注	结论
1									
2									
3									
4									
5									

步骤三：对比前面几个网站，分别找出想要经营的产品，通过网站进行交易，完成表 2-6。

表 2-6　产品对比

序号	产品类别与品牌	产品特点	来源于哪个网站	客户评价	价位与起批数量	目标客户类型	目前市场容量	预期销量	备注	结论
1										
2										
3										
4										
5										

四、任务评价

任务评价表如表 2-7 所示。

表 2-7　任务评价表

项目	学习态度（20%）	团队合作情况（20%）	步骤完成情况（50%）	其他表现（10%）	小计（100%）	综合评价
小组评分（30%）						
个人评分（30%）						
老师评分（40%）						
综合得分（100%）						

五、知识拓展

阅读材料 1

八大行业性 B2B 电子商务网站

对于一般人而言，各个行业因专业、领域的不同，除了行业内的人，外界很少去关注其他行业的动态，但对于互联网来说，每个行业都蕴藏着无限的发展契机。而 B2B 电子商务，也在各个行业风起云涌。

1. 钢铁行业的 B2B 龙头老大——找钢网

找钢网成立于 2012 年，公司主营线上钢铁交易、物流、仓储及加工等业务，截至 2024 年 12 月，找钢网交易平台累计合作 110 多家钢厂、12000 多家大型贸易商，提供 SKU 超过 58 万种，服务超过 17 万家注册企业用户。创始人王东根据对钢铁行业的深刻理解，并结合互联网的特点，在传统钢铁综合网站模式的基础上做出了两个方面的改进：一是改变之前钢铁行业一直由卖方主导的市场格局，从买方角度出发，围绕钢铁使用者打造综合性的货品提供商及服务提供商；二是结合钢铁行业资金需求量大的特点，发展线上金融服务，为行业中的企业解决资金难题。此外，钢铁行业一直存在信息不对称的特点，而以互联网为平台的信息传输渠道可以弥补钢铁行业这方面的先天不足，打破此前的信息传输壁垒，压缩整个行业的流通环节，提升资源的分配效率，从而为钢铁行业的贸易带来新的变革。

2. 塑化行业的领军企业——找塑料网

找钢网 B2B 电子商务模式的成功为其他大宗商品互联网改革提供了参考。找塑料网就是依此创立的一个 B2B 电子商务网站。找塑料网的创始人牟斌原先也在钢铁行业，他通过大量研究，最终选择将塑料行业作为切入点，在 2014 年 7 月创建了找塑料网。无论是从行业类型，还是从行业发展来看，塑料行业与钢铁行业都极为相似，塑料行业也经历过和钢铁行业类似的拐点。之前，塑料行业是卖方市场，不用担心销路，但随着大量国外产品涌入国内，行业出现了供大于求的局面，市场开始向买方市场倾斜。找塑料网就是在此背景下创立的 B2B 电子商务网站，后曾入围第二届中国 B2B 电子商务大会"中国 B2B 企业百强榜"前十强。

3. 食材服务电商——美菜网

美菜网在 B2B 行业里一直都是一个比较有争议的话题，争议的关键点在于美菜网的商业模式是否合理。其模式是，根据餐馆、饭店的订单，每天从自建仓库发货，把新鲜蔬菜运送至各个餐馆、饭店。就是这种简单的商业模式，很多人都怀疑它能否生存下去。而作为美菜网投资方的蓝湖资本给出了他们的投资逻辑。首先，智能手机的普及及信息化的加强使整个供应链渠道更加透明。市场需求、产品价格都可以在线上进行快速确认和跟踪，既减少了前端浪费，也提升了前端效率。其次，蔬菜产品很容易在供应链中间环节出现大量损耗，而针对中间环节做的大批量集中管理，可最大限度降低损耗，提高利用率。最后，对于大型自营电商来说，终端客户越多、分布越密集，配送成本就会越低，规模效应也就更明显。基于以上三点，美菜网的 B2B 电子商务模式具有极大的发展潜力。胡润研究院发布《2023 胡润中国产业互联网 30 强》，美菜网在 B2B 交易平台 10 强榜中排名第 4 位。

4. 跨境供应链平台——海外帮

与跨境 B2C 的无限风光相比，跨境 B2B 领域显得异常低调。海外帮就是专门提供跨境供应链服务的一个 B2B 平台。对于跨境行业来说，跨境供应链企业在整个行业中既扮演了供应商的角色，又承担了类似生产者的责任。它们一方面需要从国外采购商品，从采购端控制来源；另一方面也需要打通行业传统通道，将跨境商品运送至国内。海外帮作为跨境供应链企业，深耕欧洲市场，为国内商家提供海外直采、海外仓储、国际货运、保税仓储、转关清关、保税代发等供应链全流程服务。其依靠自己在欧洲市场的优势建立起完善的海外仓储网络，并与很多海外品牌完成了对接。此外，海外帮搭建了自己的线上采购平台，商家可以通过平台，在线完成商品采购、发货，让商家店铺可以以轻模式运营。

5. 鲜花供应平台——宜花网

宜花网由创始人荣超于 2014 年 8 月创立，通过整合互联网和鲜花行业供应链，向终端花店提供鲜花供应服务。宜花网首先直接从鲜花种植者手中购买鲜花，然后与云鸟配送、速派得、1 号货的等配送公司合作，将鲜花直接送至花店，去除了行业中间流转和成本加价。与此同时，宜花网搭建了自己的线上系统，构建起供需双方透明的信息传输渠道，使鲜花种植者能够根据市场需求适时调整种植计划，从源头调控整个行业的鲜花供应量，促使行业以更高效率运转。

6. 汽配一站式采购平台——淘汽配

在一直由汽车生产商和 4S 店主导的汽车行业市场，如何发展互联网 B2B？汽配一站式采购平台淘汽配给出了答案。淘汽配是一个线上汽车配件采购平台，重塑了整个汽车配件市场的格局。在传统汽车行业，原装的汽车配件一直都由指定的生产商或 4S 店负责提供，它们也控制着这部分市场渠道的利润。淘汽配的出现让汽车配件的价格变得透明，行业供需关系也得到改善。汽车修理厂可以通过平台直接采购到汽车的原装配件，打破了指定生产商和汽车 4S 店的利润垄断，帮助广大车主降低了汽车保养费用，同时保证了行业服务质量。

7. 服装市场领航者——衣联网

在服装 B2B 行业，一直有一个巨头，那就是衣联网。它从社区论坛起步，逐渐发展成一个专业的服装批发 B2B 线上平台，将传统服装行业中的线下批发商城全部搬到了线上——服装零售商可以通过互联网直接查看供应商的货品，在线完成订单交易，既解决了零售商进货难、成本高的难题，也解决了因服装行业商品种类丰富、款式多变而难以选择的问题。衣联网的角色定位是线上桥梁，一端连接供应商，另一端连接零售商，通过整合双方资源，逐步构建一个开放的线上平台。此外，衣联网还针对双方进行专业性筛选，聚焦平台用户属性，打造平台核心竞争力。除了搭建线上平台，其还建立了上百个线下办事处，积极拓展线下渠道，为客户提供从注册到开店，再到店内设置、服装拍照上传、店铺运营、订单催发、客户培训等全流程服务。线上与线下的结合也大幅提升了整个平台的用户体验。

8. 酒业电商——易酒批

易酒批成立于 2014 年 9 月，成立的初衷是打造一个酒类行业的专业线上综合咨询交易平台，为各个酒类终端店提供产品查询、进货、行业交流的线上渠道。关于公司的未来发展，创始人陈晟表示，公司将通过集聚更多的终端商品需求，提高对上游厂家的要价能力。2015 年 9 月，酒水 B2B 电子商务平台易酒批对外宣布，公司完成了 2 亿元 B 轮融资，将在加强市场推广、丰富产品种类和完善技术平台这三大方面进行提升。2017 年，易酒批低调更名为易久批。2024 年 4 月 9 日，易久批以 71 亿人民币的企业估值入选《2024·胡润全球独角兽榜》，排名第 1118 位。公司的运营模式是"平台+自营"模式，一方面通过与酒类品牌商合作，扩大品牌商的市场拓展渠道，以易酒批为销售平台，直接向终端商店供货；另一方面，运用平台自身的信息传输优势，消除上下游渠道的信息不对称问题，构建更为扁平化的市场通路。

🔍 阅读材料2

影响 B2B 电子商务网站优化的 4 个典型问题

　　网站优化已经成为 B2B 电子商务网站网络营销策略中最基本的内容。一个整体优化状况不佳的 B2B 电子商务平台,其用户发布的供求信息很难为潜在用户提供足够的购买决策信息,甚至这些信息很难被潜在用户通过网站内部分类目录、站内检索及公共搜索引擎检索到。这就意味着网站优化状况不佳的 B2B 电子商务网站可以为用户带来的商业价值很小。这也就不难理解为什么 B2B 电子商务领域首先成为网站优化需求最迫切的行业。根据新竞争力网络营销管理顾问为国内外多家大中型 B2B 电子商务网站提供网站优化方案和网站优化实施过程指导的经验,除了一般网站所具有的网站栏目结构和导航系统不清晰,网页布局不合理,以及网页标题和 Meta 标签设计不专业等基本问题,B2B 电子商务网站优化中还有一些特殊问题,如网站栏目和产品分类设置不合理等。

　　(1)网站栏目和产品分类设置不合理。B2B 电子商务网站结构看起来简单,无非是供应信息、求购信息、产品库、企业库等主要栏目,以及每个栏目下对不同行业、不同产品类别的分类。但实际上,B2B 电子商务网站分类方法对于网站的整体优化状况是至关重要的。分类目录不合理将造成用户难以获取网站信息,搜索引擎会忽略二级栏目及二级栏目中的信息等综合问题。根据新竞争力对 B2B 电子商务网站优化研究的体会,网站栏目和产品分类设置中的问题比较突出。

　　(2)大量新发布的信息无法被搜索引擎收录。随着供求信息发布量的增加,大量新发布的信息在不断滚动更新,但很多新的信息还未等到被搜索引擎收录就已经滚动到多层次目录下。而如果网站结构层次设计不合理,即使全部网页都转化为静态网页,仍有可能导致信息无法被搜索引擎收录。

　　(3)动态网页的制约。尽管领先的网站早已通过网站优化改造实现了全部信息的静态化处理,但 B2B 电子商务网站发展到今天仍然有大量网站采用全动态网页技术,甚至主栏目和二级栏目都是动态生成的。这样的动态网站在搜索引擎自然检索中毫无优势,即使网页被搜索引擎收录,也难以比其他同类内容的静态网页有任何优势,其结果是通过搜索引擎自然检索带来的访问量越来越少。

　　(4)网页标题设计,以及网页标题与网页内容的相关性问题。在一般由网站维护人员编辑内容的网站中,网页标题的设计,以及网页标题与网页内容的相关性可以得到较好的把控。但在用户自行发布信息的 B2B 行业网站,网页标题设计不专业,以及网页标题与网页内容相关性不高的问题比较突出。其后果是,不仅供求信息内容网页在搜索引擎中没有竞争优势,而且可能影响网站的整体表现。解决网页标题设计问题,则需要在提高 B2B 电子商务网站维护人员自身专业水平的同时对用户发布信息进行引导。

　　B2B 电子商务网站优化中还有很多形形色色的问题,除了网站优化中没有考虑到的网站基本要素,还有 B2B 电子商务网站技术人员在摸索着进行网站搜索引擎优化的过程中因为操作不当所造成的种种问题,很多问题甚至已经成了"疑难杂症"。这样,不仅没有达到网站优化的目的,反而让网站出现了更多的问题。

六、同步拓展

选取一个 B2B 电子商务网站，观察其运行模式并进行记录。

任务二　C2C 电子商务模式分析

一、任务描述

实例 1

都市白领一族小刘发现，最近身边的朋友都热衷于网上购物，快递员几乎天天送货上门，同事们在网上购买了五花八门的商品，包括化妆品、服装、饰品和数码商品，应有尽有。这天，同事小李买的一台数码相机在办公室引起了不小的轰动。那精致的外形、大气的中国红让小刘眼前一亮。这不正是自己"垂涎"的新款数码相机吗？原来，小刘在市场上观望了一阵，但是苦于它的高价格，打算等待合适的时机再入手，没想到同事小李抢先拥有了。更让小刘没想到的是，小李只花了商场标价的 2/3 的价格就把这款人见人爱的相机收入囊中了。

请你以电子商务购物专家的身份帮助小刘完成 C2C 电子商务模式的网上购物操作。

实例 2

小胡到某公司做兼职工作。这家公司的主要产品是茶叶，小胡的工作就是在淘宝网上卖茶叶。该公司的茶叶都是湖南的地方名茶，其中最具代表性的是市场上热销的安化黑茶。公司产品已经抢占了一部分市场，品种多，货源充足，价格适中，非常有竞争优势。小胡从来没有卖过茶叶。这时，小胡想到了淘宝网。他想自己在网上买一次茶叶，看看流程，学习人家是怎么做的。

二、相关知识

（一）C2C 电子商务模式概述

1. C2C 电子商务模式的发展情况

1995 年，以 eBay 成立为标志，C2C 电子商务模式在美国诞生。1999 年，C2C 电子商务模式传到中国，邵亦波和谭海音在上海创立易趣，开创了中国 C2C 电子商务网站的先河。此后，2003 年 5 月，阿里巴巴投资 4.5 亿元成立 C2C 电子商务网站——淘宝网；2005 年 9 月，腾讯推出拍拍网；2007 年 10 月，搜索引擎老大百度公司宣布进军电子商务，筹建了 C2C 电子商务网站有啊，并于 2008 年正式上线。各种 C2C 电子商务网站不断涌现，中国 C2C 电子商务网站迅速进入蓬勃发展期。

2. C2C 电子商务模式的含义

C2C 电子商务模式是指消费者与消费者之间通过分类广告在电子商务在线交易平台上进行的个人商品拍卖。其特点就是大众化交易。

随着网络消费观念的普及，加上支持网上购物的各种条件日益成熟，网购这一新型消费观念正逐渐被消费者所接受。近年来，C2C 电子商务模式高速发展，国内 C2C 市场所占的份额和交易量也在快速增加。中国电子商务研究中心监测数据显示，2023 年中国网络零售市场交易规模达 15.4 亿元，比上年增长 11.0%。商务部《2023 年中国网络零售市场发展报告》显示，2023 年，我国 C2C 网络零售额增长 2.7%，占网络零售额比重为 18.7%。

当然，C2C 电子商务模式的发展也存在各种问题，比如信用问题、安全问题等。但是，由于 C2C 电子商务模式具有足够的盈利潜力，能够为买卖双方和电子交易平台提供商带来实实在在的实惠，因此，其在中国有广阔的发展前景。

（二）C2C 电子商务网站如何盈利

伴随着新世纪的到来，世界经济发展也进入新的高速发展时期。现代企业之间竞争的加剧迫使企业为了自身生存和发展不断进行变革和创新。在这样的背景下，旧有企业盈利模式已很难适应经济社会的发展，而通过改革，寻找适应新环境和企业自身特点并能提高企业核心竞争力的盈利模式，已受到企业和学术界越来越多的关注。

1. 盈利模式的概念

关于盈利模式的概念，仁者见仁，智者见智，学术界尚无统一定义。盈利模式的理论解释最早来自奥地利裔美国著名经济学家约瑟夫·熊彼特。熊彼特早在 1939 年就指出："价格和产出的竞争并不重要，重要的是来自新商业、新技术、新供应源和新的公司商业模式的竞争。"其中，盈利模式是商业模式的重要组成部分。国际战略研究协会的相关人员认为盈利模式是创造价值组织的核心逻辑，认为盈利模式是一个通过一系列业务过程来创造价值的商业系统。有的学者认为"盈利模式是指企业用相对较少的费用达到较多的销售收入与盈利的特定运营方法"，有的学者认为"盈利模式是指如何组织和利用资源，通过哪些途径，提供什么样的服务来创造利润"，还有的学者认为"盈利模式是指基于战略层面的以客户和利润为导向的企业资源运营方式"。本书认为，盈利模式是在各种特定的内部和外部条件下，一个以盈利为目的的组织通过一种特殊的组织结构和营运方式获取利润的模式。这也是对企业如何盈利这一问题的简明扼要的概括和揭示。

2. C2C 电子商务网站的盈利模式

随着 C2C 电子商务各项条件的不断完善和人们购物观念的逐渐转变，我国 C2C 电子商务模式的发展速度十分惊人，而盈利模式的确是 C2C 电子商务网站更好经营的动力，也是 C2C 电子商务模式更快发展的源泉。C2C 电子商务网站的盈利模式大致包括会员费（商品登录费、店铺费用）、交易服务费、广告费、搜索费用和其他服务收费等,如表 2-8 所示。

表 2-8 C2C 电子商务网站的盈利模式

盈利模式	收入的具体形式
会员费	网上店铺出租、公司认证、产品信息推荐等多种服务费用
交易服务费	按交易金额获得一定比例的提成
广告费	推荐位费用、竞价排名
搜索费用	关键字搜索
其他服务收费	特色服务费、支付交易费、物流服务收费

1)会员费

会员费也就是会员制服务收费,是指 C2C 电子商务网站为会员提供网上店铺出租、公司认证、产品信息推荐等多种服务组合而收取的费用,如商品登录费(产品图片发布费、橱窗展示费)、店铺费用(年租费、月租费)等。由于提供的是多种服务的有效组合,比较能适应会员的需求,因此这种模式的收费比较稳定。会员第一年交费后可享受一年的服务,第二年到期后需要续费,续费后再享受下一年的服务,不续费的会员将被恢复为免费会员,不再享受相应服务。

2)交易服务费

交易服务费无论什么时候都是 C2C 电子商务网站的主要利润来源。因为 C2C 电子商务网站是一个交易平台,它为交易双方提供机会,就相当于现实生活中的交易所、大卖场,从交易中提成是其市场本性的体现。

3)广告费

企业将网站上有价值的位置用于放置各类的广告,先根据网站流量和网站人群精确标定广告位的价格,再通过各种形式向用户出售。如果 C2C 电子商务网站具有充足的访问量和一定的用户黏性,那么广告业务会非常多。但是,出于对用户体验的考虑,C2C 电子商务网站并没有完全开放此业务,只是不定期开放个别广告位。

4)搜索费用

C2C 电子商务网站商品的丰富性决定了买家搜索行为的频繁性。搜索的大量应用凸显了商品信息在搜索结果中排名的重要性,由此便引出了根据搜索关键字竞价的业务。卖家可以为某关键字提出自己认为合适的价格,最终由出价最高者竞得,在有效时间内该卖家的商品可获得竞得的排位。只有让卖家认识到竞价为他们带来的潜在收益,他们才愿意为此付费。

5)其他服务收费

其他服务收费包括特色服务费、支付交易费和物流服务费等。特色服务费主要是针对特色商品收取的展示费用。支付问题向来是电子商务发展的瓶颈,直到阿里巴巴推出了支付宝,才在一定程度上促进了在线支付业务的开展。买家可以先通过网上银行把预付款打到支付公司的个人专用账户,待收到卖家发出的货物后,再通知支付公司把货款打入卖家账户。这样买家不用担心付款了却收不到货,卖家也不用担心发了货却收不到货款。支付公司则按成交额的一定比例收取手续费,即支付交易费。物流服务费是针对货物的配送而收取的佣金。

(三)C2C 电子商务模式的交易流程

C2C 电子商务模式的交易流程由卖家系统和买家系统共同完成,具体如下。

卖家进入 C2C 电子商务网站,添加商品,选择分类,发布商品,装饰店铺,制定价格,设定时间,处理订单,发送货物,交易成功之后提供售后服务。买家登录 C2C 电子商务网站,搜索商品,选择商品,直接拍下或以竞价方式购买满意商品,再通过支付公司支付货款,待收到货物查看验收,确认付款并进行购后评价。

针对任务描述中的实例 1,下面以淘宝网购物操作流程来说明 C2C 电子商务模式中买家购买的一般步骤。

步骤一:网站注册。

在淘宝网等 C2C 电子商务网站上,买家首先需要申请一个用户名。这个用户名可以是字母、汉字的组合,也可以是邮箱地址。在注册过程中,买家需填写基本的资料,如姓名、手机号码、电子邮箱等,以便网站进行身份验证和后续服务。

目前注册淘宝网账户的方法如下。

方法:使用手机号码注册。

① 打开淘宝网,点击"注册"按钮。

② 进入注册页面后,选择"手机号码注册",点击"点击进入"按钮,进入图 2-3 所示的页面。

图 2-3 手机号码注册页

③ 输入手机号码,并点击"获取验证码"按钮。

④ 输入收到的验证码,点击"下一步"或"提交"按钮。

⑤ 校验成功后,淘宝网账户即注册成功。

步骤二:挑选商品和商家。

对于买家来讲,从大量的信息当中挑选自己合意的商品是关键步骤。几乎每个购物网站都具备强大的搜索功能,无论是搜索商品还是搜索店铺,买家只要填写关键信息,就会轻而易举地进行搜索。

（1）搜索商品。

买家在登录淘宝网以后，先选择淘宝网首页搜索框上方的"宝贝"标签，再输入宝贝关键字进行搜索，即可找到所需商品。例如，想购买某本书的可填写书名，想购买一件雪纺质地连衣裙的可输入"雪纺+连衣裙"。在搜索商品时，填写的关键词越多，对搜索商品的限制就越多，搜索范围也就越小。

（2）搜索商家。

买家在登录淘宝网以后，先选择淘宝网首页搜索框上方的"店铺"标签，再输入店铺名或掌柜名进行搜索，即可找到要找的商家。

步骤三：下单购买。

商品种类繁多，买家可以先把看中的商品加入购物车，再将购物车中的商品一起结算，这样做省时、省力。大部分购物网站都提供购物车功能。

购买看中的商品的操作步骤如下。

① 在购买前，针对商品信息有任何需要咨询的，买家都可以点击 联系客服 按钮，通过阿里旺旺聊天工具向卖家进行咨询，确认无误后点击"立即购买"按钮。

② 确认收货地址、购买数量、运送方式等要素，点击"确认无误，购买"按钮，页面跳转到支付宝，选择开通了网上支付功能的银行进行付款。

③ 付款成功后交易状态为"买家已付款"，此时需要等待卖家发货。

④ 待卖家发货后，交易状态更改为"卖家已发货"。待收到货并确认无误后，点击"确认收货"按钮。

⑤ 点击"确认收货"按钮后输入支付宝账户的支付密码，点击"确定"按钮。

步骤四：对卖家的商品和服务进行评价。

三、任务实施

步骤一：通过网络进行搜索，在淘宝网找到两家以上经营茶叶的网店，进行分析并比较，用流程图的方式描述具体的购物流程，如图 2-4 所示。

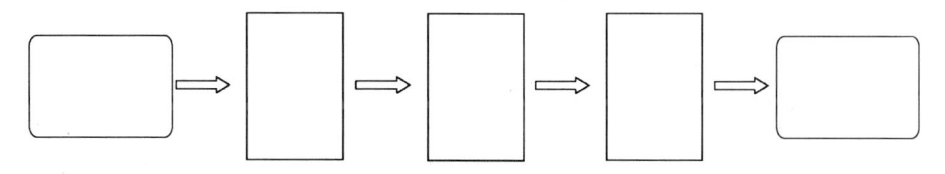

图 2-4　购物流程图

步骤二：进入淘宝网，用自己的淘宝用户名登录，选择两个以上的网店，查看网店的信用评价，鉴别商品的可靠性，对每个界面进行截图或说明（至少两个截图），如表 2-9 所示。

表2-9　买家体验

序号	动作	截图或说明1	截图或说明2	感想或结论
1	进入淘宝网			
2	用户登录			
3	选择网店			
4	查看网店的信用评价			
5	鉴别商品的可靠性			

步骤三：注册支付宝账户，使用网银向支付宝进行充值，或关联上个人信用卡或储蓄卡，选择一个卖家的商品进行购买，通过支付宝完成支付，对每个界面进行截图或说明，完成表2-10。

表2-10　支付体验

序号	动作	截图或说明1	截图或说明2	感想或结论
1	注册支付宝账户			
2	开通网银			
3	支付宝充值，或关联个人信用卡或储蓄卡			
4	支付宝完成支付			

步骤四：使用自己的淘宝账号进行卖家注册，尝试发布商品，开通网店，完成表2-11。

表2-11　卖家体验

序号	动作	截图或说明1	截图或说明2	感想或结论
1	注册卖家身份			
2	商品类别选择			
3	商品信息发布			
4	商品描述			
5	选择品类的原因			
6	C2C网店开设流程			

步骤五：将网上商店与实体商店进行比较，进一步认识C2C电子商务模式，完成表2-12。

表2-12　网上商店与实体商店比较

项目		网上商店	实体商店
基本组成	商店名称		
	商店地址		
	商店装修		
	商店更新		
	货币结算		
	商品送达		
服务特点	营业时间		
	服务对象		
	个性化服务		
	销售成本		

四、任务评价

任务评价表如表2-13所示。

表2-13 任务评价表

项目	学习态度（20%）	团队合作情况（20%）	步骤完成情况（50%）	其他表现（10%）	小计（100%）	综合评价
小组评分（30%）						
个人评分（30%）						
老师评分（40%）						
综合得分（100%）						

五、知识拓展

🔍 阅读材料1

国内曾经知名的C2C电子商务网站

C2C电子商务网站为消费者和商家提供了一个便捷、高效的在线交易平台，推动了电子商务行业的快速发展，也为更多用户带来便利和实惠。随着互联网的普及和技术的进步，我国曾涌现过诸多典型的C2C电子商务网站，只是由于各种原因，有的网站越做越大，有的网站已经销声匿迹。

1. 淘宝网

淘宝网，是国内领先的个人交易网上平台，由阿里巴巴投资4.5亿元创办，致力于成就全球最大的个人交易网站。自成立以来，淘宝网基于诚信为本的准则，从零做起，用了短短的半年时间就迅速占领了国内个人交易市场的领先位置，创造了互联网企业的一个发展奇迹，真正成为有志于网上交易的个人的最佳网络创业平台。

淘宝网的业务跨越C2C、B2C两大部分。截至2024年，淘宝网注册会员数量已接近7亿人，覆盖了中国绝大部分网购人群。根据中国电子商务研究中心的最新监测数据，2024年第一季度淘宝网交易额达到35000亿元，同比增长15%。每天有超过8000万名固定访客访问淘宝网。每天在线商品数已经超过10亿件，平均每分钟售出6万件商品。

淘宝网倡导诚信、活泼、高效的网络交易文化，在为会员打造更安全、高效的商品交易平台的同时，也全力营造了互帮互助、轻松活泼的家庭式文化氛围，让每位在淘宝网进行交易的人在体验迅速高效的交易的同时交到更多朋友。淘宝网不断扩展其业务范围，涵盖了从日常生活用品到高端奢侈品，从传统零售到个性化定制等多个领域。淘宝网与众多品牌合作，提供了丰富的商品选择，满足了不同消费者的需求。

2. 易趣

易趣于1999年在上海成立，由邵亦波及谭海音创立。2000年2月，易趣在全国首创24小时无间断热线服务。2000年3月至5月，易趣与新浪结成战略联盟，并于5月并购5291手机直销网，开展网上手机销售，并使该业务成为易趣的特色之一。2002年3月，易趣获得美国最大的电子商务公司eBay的3000万美元的注资，并同其结成战略合作伙伴关系。2004年9月，eBay与易趣实现完全对接，以统一的模式和统一的界面继续挑战中国C2C市场。

在eBay易趣的全新标识诞生的同时，一个巨大的网上交易市场也悄然开启。它是秉承善良、真诚、尊重和团结的信念而缔结的快乐群体。在这个诚实、开放的环境中，人人都能发挥所长，不仅能快乐地买卖，而且能一起享受交友、分享经验、实现梦想的快乐。

易趣为消费者带来全新的体验，比如寻找的乐趣、发现的惊喜、拥有的满足、交友的感动等，也给了消费者真诚的承诺，比如更多的商品选择，更高性价比的商品，跨国交易的机会，强大的品牌，更具人气的交易平台和更领先的买卖解决方案！

2022年，易趣网正式关闭。

3. 闲鱼

闲鱼是阿里巴巴旗下的C2C平台，于2014年由其前身"淘宝二手"更名而来，专注二手商品交易。它依托淘宝和支付宝的庞大用户基础，为用户提供了便捷的二手物品买卖渠道。闲鱼商品种类繁多、价格实惠。此外，闲鱼还提供实名认证、信用评价等一系列交易保障措施，确保交易的真实性和可靠性。

截至2024年11月，闲鱼注册用户数突破6亿人，其年度用户复合增长率已接近30%。

🔍 **阅读材料2**

网络购物的小技巧

1. 熟悉自己身体的各部分尺寸

在网上购买衣服、鞋子等区分大小码的商品的时候，买家一般都可以看到卖家对商品的详细描述，比如衣服的身长、袖长、胸围等信息。因为网上购物不像线下购物那样可以试穿，所以买家一定要对自己身体各部分的尺寸比较熟悉。很多买家看到网上的漂亮衣服却不敢买，就是担心买了穿着不合适，但如果熟悉了自己身体的具体尺寸，这个问题就可以迎刃而解了。

2. 使用第三方支付平台付款

通过第三方支付平台付款的方式就相当于买家先把货款打给第三方支付平台，等买家确认收到货并且没有疑义之后，第三方支付平台再把货款打给卖家。这样一个过程可以最大限度地保障买家的利益，杜绝了直接打款给卖家，出现问题之后卖家甩手不管的风险。

3. 学会省钱、讲价的小技巧

买家在一个网店购物达到一定金额后，可以和卖家沟通减免一定的邮费，也可以采用"团购"的方式，多约几个朋友一起购买，增加砍价的筹码。买家要做好消费预算与计划，一个阶段一个阶段地集中采购，从而省去每次购物的邮费支出。此外，买家在购物的时候最好还是和卖家多沟通。即时通信工具是比较好的沟通方式，比如阿里旺旺等。

4. 学会使用网站搜索和比较功能，货比三家不吃亏

一般比较知名的购物网站上都有比较健全的搜索工具。以腾讯拍拍网为例，打开主页，很容易找到搜索的选项。只要输入需要搜索的商品的关键词，就会出现搜索结果，在搜索结果页面上，还可以将商品的分类更加细化。例如，从整体结果到女士鞋帽，在鞋帽筛选的商品中再去选择自己想要的款式等。熟练使用搜索功能能够快速地在丰富的网上商品资源里找到自己想要的商品。点击感兴趣的商品之后，网站会自动保存曾经浏览过的商品，点击"对比"按钮，系统还会针对各项主要指标进行对比，方便买家做出选择。无论线上还是线下，货比三家是最好的商品挑选方法。多看多逛，记下相同、相近商品的售价来一较高低——这是找到优惠最直接的方法。

5. 充分利用社区资源

一般的购物网站都有相关的论坛，论坛里有很多实用的帖子可以作为买家进行网上购物的参考，如目前热销商品的排行、怎么区分商品的真假等。吸取前人总结的经验再出击，这样能少走很多弯路。

六、同步拓展

（1）任选两个知名 C2C 电子商务网站完成注册，并进行购物实践。

（2）小张是电子商务专业的学生，家里是在湖南益阳做竹工艺品生意的。他在学习了网上开店的知识后，准备开一家网上品牌竹工艺品店。请你帮小张写出开店的具体流程。

（3）小王是电子商务专业的学生，对开网店非常感兴趣，但是一直没有找到理想的货源，也没有多少资金，因此网店迟迟没有开起来。请你给他介绍几种寻找货源的方法。

任务三　B2C 电子商务模式分析

一、任务描述

周末，小王终于可以喘口气休息了，她想为自己买几本自考本科和电子商务创业的书，还想买一件换季的衣服，但她不想逛街。于是，她想通过网上购物来达到自己的目的。但是，她又不想随便在网上订购，怕买到盗版书籍，也怕买的衣服不合适。

她如何在网上快速找到自己需要的商品呢？你可以给小王推荐几个专业的卖书或卖衣服的网站吗？

二、相关知识

（一）B2C 电子商务模式概述

B2C 电子商务模式

B2C 电子商务模式一般以网络零售业为主，在这种模式下，企业通过互联网为消费者提供一个新型的购物环境——网上商店（如亚马逊中国、京东、当当等），消费者则通过网络进行购物、支付。

这些年，B2C 电子商务模式得到了较快发展，被学术界誉为最适合电子商务的模式。专家们关于"B2C 电子商务模式最终将替代 C2C 电子商务模式成为最主要的发展模式"的预言也已成为现实。2023 年中国 B2C 网络零售额增长 13.0%，占网络零售额的比重为 81.3%。根据贝哲斯咨询的调研数据，2024 年全球 B2C 电子商务市场规模可达到 4.84 万亿美元，预计到 2030 年其规模将达到 7.45 万亿美元。

总之，计算机和互联网在全世界的普及促进了电子商务的飞速发展，B2C 电子商务网站的发展是网络深入人们生活的必然趋势。未来是信息和网络高速发展的世界，在世界上任何角落的人，只要拥有计算机、互联网和开通网上支付功能的银行卡，就能通过网络平台完成对各种商品的选购，同时还能享受到完善的服务。可以肯定的是，随着 B2C 电子商务的进一步发展，网上可选购的商品将越来越丰富，网上支付方式将越来越灵活，物流配送体系也将越来越完善。

（二）B2C 电子商务模式的分类

根据不同的标准，B2C 电子商务模式可以划分为不同的类型，目前较全面的是把 B2C 电子商务模式划分为图 2-5 所示的几类。

B2C 电子商务模式的类型
1. 综合商城
2. 百货商店
3. 垂直商店
4. 复合品牌店
5. 轻品牌商店
6. 服务型网店
7. 导购引擎型网站

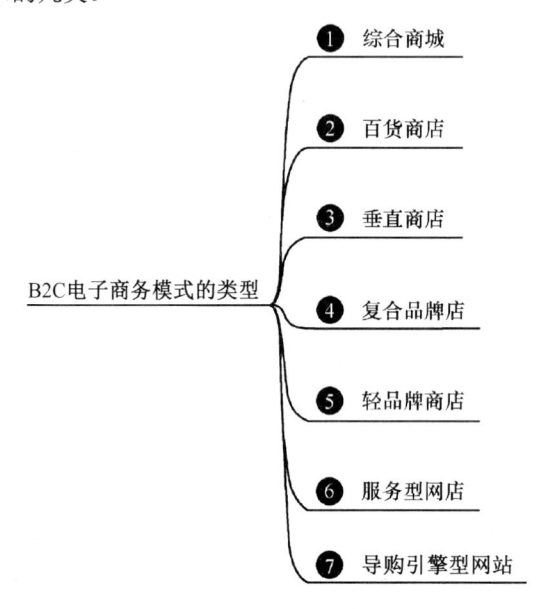

图 2-5　B2C 电子商务模式的类型

1. 综合商城

综合商城，谓之城，自然城中会有许多店，综合商城就如现实生活中的大商城一样。线下的大商城一楼可能是一线品牌，二楼是女士服饰，三楼是男士服饰，四楼是运动装饰，五楼是手机数码，六楼是特价店——n 个品牌专卖店。而线上的综合商城，在人气足够、产品丰富、物流便捷的情况下，凭借成本优势和时空优势注定将在交易市场中扮演重要角色。目前，国内综合商城的典型代表是由阿里巴巴倾力打造的天猫，它是我国首个提供中高档品牌销售业务的网上购物平台，致力于为企业及商务白领提供综合性一站式的网购服务，包括安全可靠的交易平台、专业高效的服务团队，以及以用户体验导向为核心价值观的商务服务理念，助力企业和商务白领运用电子商务降低渠道成本、时间成本，拓展销售市场，强化企业品牌，实现最大化的商业目标。

2. 百货商店

百货商店，谓之店，说明卖家只有一个；而百货，即满足日常消费需求的丰富产品线。百货商店设有自有仓库，会储存系列产品，以提供更快的物流配送和更优的客户服务。部分百货商店甚至有自己的品牌，如同线下的沃尔玛、屈臣氏、百佳百货等，线上的典型代表有当当和亚马逊。

3. 垂直商店

这种模式的网站仅销售某一类适合网上销售的商品，商品之间存在着更多的相似性，要么是满足于某一人群的，要么是满足于某种需要或某种平台（如电器）的。垂直商店的种类取决于市场细分种类，一般为市场细分种类的数倍，因为每个领域总有几家竞争者，也正因为有了良好的竞争格局才促进了服务的完善。经营类别有数码家电类、女装内衣类、婴儿用品类等。典型代表有线上的麦考林、京东，还有线下的国美、千色店等。

4. 复合品牌店

随着电子商务的成熟，越来越多的传统品牌商以抢占新市场、拓展新渠道、优化产品与渠道资源为目标，加入电商"战场"。典型代表有线上线下销售相同产品的佐丹奴，以及线上线下销售不同产品的百丽。

5. 轻品牌商店

轻品牌商店的关键在于明确自己的核心竞争力，并将非核心业务交给更专业的人或团队处理。这种模式要求店主重新思考自己的业务策略，避免过度扩张。典型代表有 PPG（批批吉，将现代电子商务模式与传统零售业进行创新性融合的服装品牌）、梦芭莎（一个以电子商务为主要销售渠道的快时尚自主服装品牌）。

6. 服务型网店

随着服务业的发展，为了满足人们不同的需求，服务型网店也越来越多。例如，南航的网购机票、亦得全球代购、易美相片冲印、肯德基的在线订餐等。

7. 导购引擎型网站

导购引擎型网站旨在增加购物的趣味性、便捷性。目前，我国诸多购物网站都推出了购物返现，少部分推出了联合购物返现，这些策略都是为了满足大部分买家的需求。许多买家已经不单单满足于直接进入 B2C 电子商务网站购物了，而是在购物前会通过一些导购网站来寻找相应的 B2C 电子商务网站。典型代表有惠惠网等。

除此之外，还有在线商品定制型等模式。在线商品定制是网上的新型产业：买家参与商品的设计，从而得到自己真正需要和喜欢的商品。自 2006 年以来，国内的个性商品定制产业得到了飞速发展，深受买家欢迎，并且受到很多创业者和商家的追捧。典型代表有忆典定制、网易印像派等。

（三）B2C 电子商务模式的交易流程

B2C 电子商务模式的交易流程大致可以分为用户注册、选购商品、支付结算和物流配送 4 个环节。具体来讲，首先新用户进行注册；然后用户登录到 B2C 电子商务网站进行商品选购，并选择送货方式和支付方式；最后卖家送货，买家收货后验收，从而完成交易。

1. 用户注册

买家在开始网购前，必须先完成用户注册。买家在进行注册时一般要输入用户名、登录密码、验证码、用户姓名、收货地址、收货电话、电子邮箱等信息。每个电子商务网站的用户注册界面都大同小异，对于不同的网站，有些信息是用户注册时必须填的，有些信息是可选的。一般来说，上述 7 项信息是用户注册时必须填写的信息。另外，用户注册时还可能被要求输入其他一些信息，如证件号、性别、文化程度、出生日期、收入、邮政编码等，这些信息一般允许用户有选择地输入。

2. 选购商品

买家在完成用户注册以后就可以选购商品了。购买目标明确的买家可以利用网站提供的查询功能来选购商品。若直接在网上商店的搜索框中输入所需商品的名称，则该网上商店销售的所有此类商品的信息都会被显示出来。这些信息包括商品的编号、价格、规格等。如果有买家觉得网上显示的这些信息还不够直观，那么还可以点击商品名称查看该商品的具体信息，满意后点击"购买"按钮，或将该商品放入"购物车"中。对于那些购买目标不明确的买家，他们可以在网站上像平时逛商店一样边浏览边选购，选购完成后可以显示所有选购商品的清单，并且可以随时修改每种选购商品的数量，确认无误后提交订单。这样就完成了商品选购。

3. 支付结算

当买家在网上完成商品选购以后，网站就会显示所选购商品的明细，包括商品的编号、名称、规格、单价、数量等，同时会显示本次选购商品的总价格。这时，买家点击"支付结算"按钮就可以进入网上支付流程。一般来说，网上支付都是通过网上银行来完成的，网上银行只负责资金的结算，即把货款从买家的账户转移到卖家的账户，而买家必须先付款后收货，这无疑加大了买家的风险。为了保证卖家及时收到货款，以及买家在确认收到货后再付出货款，第三方支付平台出现了。买家在进行网上支付时，可以先将货款支付给第三方支付平台，待确认收货后再通过第三方支付平台将货款支付给卖家。阿里巴巴的支付宝和腾讯的财付通等都是第三方支付平台。

4. 物流配送

在 B2C 电子商务模式下，完成商品支付结算后就进入了物流配送环节——卖家通过物流将买家选购的商品送到买家手上。由于物流配送环节是影响网店发展的一个主要因素，因此电子商务网站在成立之初就应把逐步完善物流配送放到重要的位置。一般来说，电子商务网站的物流配送体系包括呼叫中心、中心仓库、分拣中心、网站配送等相互衔接的环节。其中，呼叫中心负责处理买家的电话订购和网上订购，并确认配送网点；中心仓库根据每个时段的商品汇总单进行商品出库，并将商品发送到分拣中心；分拣中心按照每个网站的粗配单进行分拣和粗配；网站配送则根据粗配单对商品进行细配，并通过专车、专人将商品送至买家手中。

三、任务实施

步骤一：对 B2C 电子商务网站形成整体认识，利用搜索引擎搜索出目前全球排名靠前的 4 家及本省的两家 B2C 电子商务企业，浏览它们的网站并进行比较，完成表 2-14。

表 2-14　所选 B2C 电子商务网站的对比

序号	网站名称及域名	服务种类	网站特色	盈利模式	市场规模	发展趋势	其他	结论
1								
2								
3								
4								
5								
6								

步骤二：查找经营书籍或服装的 C2C 电子商务网站和 B2C 电子商务网站，并将两者进行对比，完成表 2-15。

表 2-15　C2C 电子商务网站与 B2C 电子商务网站对比

项目	C2C 电子商务网站	B2C 电子商务网站
交易信用度		
物流配送		
支付方式		
信息交流		
商品的价格和种类		
盈利模式		

步骤三：查找经营书籍或服装的 B2C 电子商务网站，并选择相应商品进行购买，完成表 2-16。

表 2-16　B2C 电子商务网站商品对比

序号	网站名称及域名	市场地位	企业规模	平台特色	同类商品名称与数量	所选商品的名称与价格	选择该商品的原因	其他	结论
1									
2									
3									
4									
5									
6									

四、任务评价

任务评价表如表 2-17 所示。

表 2-17　任务评价表

项目	学习态度 （20%）	团队合作情况 （20%）	步骤完成情况 （50%）	其他表现 （10%）	小计（100%）	综合评价
小组评分（30%）						
个人评分（30%）						
老师评分（40%）						
综合得分（100%）						

五、知识拓展

🔍 阅读材料 1

B2C 电子商务企业发展的 3 个阶段分析

B2C 电子商务企业发展需要经历 3 个阶段：拼命打基础阶段，疯狂推广阶段，打造核心竞争力阶段。企业对于这 3 个阶段要有一个时限界定。

第一个阶段是拼命打基础阶段。从传统零售业的发展历程来看，3 年的内部管理完善是非常重要的。像目前的京东，其前身已经做传统的 3C 商品有几年之久，进军电商之后，在经过了近 4 年的沉淀后才开始进入疯狂推广的阶段。

而 PGG 是本阶段时限过短就进入第二个阶段的反面教材。其在供应链和内部资源整合没有达到一个完善的程度时，就如传统互联网公司一样开始进行了疯狂推广，结果就是资金链断裂，而让 VANCL（凡客诚品）捡了个市场预热后的大便宜。

毕竟互联网公司仅提供虚拟服务，在商品规划和物流上要求不高，供应链的管理相对简单。互联网公司打基础的阶段大多在于技术的完善和不断提升，所以它们进入第二个阶段的时限就短了许多。但如果 B2C 电子商务企业受其影响，将第一个阶段的时限大大缩短，就会受到致命的打击。

对于拼命打基础阶段需要多久，建议参考以下内容。

（1）B2C 电子商务企业自身的供应链状况是不是能够匹配疯狂推广带来的实际要求，如供应商发货速度等。

（2）企业内部管理水平。比如，员工稳定性，对业务及商品的熟悉程度，应急能力培养程度，工作主动性，各部门的配合程度等方面。

（3）技术成熟及稳定程度。毕竟是电子商务企业，无电子就无商可务，所以要考虑网站的用户体验是不是做得足够好，SEO（Search Engine Optimization，搜索引擎优化）是不是有做并且排名稳定，SEM（Search Engine Marketing，搜索引擎营销）和 EDM（Email Direct Marketing，电子邮件营销）、短信促销等技术支持是不是到位，以及网站的各种常用功能（如注册、搜索、下订单、用户中心、留言等）是不是安全，特别是流量激增后多用户同时使用是不是稳定。

第二个阶段是疯狂推广阶段。对于这个阶段，许多企业认为是长期的，其实不然。疯狂推广要建立在 ROI（Return on Investment，投资回报率）的核算基础上，同时需要配合企业内部管理和架构完善来有节奏地实施，而不只是在高 ROI 比例核算之后就一味地"疯狂"。那样最终的结果就是内部管理开始陷入混乱，有着高业绩、高利润和高知名度，最终却倒在内耗的不归路上。

第三个阶段是打造核心竞争力阶段。这个话题说起来就是"八仙过海，各显神通"了。不过，价格战仍然是现有 B2C 电子商务企业的核心竞争力之一，毕竟电子商务还是一个低成本运营的行业，如果在这样的条件下仍然不以价格为核心竞争力，那么这家企业的规模性成长则非常有限。这一点从早期发展的零售业也可以看得出来，如沃尔玛最早通过"天天低价"来迅速确定自己的行业地位，从而获得先期的发展优势。

阅读材料 2

2024 年 1—7 月我国电子商务发展情况

1—7 月，网络零售促进消费平稳增长，平台企业加快技术和商业模式创新，电子商务推动产业数字化转型升级，电子商务领域国际合作实现互利共赢。

网络消费新动能不断集聚。1—7 月，国家统计局数据显示，全国网上零售额 8.38 万亿元，增长 9.5%。其中，实物商品网上零售额为 7.01 万亿元，增长 8.7%，占社零总额的 25.6%。数字消费、服务消费和以旧换新等政策举措打造网络消费新动能。据商务大数据监测，微单相机、智能家居系统和手机分别增长 22.5%、20.9% 和 15.5%；重点平台网络服务消费增长 20.2%，其中在线旅游和在线餐饮分别增长 51.1% 和 20.8%。7 月，主要电商平台电视、洗衣机、冰箱以旧换新销售额分别增长 92.9%、82.8% 和 65.9%。

平台技术和模式创新持续涌现。中国平台企业的云转播首次成为奥运会主要转播方式，助力奥运会数字化转型。视频平台创新"体育+电商"商业模式，融合赛事转播、品牌合作和商品销售。主要电商平台加快推出人工智能运营工具。

电子商务推动各产业数字化转型。促进农业产销对接数字化，"数商兴农"深入湖北、湖南、宁夏等中西部地区，选优品、育精品。据商务大数据监测，1—7 月农产品网络零售额增长 20.1%。促进工业企业采购数字化，重点产业电商平台交易额增长 4.8%。促进生活服务业数字化，主要平台家政、洗衣、理发销售额分别增长 46.4%、45% 和 43.6%。

"丝路电商"国际合作互利共赢。上海"丝路电商"合作先行区"共塑规则、共享市场、共建能力"取得新进展，26 个"丝路电商"伙伴国国家馆展销各国商品超过 1.5 万余种，中国企业电子提单解决方案首次被国际航运企业采用。生鲜电商平台在越南、泰国等伙伴国建立蔬果直采基地，成为当地农产品输华新渠道，1—7 月，中国电商平台销售泰国榴梿、越南腰果分别增长 48.6% 和 41.4%。

（资料来源：商务部新闻办公室——司局负责人发布）

六、同步拓展

（1）学习了 B2C 的有关知识后，谈谈如何使 B2C 电子商务网站获得更大的经济效益。

（2）通过体验 B2C 网上商城，谈谈如何避免网上购物时上当受骗。

（3）访问某一 B2C 电子商务网站，至少找出 3 个个性化和定制化特色，指出这些特色是否会鼓励消费者从该网站购买更多的商品。列出这些特色，并讨论它们是如何帮助企业增加销量的。试着在该网站购物，写出对该网站的整体印象（从网上查询信息、购物、网上支付、收到所购商品等方面谈）。

任务四　其他电子商务模式

一、任务描述

母亲节快到了，小林想起妈妈既要工作又要操持家务，年纪不大皮肤却越来越粗糙，而且舍不得打扮自己，于是想给妈妈送份惊喜。热衷于团购的室友给小林建议："可以帮你妈妈在网上团购一张离家近的按摩美容院的美容券，既能放松身体又能美容，而且你已经花钱了，她肯定会去消费的！"

请问：小林在网上团购美容券让妈妈去消费是一种什么样的电子商务模式？如果一个不卖具体产品只卖服务的美容院想扩大宣传范围、增加销量，能采用电子商务模式吗？生产美容产品的工厂想越过经销商直接把东西卖给消费者，可以选择何种电子商务模式呢？

二、相关知识

（一）B2M 模式

B2M（Business to Marketing），指面向市场营销的电子商务模式。B2M 电子商务企业是以客户需求为核心而建立的营销型站点。

相对于拥有站点的简单电子商务模式，B2M 模式注重网络营销市场的开拓及企业网络营销渠道的建立，是针对网络市场营销的，通过接触市场、选择市场、开发市场不断地扩大对目标市场的影响，从而实现销售额增长、市场占有率提升，助力企业通过网络找到新的经济增长点。

B2M 模式的执行方式是以建立引导客户需求为核心的站点为前提，通过线上和线下多种营销渠道对站点进行广泛的推广，并对营销站点进行规范化的导购管理，从而发挥电子商务渠道对企业营销任务的作用。

（二）B2G 模式

B2G 是一种企业与政府之间通过网络进行交易活动的电子商务模式。这种模式的参与者主要是企业和政府，企业通过电子商务平台向政府提供商品和服务。其主要特点是交易过程规范、合同金额大、涉及政策多等。

B2G 模式比较典型的例子是网上采购，即政府部门在网上进行产品、服务的招标和采购。供货商可以直接从网上下载招标书，并以电子数据的形式发回投标书。同时，供货商可以得到更多的甚至是世界范围内的投标机会。由于通过网络进行投标，因此即使规模较小的公司也能获得参与投标的机会。B2G 模式还支持虚拟工作间，在这里，商家和代理可以通过共享一个公共的网站来协调已签约工程的工作，如召开协调在线会议，回顾计划并管理项目进展。B2G 模式还包括在线应用软件和数据库设计的租赁，这些服务多为政府机关所使用。

（三）G2C 模式

G2C（Government to Citizen），是指政府通过网络系统为公民提供各种服务的模式。G2C 电子政务所包含的内容十分广泛，主要包括公众信息服务、电子身份认证、电子税务、电子社会保障服务、电子民主管理、电子医疗服务、电子就业服务、电子教育、培训服务、电子交通管理等。G2C 电子政务的目的除政府给公众提供方便、快捷、高质量的服务外，更重要的是开辟公众参政、议政的渠道，保障公众利益表达机制的畅通，建立政府与公众的良性互动平台。

电子政务是一项新生事物，它的发展必然要经历一个从低级向高级逐步发展的过程。目前，国内外被公认的划分法是将电子政务发展划分为 4 个阶段。第一个阶段是信息发布（Posting of Information Online），这是电子政务的起步阶段，即政府仅通过网络发布与政府有关的公共服务的静态信息，如政策法规、办事指南、机构设置、职能介绍、成员名单、联络方式等；第二个阶段是单向沟通（One-way Interaction），即政府除了在网上公布公共服务的信息，还向公众提供某种形式的服务，如公众可以从政府网站上下载表格等；第三个阶段是双向互动（Two-way Interaction），在这个阶段，政府和公众可以在网上实现双向互动，如公众可以从政府网站下载表格，也可以提交表格，还可以反馈信息和意见等；第四个阶段是全方位网上事务处理，即政府与公众、社会、企业实现全面的互动，完成事件的处理。到了第四个阶段，政府的运作方式必然发生改变，进行政府业务流程的再造，政府公共服务将呈现出全方位的电子化特征。

（四）B2B2C 模式和 B2C2C 模式

B2B2C（Business to Business to Customer），是一种网络购物商业模式。在 B2B2C 模式中，第一个 B 指的是商品或服务的供应商，并不仅仅局限于品牌供应商、影视制作公司和图书出版商，任何的商品供应商或服务供应商都可以成为第一个 B；第二个 B 指的是电子商务企业，通过统一的经营管理对商品和服务、消费者终端同时进行整合，是广大供应商与消费者之间的桥梁，为供应商和消费者提供优质的服务，是互联网电子商务服务供应商；C 则表示消费者。B2B2C 模式来源于目前的 B2B、B2C 模式的演变和完善，即把 B2B 和 C2C 完美地结合起来了。采用 B2B2C 模式的电子商务企业构建自己的物流供应链系统，提供统一的服务。

B2C2C（Business to Channel to Customer），该模式为供应商提供了网络直销渠道。在这种模式下，网店老板作为中间商从平台上进货，客户（终端消费者）在网店下单购买商品后，由供应商直接发货。对于网店来说，无须持有库存，货卖出后再付款，这样风险几乎为零。对于供应商来说，采用该模式相当于进行网上直销，免去了传统供货渠道中烦琐的手续。

（五）O2O 模式与 M2C 模式

1. O2O 模式

O2O（Online to Offline）模式，又称离线商务模式，是指线上营销和线上购买带动线下经营和线下消费。也就是说，将线下商务的机会与互联网结合在一起，让互联网成为线下交易的"前台"。这样，线下商家可以在线上揽客，用户可以在线上筛选服务，成交了可以在线结算，从而很快达到一定规模。采用 O2O 模式，平台通过打折、提供信息、服务预订等方式把线下商家的消息推送给互联网用户，从而将他们转换为自己的线下客户，该模式特别适合必须到店消费的商品和服务，比如餐饮、健身、美容美发等。例如，由全球最大的中文网站联盟——盘石推出的盘石网盟广告会员社区，便是全球首发的基于 O2O 模式的线上广告营销与线下消费服务的会员社区。O2O 简单流程如图 2-6 所示。

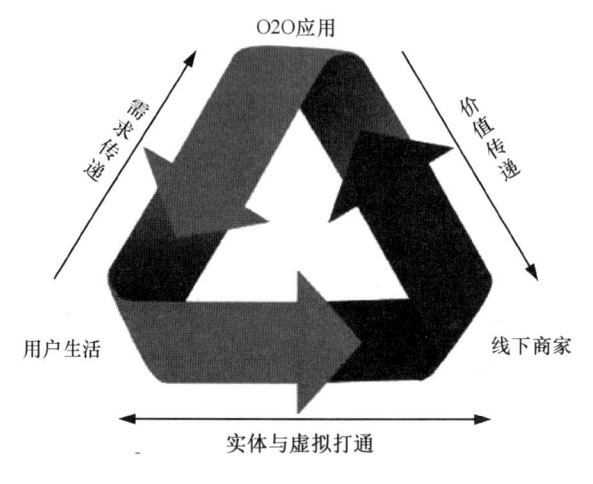

图 2-6　O2O 简单流程

O2O 模式在我国发展迅速，早在 2012 年全国 O2O 市场规模已达到 1005 亿元。2023 年中国 O2O 市场规模为 27867.7 亿元，同比增长 18.0%，其中到家服务 15611.1 亿元，到店服务 12256.6 亿元。预计 2027 年中国 O2O 市场规模有望突破 5 万亿元。从餐饮到美业，从家政到汽车，可以说 O2O 渗透到了人们生活的各个领域。O2O 的融资金额也经常达到千万美元级别，吸引着众多创业者。

其实，O2O 模式早在团购网站兴起时就已经开始出现，只不过人们更熟知团购的概念。团购通常是临时性的促销活动，而在 O2O 平台上，只要平台与商家持续合作，商家的商品就会一直"促销"下去。O2O 模式的商家都有线下实体店，而团购模式中的商家则不一定。

对于客户而言，其通过 O2O 模式可以获取更丰富、全面的商家及其服务的内容，可以更加便捷地向商家在线咨询并进行预购，还可以获得相比线下直接消费更低的价格。

对于商家而言，O2O 模式能够让他们获得更多的宣传、展示机会，以吸引更多新客户到店消费。由于推广效果可查，每笔交易可跟踪，可以掌握客户数据，因此大大提升了商家对老客户的维护与营销效果。通过与客户的沟通、释疑，商家可以更好地了解客户的心理需求。通过在线有效预订等方式，商家可以合理安排经营，节约成本。此外，O2O 模式还可以拉动新品、新店的消费；可以降低线下实体店对黄金地段旺铺的依赖，大大减少租金支出。

对于 O2O 平台本身而言，平台与客户日常生活息息相关，并能给客户带来便捷、优惠、消费保障等，从而吸引大量高黏性客户；对商家有强大的推广作用及可衡量的推广效果，可吸引大量线下生活服务商家加入；有数倍于 C2C、B2C 的现金流；有巨大的广告收入空间及形成规模后更多的盈利模式。

虽然 O2O 模式与 B2C、C2C 模式一样都采用在线支付的方式，但不同的是，在 B2C、C2C 平台上，客户购买的商品是被装箱后通过快递送至自己手中的，而在 O2O 模式下，客户需要先在线上购买商品或服务，再去线下消费。这种将支付模式与为商家创造客流量相结合的方式，对于客户来说，也是一种新的"发现"机制。在服务行业特别是社区服务等领域，O2O 模式还有很大的发展空间。

2. M2C 模式

M2C（Manufacturer to Consumer），即生产厂家对客户，是生产厂家直接向客户提供自己生产的产品或服务的一种商业模式，其特点是流通环节减少至一对一，销售成本降低，从而保障了产品品质和售后服务质量。在 M2C 模式下，生产厂家直接面对客户，没有中间商参与，最大限度让利客户。M2C 模式与 C2C 模式类似，但又不完全一样，C2C 模式是传统的盈利模式，赚取的基本就是商品进出价的差价；M2C 模式则是生产厂家通过网络平台发布自己的产品或服务，客户通过支付费用获得自己想要的产品或服务。

对于生产厂家来说，在 M2C 模式下，其拥有了一个产品展示和在线销售的平台，并能得到网络店长的助力，推广和销售自家产品，从而真正建立起销售渠道。生产厂家只需编辑好产品信息、销售价格、消费服务和创业提成，上传并发布供货信息到创业广场，所有网络店长便可以进行选货销售或自助购物。此后，生产厂家只需做好发货、配送和售后服务工作即可快速建立产品销售渠道和网络推广平台，从而节约成本，提高经营效益。M2C 模式让每个人都可以免费开店，不用进货、发货、配送，实现了无风险经营。选货销售可以赚钱，自助购物更省钱，这促使更多的人帮助厂家销售产品，助力厂家快速建立网络销售渠道，节省销售成本。电子商务知名品牌麦包包结合 QR（Quick Response，快速反应）模式和自身特点，创造了一套独有的基于网络订单驱动生产管理所形成的供应链管理模式，即 M2C 模式。麦包包从采购、生产、仓储到物流配送等环节都由网络订单驱动，这种模式不仅加快了各环节的反应速度，而且有效降低了库存。麦包包的一款产品从上传至网站、客户下单到物流配送，每个订单的处理时间不超过 10 分钟。

三、任务实施

步骤一：进入 2～3 家 O2O 网站，分别比较其网站特色、网站规模、市场地位、经营类别等情况，完成表2-18。

表2-18　O2O网站分析

序号	网站	网站特色	网站规模	市场地位	经营类别	其他说明	评价
1							
2							
3							

步骤二：从步骤一的网站中选择一个网站，通过为母亲选择礼物的具体项目，了解其交易流程，完成表2-19。

表2-19　具体项目分析

网站	具体产品	选择原因	付款方式	发货方式	消费方式	简单交易流程	其他说明	结论

步骤三：从步骤一的网站中选择或重新选择网站，为学校附近或家附近一家美容院联系O2O推广方式，了解不同O2O网站对商家的政策，完成表2-20。

表2-20　不同网站的政策

序号	网站	网站规模与盈利模式	网站对商家的支持政策	网站对商家的规模要求	网站对商家的类型要求	网站对商家的缴纳保证金要求	网站对商家的销量要求	其他说明	结论
1									
2									
3									
4									

步骤四：查找规模较大的M2C网站，比较其与B2C、C2C平台有何异同，完成表2-21。

表2-21　网站对比

网站类型	代表1	代表2	截图	特点	优势	劣势	评价
M2C网站							
B2C网站							
C2C网站							

四、任务评价

任务评价表如表2-22所示。

表 2-22　任务评价表

项目	学习态度（20%）	团队合作情况（20%）	步骤完成情况（50%）	其他表现（10%）	小计（100%）	综合评价
小组评分（30%）						
个人评分（30%）						
老师评分（40%）						
综合得分（100%）						

五、知识拓展

阅读材料 1

新电商：助力消费升级的新引擎

新电商是在数字技术赋能和消费升级的背景下产生的电子商务新业态和新模式，是数字经济的重要形态。随着数字经济与实体经济融合程度的加深，以直播电商、内容电商、兴趣电商、短视频电商、社交电商、反向定制、社区电商等为代表的新电商蓬勃发展。新电商凭借其广泛的覆盖性、极强的行业渗透性、模式的多样性和场景的丰富性，正以前所未有的影响力推动着消费理念、消费方式和消费结构发生变革，为消费升级提供了多样化路径。新电商不仅是整个消费市场的重要组成部分，也是消费升级的重要驱动力量。

新电商通过丰富和扩大消费品类推动消费升级。消费品类的丰富和消费结构的优化是消费升级的重要体现。在电商新模式和新业态的创新带动下，更多优质的产品借助新的平台和渠道呈现给消费者。新电商能广泛连接并有效聚集分散在线上线下、城市乡村和国内国外的优质产品和服务。这极大拓宽了消费者的选择范围，丰富了有效供给，为消费者提供了更丰富的产品和服务选择。从消费结构看，新电商的蓬勃发展使得消费品类呈现多元化特征，高品质、高附加值和高技术含量的产品和服务供给日益丰富，居民消费结构向发展和享受型转变。

首先，越来越多的优质产品借助直播电商等新电商模式和渠道触达消费者，特别是不少农村和偏远地区的优质农产品通过直播电商等进入市场。2022 年全国农产品网络零售额达 5313.8 亿元，同比增长 9.2%。

其次，跨境电商的快速发展使得越来越多的国外优质产品通过跨境电商平台触达更多的国内消费者，为国内消费者提供更加丰富的进口产品选择。2022 年我国跨境电商进口额达 5278 亿元。

此外，直播电商和社区电商等也带动了众多线下实体零售和服务企业进入线上渠道，推动更多线下优质服务触达消费者。我国服务业数字经济渗透率显著高于其他产业，居民消费中服务消费占比不断提升。从 2013 年到 2023 年上半年，我国居民服务消费占全部消费的比重从 39.7% 增长到了 44.5%，餐饮、文旅、娱乐等服务性消费占比不断增长。

新电商通过更好地满足消费需求推动消费升级。消费升级意味着消费者对产品和服务的需求趋向个性化和创新性，消费者越来越注重多元化和个性化需求的满足。新电商对释放消费潜力、促进供需有效衔接、满足个性化需求等方面具有重要作用。相对于传统电商"人找货"的模式，直播电商和内容电商等新电商依托"货找人"的商业逻辑和沉浸式的购物体验，使得消费者可以在任何时间、地点，通过线上和线下多种方式进行消费，消费者的潜在需求更加容易被激发，而潜在消费需求的激发有效带动了消费规模的扩大。在此基础上，消费者需求及其变化趋势能被快速准确地反馈给供给侧，推动企业生产经营方式变革，促进供需精准匹配。越来越多的上游企业通过直播电商和兴趣电商等模式直接连接消费者，通过大数据需求预判、反向定制、按需生产等方式快速响应消费者需求，研发设计出了更多具有创新性的新产品和新品牌。新电商通过需求牵引供给有效带动了供给侧的转型升级，企业生产方式正从"以生产者为核心"向"以消费者需求为核心"转变，有效带动产品和服务等供给质量的逐步提升，从而促进消费品质的提升和消费结构的优化。而大数据、云计算、人工智能等数字技术的应用为准确洞察消费者需求提供了强大的技术支撑。通过收集和分析消费者的浏览、购买、评价等数据，消费者的真实需求和偏好能够更准确地被捕捉到。基于用户行为开展个性化推荐和定制化服务可以实现"货找人"的精准匹配，更好地满足消费者的个性化需求。

新电商通过丰富消费场景和体验推动消费升级。随着我国居民收入水平的持续提高，消费需求逐渐从功能性消费转向体验性消费，消费者更加注重体验和情感等精神需求的满足。短视频、直播、虚拟现实（Virtual Reality，VR）等数字技术的发展为消费者提供了更加直观、即时和立体的感知。云逛街、源头工厂直播、原产地直播、数字人直播、VR直播等丰富的场景，带给消费者交互式和沉浸式的购物体验，满足了消费者对个性化、创新型和体验型消费的诉求。通过以直播、短视频、VR和元宇宙等新技术和新手段呈现风土人情、传统文化、自然风光、城乡风貌、才艺表演等，新电商构筑了丰富、多元化的场景，让消费不再只是单纯的交易行为，而是有机融合了娱乐、社交、知识、文化和旅游等元素，从而更好地满足消费者对情感、社交和娱乐等体验型、娱乐型和精神型消费的需求。

新电商通过促进居民增收推动消费升级。收入是消费的基础，居民收入水平的提高是消费升级的重要保障。近年来，新电商的发展为增加就业机会、促进低收入群体增收等积极赋能，从而为消费升级提供了前提和保障。直播电商、社区电商等电子商务新业态和新模式的发展创造出许多新职业和新就业岗位，为增加居民收入提供了更多灵活就业机会。2023年第九次全国职工队伍状况调查结果显示，包括货车司机、网约车司机、快递员、外卖配送员等在内的全国新就业形态劳动者已达8400万人。由直播电商、生活服务电商等衍生的新职业，准入门槛相对较低，在一定程度上为低技能劳动者和短期失业者提供了就业兜底，扩大了其收入来源和收入渠道。

此外，直播电商、短视频等新电商模式也对提高农村居民收入带来积极影响。通过提供销售平台、拓宽销售渠道和提升农产品附加值等方式，新电商为农村居民提供了更多的增收机会。随着直播电商和短视频融合，"村播"成为新电商的重要表现形态。借助直播电商等手段，农村居民足不出户便可实现与终端消费者的对接，也有不少电商平台通过产地直采、原产地直播等方式助力农产品销售，有效地缩短了农产品供应链，降低了农产品流通成本，扩大了农产品销售渠道，成为带动农村居民创业增收的有效路径。

（资料来源：北京市公共数据开放平台）

阅读材料2

O2O行业的四大命门

O2O的概念自2010年年底进入中国就引起了广泛讨论，其广阔的前景为业界各方所看好，O2O行业也被普遍看作下一个亿万元规模的市场。在整个行业层面，O2O市场的投资热度不减；移动互联网发展速度加快，使得移动端成为O2O发展的重要方向。在市场参与者层面，三大互联网巨头大力布局，推动中国O2O市场整体发展；典型应用团购市场格局逐渐明朗，O2O盈利企业增加；线下商家的网络意识增强，试水社会化O2O营销；技术应用的创新和普及推动餐饮、票务等细分行业的O2O进程。

O2O这种线上线下融合的模式给我们的生活带来了不少便利。很多消费者饿了叫外卖，家里脏了叫"58到家"，衣服脏了叫"e袋洗"，想美发、美甲了叫"河狸家"，尤其是有补贴的时候，确实比直接纯正消费便宜很多。

当然，一个好的O2O项目必须跨过以下四道门槛：规模、成本和效率、门槛、品质。

1. 规模

这里最重要的两个指标是刚需和频次，靠"烧钱"成长起来的互联网领域有很多，比如视频和电商，但它们都有一个特点，就是主流刚需，使用频次非常高，可以通过规模效益及庞大用户群来获取增值收益。

如果用这两个指标来考量O2O，毫无疑问，外卖和洗衣是最刚性的需求，之后才是美甲、家政这类项目，剩下的还有一些匪夷所思的项目，比如上门给狗洗澡、上门做饭、上门洗车等。这种一周一次甚至一个月一次的频率，严格上已经不能算好的市场了，规模非常有限。在资金匮乏的情况下，这些就是最先没落的一批O2O项目。

刚需和高频次的优势是，最终能够形成流量入口。具有大规模流量是形成移动端服务平台的前提，之后业务才能向上下游生态进行延展。比如顺丰做的嘿客门店，就是基于原有业务通过O2O不断延伸业务的代表。

目前O2O领域已经做上规模的就是外卖，这也是唯一BAT（百度、阿里巴巴和腾讯）都投入巨资争抢的领域：美团并购大众点评背靠腾讯，百度巨额补贴百度外卖，阿里巴巴扶持饿了么，虽然外卖O2O这场大战还将持续"烧钱"，但可以预见的规模及想象力是巨头们都不愿放弃的原因。

2. 成本和效率

在O2O出现之前，线下和线上联系并不紧密，直至移动互联网技术让两者联系起来。O2O模式最大的意义是提升效率。比如，一些半成品菜类的O2O平台可以提升用户做饭的效率；叫外卖可以提升用户吃饭的效率，不用把时间浪费在餐馆里；从e袋洗下单，用户就能享受上门取衣、洗好送回的服务，自己不用辛苦地把衣服送去洗衣店。

更为重要的是，无论是订餐还是洗衣，都是能够规模化的品类，而一些看起来体验特别好的，比如主厨上门做饭、上门美发、上门洗车等，每个订单耗费的人力和时间成本都非常高，再加上客单价非常低，除了用投资人的钱抢占市场，还确实是没有别的办法。

再就是生鲜类的，其对冷链的要求特别高。生鲜类的客单价同样很低，毛利率也不高。这种让用户得到便利的 App，背后其实面临巨大的成本考验，即使不断优化供应链及扩大规模，也只能辛苦地实现微利。

京东到家也面临这样的问题。在京东 B2C 时代，成本和效率就是难题，即使在上市以后，具有如此大规模的网购体量，也没有换来巨额利润，而是寄希望于金融业务。京东到家为的是解决社区"最后一公里"的问题，这是一个更加细化和庞杂的网络。与此同时，京东到家最早也主要以生鲜为主，竞争者除了爱鲜蜂还有很多，要做到绝对性垄断，压力很大。不过现在京东到家的配送范围已经覆盖平台经营的所有品类。

3. 门槛

之前 O2O 概念被热炒，不少创业公司是为了 O2O 而 O2O，投资人也抱着宁可投错不可不投的心态，这让整个 O2O 市场虚高。比如上门洗车，具有低效率、低频次、低单价、小规模的特点，最重要的是完全没有竞争门槛，大批兴起也大批消亡。

从根本上来说，O2O 其实只是一个渠道，通过技术手段让线上和线下对接在一起，大部分创业者来自线上，但最重要的资源其实在线下。在经过一轮"洗牌"后，现在还具有生命力的两个领域是外卖和洗衣：前者，通过并购产生门槛；后者，来自线下的资源成为门槛。

比如 e 袋洗，其前身是中国洗染业十大著名品牌之一的荣昌，经过 20 多年的发展，在洗护行业已经取得了较为稳固的地位，但面对互联网和移动互联网的风口，在多数同行感到担忧和恐惧的时候，荣昌率先选择"革自己的命"——将洗衣服务从线下搬到线上，并推出了"袋洗"的服务方式，迅速拓展市场。20 多年的洗护经验就是 e 袋洗在这个行业最大的门槛。

其他的 O2O 业务其实是没有太多门槛的。比如曾经热门一时的美甲业务，比较有名的是河狸家，曾经因为 58 到家收购嘟嘟美甲，双方还引发了一场口水战。美甲师愿意和河狸家合作，除了便利，还有一个动力是补贴，但随着玩家越来越多，美甲师的要求越来越高，变成了非常不稳定的合作因素，对平台来说伤害很大，也容易引发行业口水战。

4. 品质

这是决定 O2O 能否持续发展的关键。当年团购兴起的时候，其低价格吸引了大量用户，但很快用户就流失了，因为他们发现团购的产品和服务实在是低于市场的平均水平。O2O 同样如此。事实上，服务是用户选择 O2O 的关键指标。

这就涉及一个很重要的概念——服务的标准化。但在有些 O2O 项目上，这一点很难实现。比如家政领域，由于服务者是不同的个体，用户的需求也不相同，并且主观的评判标准也不同，从而导致这一领域的口碑很难做好。如何通过一套体系建立标准化服务是 O2O 服务商要解决的关键问题。

比如 58 到家就备受诟病，指责焦点就是服务，比如约不到保洁阿姨、搬家被放鸽子等。其主要原因就在于 58 到家的平台模式。由于从业人员的受教育程度相对较低，因此只做信息对接平台，很难保证服务品质的统一。

无论如何，O2O 这个行业实实在在地改变了大家的生活，所以笔者认为，现在行业的降温其实也是好事，未来肯定会有成功的公司从赛道中跑出来，成为新的独角兽。

六、同步拓展

（1）搜索 B2M、B2G、G2C、B2B2C、B2C2C 模式的电子商务网站各 1 个，观察其特征，并记录其盈利模式。

（2）案例分析：咖啡巨头星巴克的 O2O 实践及启示。星巴克成功的经验是什么？星巴克的成功能带给我们什么启示？

（3）探索 B2B2C 模式下的京东到家与沃尔玛合作，包括其合作模式、盈利模式、用户体验提升和供应链优化等方面。

项目总结

本项目介绍了各种电子商务模式，尤其是主要的 C2C 模式、B2B 模式和 B2C 模式，并补充了相应的阅读材料，以帮助学生加深了解。通过本项目，学生应掌握各种电子商务模式的基本概念，准确辨别各种电子商务网站的类型，熟悉 C2C 模式、B2B 模式和 B2C 模式的购物流程，并亲自体验、了解知名电子商务网站的运作流程。

项目三

电子商务技术与安全

电子商务技术与安全

项目情境

近些年,电子商务的迅猛发展带来巨大的商业机遇和便利性,但同时也暴露出了许多安全问题。黑客攻击、恶意软件和网络钓鱼等网络安全事件频发,导致用户账户信息泄露或支付信息被盗用。这些安全事件不仅对用户的财产安全构成威胁,也严重影响了电商平台的信誉和交易安全。

为了应对这些挑战,电子商务企业必须采取一系列技术措施来保障网络安全。相关报告显示,截至 2024 年 12 月,网络支付用户规模达 10.29 亿人,网络购物用户规模达 9.74 亿人,网上零售额、移动支付普及率居全球第一。这一成绩背后是不断升级的技术和安全策略的支撑。例如,数据加密技术的应用可以有效防止非法接收者获取文件的原始数据,从而保护交易内容的安全。

然而,随着移动互联网和物联网的兴起,电子商务在多终端、多场景下的交易变得更加复杂,也带来新的安全问题。因此,电子商务的安全问题不仅仅是技术层面的问题,还涉及硬件、软件、应用和环境等多个层面。面对这些复杂的挑战,电子商务企业需要不断更新和完善其安全体系,以确保平台的稳定运行和用户信息的安全。

问题:电子商务技术包括哪些?目前电子商务安全问题及应对举措有哪些?

(资料来源:根据中商情报网、安全管理网等文件整理)

项目任务书

项目三任务书如表 3-1 所示。

表 3-1 项目三任务书

任务编号	分项任务	职业能力目标	职业素养目标	知识要求	参考课时
任务一	电子商务技术基础	了解计算机及互联网基础及新兴技术,掌握新兴技术在电子商务中的应用	1. 具备强烈的信息安全意识,能够在电子商务环境中识别潜在风险并采取适当措施保护数据和交易安全	1. 认识计算机网络、互联网的基本概念 2. 掌握大数据、云计算、区块链及人工智能等新兴技术在电子商务中的应用	4 课时

续表

任务编号	分项任务	职业能力目标	职业素养目标	知识要求	参考课时
任务二	电子商务安全	1. 理解电子商务安全的概念、特点、安全需求、安全体系框架 2. 认识电子商务网络安全技术的核心组成，包括防火墙、数字加密技术	2. 展现职业道德和责任感，确保在处理敏感商业信息和客户数据时遵守隐私保护法律法规 3. 发展持续学习和适应新技术的能力，以应对电子商务安全领域不断变化的挑战和需求	1. 掌握电子商务安全的概念和特点 2. 识别电子商务面临的内部和外部安全威胁 3. 理解电子商务安全需求 4. 熟悉电子商务安全体系结构 5. 了解防火墙、数字加密技术在电子商务中的应用	4~6课时

任务一 电子商务技术基础

一、任务描述

小李作为电子商务专业的学生，即将开始通过电商平台帮助家乡销售农产品的旅程。这段时间正好家乡的一家特色产品企业找到小李，想要小李帮忙搭建一个网站，作为进行宣传的形象窗口，为打造品牌做准备。小李与团队成员协商后准备分工行动。其中，小李分到的任务是进行域名注册。

请思考：（1）什么是域名？

（2）如何进行域名注册？

二、相关知识

（一）计算机网络技术

1. 计算机网络的含义

计算机网络是将地理位置不同的具有独立功能的多台计算机及其外部设备，通过通信线路和通信设备连接起来，在网络操作系统、网络管理软件及网络通信协议的管理和协调下实现资源共享和信息传递的计算机系统。

最简单的计算机网络就是通过"一根线"把两台计算机连接起来，依托计算机网络协议实现两台计算机之间的信息共享。这"一根线"一般来讲可以是有形的光缆、电缆、电话线、568A 或 568B 型网线等，也可以是无形的无线信号等。而这"一根线"所起的作用其实就像我们拿一个 U 盘从 A 计算机复制一些文件到 B 计算机。因此，从物理功能实现的角度上来讲，计算机网络并不复杂，也并不神秘。

2. 计算机网络的分类

计算机网络的分类可以按其所具有的不同性质特点即属性进行分类。划分标准不同，类别也不尽相同。比如，按数据传输与交换系统的所有权不同，计算机网络可分为专用网和公共网；按网络的拓扑结构不同，计算机网络可分为总线形网络、星形网络、环形网络、树形网络等；根据网络的传输介质不同，计算机网络可分为有线网和无线网；根据控制方式的不同，计算机网络可分为集中式网络和分布式网络等；按照网络的覆盖范围的大小，计算机网络可分为局域网、城域网、广域网等。

下面简要介绍局域网、城域网、广域网。

1）局域网

局域网（Local Area Network，LAN）是非常常见的网络之一，如校园网、企业的内部网及家庭网。局域网一般是在方圆几千米内，将各种计算机、外部设备和数据库等互相连接起来组成的计算机通信网。它可以通过数据通信网或专用数据电路与远方的局域网、数据库或处理中心相连接，构成一个较大范围的信息处理系统。局域网可以实现文件管理、应用软件共享、打印机共享、扫描仪共享、工作组内的日程安排、电子邮件和传真通信服务等功能。从严格意义上来讲，局域网是封闭的，它可以由办公室内几台甚至成千上万台计算机组成。

2）城域网

城域网（Metropolitan Area Network，MAN）和局域网的组成非常相似，属于宽带局域网。城域网比局域网的覆盖范围更大，通常有比较复杂的网络设备。在城市中，若干局域网连接在一起就组成了城域网。由于城域网采用具有有源交换元件的局域网技术，因此网中传输时延较小。城域网的传输媒介主要采用光缆，传输速率在 100 Mbit/s 以上。城域网的一个重要用途是作为骨干网，通过它将位于同一城市内不同地点的主机、数据库及局域网等互相连接起来。这与广域网的作用有相似之处，但两者在实现方法与性能上有很大差别。

3）广域网

广域网（Wide Area Network，WAN）由两个以上的局域网组成，这些局域网之间的连接可以穿越 30 km 以上的距离，大型的广域网可以覆盖多个国家甚至大洲。广为人知的广域网就是互联网。广域网的通信子网主要使用分组交换技术。具体来讲，广域网的通信子网可以利用公用分组交换网、卫星通信网和无线分组交换网，将分布在不同地区的局域网或计算机系统互联起来，达到资源共享的目的。互联网就是世界范围内最大的广域网。因为广域网的覆盖面广，所以广域网必须适应大容量与突发性通信的要求，必须适应综合业务服务的要求，同时要有开放的设备接口与规范化的协议，以及完善的通信服务与网络管理。

（二）互联网基础

1. 互联网的产生与发展

互联网的核心技术起源于 20 世纪 60 年代末美国国防部资助的军事研究。到 20 世纪 80 年代，美国国家自然科学基金会利用这些技术建立了覆盖全美的科研网络，并与欧洲科研网络对接，在全球科研机构和超级计算中心等科研设施之间建立了网络连接。20 世纪 90 年代初期，美国国会决定放开科研网络的商业化限制，利用科研网络地域覆盖广泛的优势把世界各地的商用网络连接到一起，这就是今天全球互联网的前身。经过几十年的发展，互联网如今已经成为各国人民工作与生活的重要组成部分。

1994 年，中国通过美国商用线路接入全球互联网，从此，积极拥抱互联网的大潮在中国蓬勃兴起。短短几十年，中国网民规模近 11 亿人，互联网普及率达到 78%，网络深深地融入了我们的生活中，特别是随着国家"互联网+"战略的提出及深入实施，互联网逐渐发挥出无可替代的作用。

全球互联网的发展历程大致可以分为三个阶段。

（1）早期以网页服务和个人用户为主，这一时期被称为单向传输的 Web1.0 时代。典型业态包括电子邮件、门户网站、个人博客等。如今，这部分互联网服务已逐渐淡出人们的视野。

（2）随后是搜索引擎、电商、社交网络和内容分发平台的繁荣时期，这一时期被称为双向互动的 Web2.0 时代，在全球以谷歌、亚马逊、脸书、推特等为代表，在我国有百度、阿里巴巴等。这个阶段互联网的主要特征是用户使用计算机上网，既可以通过关键词搜索或点击来获取自己想要的内容，也可以进行一定程度的网络社交。

（3）现在所处的阶段是以移动互联网为核心的服务推送阶段，被称为随时交互的 Web3.0 时代。随着智能手机的普及，越来越多的互联网服务渗透到更广泛的用户群体中，同时服务内容从用户主动搜索获取演变为平台智能化推送。互联网服务开始理解和操控用户心智模型，从而更好地吸引用户付费。这个阶段的典型互联网服务是网络游戏、直播电商、短视频社交等。腾讯的网络游戏、字节跳动的短视频平台具有全球范围的影响力，价值互联网的特征日益凸显。

2. IP 地址和域名

（1）IP 地址（Internet Protocol Address）是指互联网协议地址，又称网际协议地址，是每一台计算机在网络上的唯一标识。IP 地址是一个逻辑地址，用 32 位二进制数标识计算机网络中的每一台计算机。为识别方便，通常将其写成由 4 组十进制数组成的字符串，每组之间用小圆点来分隔，并且每个十进制数的取值范围为 0～255。比如，10.0.60.174 就表示网络中某台计算机的 IP 地址。IP 地址的作用是让用户可以在互联网上找到和访问网站，就像在现实中找到和访问一个地方一样。

由于 IP 地址不方便记忆，并且不能显示地址组织的名称和性质，因此人们设计出了域名。这样人们可以更方便地访问互联网，而不用去记住能够被机器直接读取的 IP 地址数串。

（2）域名（Domain Name），又称网域，是由一串用点分隔的名字组成的互联网上某一台计算机或计算机组的名称，用于在数据传输时对计算机的定位标识（有时也指地理位置）。互联网的每台计算机都有一个 IP 地址和域名，通过域名系统（Domain Name System，DNS）服务器实现 IP

地址与域名的对应。域名系统由若干子域名构成，子域名之间也用小圆点隔开。

域名一般有三到四级，每一级子域名都由英文字母和数字组成。其中，一级域名级别最高，又称顶级域名，写在最右边，代表建立网络的部门、机构或网络所属的国家或地区。二级域名表示主机所属的二级行政区域或网络性质和类别。三级域名或四级域名一般自定义，通常为机构、公司名称或商标名称（全称或缩写）。级别最低的子域名写在最左边。比如，湖南信息学院的域名系统www.hnuit.edu.cn，其中，cn 是按地理区域划分的一级域名，代表中国；edu 是二级子域名，表示该网站性质为教育机构；hnuit 是三级子域名，即湖南信息学院的英文名称缩写；最左边的www 则表示对应的万维网服务。常见的按地理区域分类的一级域名如表3-2 所示，常见的按组织机构分类的一级域名如表3-3 所示。

表3-2　常见的按地理区域分类的一级域名

域名	代表的国家或地区	域名	代表的国家或地区
cn	中国	uk	英国
hk	中国香港	jp	日本
tw	中国台湾	ca	加拿大
mo	中国澳门	sg	新加坡
ru	俄罗斯	us	美国

表3-3　常见的按组织机构分类的一级域名

域名	机构类型	域名	机构类型
com	商业组织	gov	政府部门
net	网络服务组织	int	国际性组织
org	非营利性组织	mil	军事组织
info	网络信息服务组织	nom	个体或个人
edu	教育机构	arts	文艺实体

3. 5G 移动通信技术

5G 即第五代移动通信技术（5th Generation Mobile Communication Technology），是一种具有高速率、低时延和大连接特点的新一代宽带移动通信技术。5G 通信设施是实现人机物互联的网络基础设施。

国际电信联盟（ITU）定义了 5G 的三类应用场景，即增强移动宽带、超高可靠低时延通信和机器类通信。增强移动宽带主要面向移动互联网流量爆炸式增长，为移动互联网用户提供极致的应用体验；超高可靠低时延通信主要面向工业控制、远程医疗、自动驾驶等对时延和可靠性具有极高要求的垂直行业应用需求；机器类通信主要面向智慧城市、智能家居、环境监测等以传感和数据采集为目标的应用需求。

为满足多样化的应用场景需求，5G 的关键性能指标更加多元化。ITU 定义了 5G 八大关键性能指标，其中高速率、低时延、大连接成为 5G 最突出的特征，用户体验速率达 1Gbit/s，时延低至 1m/s，用户连接能力达 100 万连接/平方公里（指连接密度，即单位面积内可以支持的连线设备数量）。

（三）电子商务新兴技术

随着科学技术的快速发展，大数据、云计算、区块链、人工智能等新兴技术不断涌现并得到应用，为电子商务注入了新的活力，推动了电子商务的快速发展。

1. 大数据技术

我们在使用网络时会发现，网页经常会推荐一些我们曾经搜索或关注过的信息，如之前在某平台搜索过一款汽车，之后每次打开这个平台主页或其相关网站，推荐购买区几乎都会显示一些同类或周边的产品。其实这就是大数据的一种应用，它将用户的使用习惯、搜索习惯记录到数据库中，应用独特的算法计算出用户可能感兴趣的内容，进而将相同的产品或类目精准地推送给用户。数据是进行各种统计、计算、科学研究或技术设计等所依据的数值，也是存储在某种介质上包含信息的物理符号。在计算机科学中，数据是指所有能输入计算机并被计算机程序处理的符号的介质的总称，是用于输入电子计算机进行处理，具有一定意义的数字、字母、符号和模拟量等的统称。

大数据，又称巨量资料，是指所涉及的资料量规模巨大到无法在一定时间范围内使用常规软件工具进行撷取、管理、处理的数据集合。

在维克托·迈尔-舍恩伯格及肯尼斯·库克耶编写的《大数据时代：生活、工作与思维的大变革》一书中，大数据指不用随机分析法（抽样调查）这种捷径，而采用所有数据进行分析处理。

大数据通常具有 Volume、Velocity、Variety、Value 及 Veracity 五个特征，简称 5V。

（1）规模巨大（Volume）：一方面，大数据的数据量非常大，通常从几个 TB（太字节）到数个 PB（拍字节），甚至 EB（艾字节）不等，这种规模的数据集远远超出了传统数据处理软件的处理能力范围；另一方面，随着信息技术的普及和发展，数据产生和积累的速度不断加快，规模呈指数级增长。例如，全球互联网上的数据量每两年就翻一番，特别是在社交网络、物联网和金融交易等领域，更是产生了海量的数据。

（2）高速性（Velocity）：大数据的生成和处理速度极快，要求系统能够实时或近实时地响应数据变化，以满足快速决策的需求。

（3）多样性（Variety）：指数据类型丰富。大数据不仅包括结构化数据（如数据库中的数据），还包括半结构化数据（如 XML、JSON 格式数据）和非结构化数据（如图片、音频、视频等）。这些数据类型有不同的来源和格式，需要用不同的技术手段进行处理和分析。

（4）低价值密度（Value）：指价值提取难度大。大数据中虽然蕴含着巨大的价值，但价值密度相对较小，即有用信息占比较低。因此，只有通过复杂的分析技术才能从大量数据中提取出有价值的信息。

（5）真实性（Veracity）：主要指数据真实。在大数据环境中，数据的真实性和准确性尤为重要。虚假或误导性的数据不仅无法为企业带来价值，还可能导致错误的决策和严重的后果。因此，在大数据处理和分析过程中，需要确保数据的真实性和准确性。

这些特点使得大数据成了一种具有巨大潜力和价值的信息资产，在电子商务、社交媒体、金

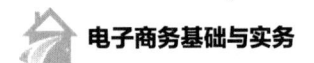

融服务、交通运输、医疗健康、公共安全等众多领域得到广泛应用，对推动社会进步和经济发展起到了重要作用。

大数据技术是指从各种类型的数据中快速获取有价值信息的能力，其核心包括数据采集、预处理、存储、分析和可视化等环节。大数据技术的应用范围非常广泛，涵盖了教育、零售、交通、金融、家居、生物医学等多个领域。例如，在医疗领域，大数据技术可以用于预测病人的健康状况，提高医疗服务的效率；在金融领域，大数据技术可以用于风险管理和欺诈监测；在商务领域，大数据技术可以帮助企业了解用户行为（电商平台利用大数据技术对用户信息进行分析，从而精准推送用户感兴趣的产品，改善客户服务、提升客户满意度和忠诚度），以及优化运营效率与营销策略、预测市场趋势等。

大数据技术的发展面临四大技术挑战：数据采集的高效性，数据存储的可扩展性，数据处理的实时性和数据隐私保护。

随着各行各业大数据技术的数据处理和分析能力不断提升，人工智能和云计算技术的进一步融合，以及大数据在各行各业中的应用不断深化，大数据技术将更好地满足不同领域的需求，推动数字化转型和创新。

2. 云计算技术

云计算是由谷歌首席执行官埃里克·施密特于2006年率先提出的一个重要概念。谷歌、IBM、微软等都是云计算的先行者。云计算是一种基于互联网的计算模式，通过将计算资源和服务提供给用户，达到按需使用和灵活扩展的目的。它包括存储、处理能力、数据库、网络、分析、人工智能和软件应用等服务。云计算的基本原理是将分散的计算资源汇集起来，以开放的标准和服务为基础，提供安全、快速、便捷的数据存储和网络计算服务。

在当今数字化浪潮中，云计算如一颗闪烁的科技明星，为企业和个人带来了前所未有的灵活性、效率和创新力。它不仅是数字化时代的基石，而且是推动创新和变革的引擎。随着信息技术的飞速发展，云计算已经成为企业数字化转型的关键引擎。

云计算技术的发展趋势包括生成式AI引领云计算新潮流，云原生应用安全备受关注，高性能计算需求驱动私有化部署，以及边缘计算助力等方面。此外，混合云和多云解决方案的广泛部署也是当前明显的趋势之一。

在实际应用方面，随着云技术产品及解决方案的不断成熟，云计算理念得以迅速推广和普及，云计算的应用也越来越广泛，不断向教育、医疗、交通、金融等领域延伸。衍生出的云制造、云教育、环保云、物流云、云安全、云存储、云游戏、移动云计算等对各领域影响巨大，也为电子邮箱、数据存储、虚拟办公等提供了非常大的便利。比如基于云计算模式的云教育，打破了传统教育的信息化边界，集教学、管理、学习、娱乐、分享、互动交流于一体，有效降低了教育成本并实现了教育资源的共享。这些应用展示了云计算在不同领域的广泛应用和重要性。

3. 区块链技术

区块链是一种通过分布式网络、加密算法和共识机制来维护交易数据安全、不可篡改的技术。

它利用分布式共识算法生成和更新数据，并利用对等网络进行节点间的数据传输，结合密码学原理和时间戳，实现去中心化、不可篡改、高效的数据传输和存储。

区块链具有以下特点。

（1）去中心化：不依赖任何中心化的机构或个人，所有参与者共同维护和验证数据。

（2）不可篡改：一旦数据被记录在区块中，就无法被修改或删除。

（3）透明性：所有参与者的交易记录都是公开的，但参与者可以保持匿名。

（4）安全性：通过加密算法和复杂的共识机制，确保数据传输和存储的安全性。

区块链的应用领域非常多，包括但不限于金融、医疗、供应链管理、政府服务等。在金融领域，区块链可以用于跨境支付、信用贷款、投资银行等，从而提高效率并降低成本；在医疗领域，区块链可以用于病历管理和药品追溯，从而确保数据的真实性和完整性。

尽管区块链具有诸多优势，但也面临着一些挑战，也存在一些安全问题。常见的安全问题包括攻击、智能合约漏洞、数字钱包安全性等。为了应对这些问题，人们需要采取多种措施，如代码审计、安全意识教育及完善的技术手段。

未来，随着技术的不断发展和创新，区块链将在更多实体经济场景中得到应用，从而推动产业变革和社会进步。就我国来讲，我国在区块链技术创新和产业发展方面取得了显著进展，政策环境不断优化，应用场景日益丰富。

4. 人工智能技术

人工智能（Artificial Intelligence，AI）是利用计算机和相关技术来模拟、延伸和扩展人类智能的科学分支。其目标是通过算法和数据构建能够以类似于人类的方式做出反应的智能系统。

1）应用领域

目前，人工智能在多个领域中得到了广泛应用，并且这些应用正在不断扩展和深化。主要应用领域如下。

（1）医疗保健：AI 在医疗领域的应用非常广泛，包括疾病诊断、治疗方案推荐、药物研发等。例如，AI 可以通过分析大量医学影像数据来帮助医生进行早期癌症筛查。

（2）自动驾驶汽车：AI 被用来制造和优化自动驾驶汽车，提高交通效率和安全性。

（3）教育：AI 在教育领域的应用包括个性化学习、智能辅导系统及教育资源的优化配置。

（4）金融：在金融领域，AI 用于风险管理、市场预测、交易执行等方面，提高了金融服务的效率和准确性。

（5）农业：AI 在农业领域的应用包括作物病虫害识别、土壤分析、精准施肥等，有助于提高农业生产效率和可持续性。

（6）社会治安：AI 在社会治安领域的应用包括视频监控分析、犯罪预测和预防、交通管理等。

（7）服务业：在服务业领域，AI 应用于客户服务自动化、智能推荐系统、机器人客服等，提升了服务质量，改善了用户体验。

（8）大数据与云计算：AI 与大数据和云计算结合，提供了强大的数据处理能力和存储能力，能够支持复杂的数据分析和实时决策。

2）新的发展方向和机遇

人工智能显示出一些新的发展方向和机遇。

（1）多模态大模型：未来的 AI 将更加注重多模态理解、生成和交互能力，即同时处理文本、图像、音频和视频等多种类型的数据。

（2）自主学习能力提升：随着技术的进步，AI 系统的自主学习能力将得到显著提升，从而减少对大量标注数据的依赖。

（3）开源模型的普及：更多基于 GPT-J 和 BERT 等开源模型的应用将出现，从而推动 AI 技术的快速普及和创新。

（4）行业特定场景的应用：AI 将从通用场景向行业特定场景深入发展，如工业质检、知识管理、代码生成等。

（5）智能硬件的发展：结合硬件设施的 AI 大模型将成为趋势，进一步拓展其在物理和人类世界中的应用。

人工智能正迅速渗透到各个领域，带来前所未有的变革。随着技术的不断发展和应用的深化，人工智能将在未来继续发挥重要作用，为社会和经济的发展提供强大的动力。

三、任务实施

步骤一：选择域名。域名应与品牌或业务相关联，且容易记忆和拼写。比如可以考虑将公司名、产品名称或关键词作为域名的一部分，一般会多取几个备用。请将所取备用域名记录在表 3-4 中（可根据实际内容调整表格）。

表 3-4　备用域名记录表

序号	备用域名	域名含义
1		
2		
3		
4		

步骤二：选择域名注册服务商（应选择一个可靠的域名注册服务商）。市面上有很多知名的域名注册服务商，如国科云、阿里云、腾讯云、新网等，可以根据自己的需求和预算来选择适合自己的。请将操作过程记录在表 3-5 中（可根据实际内容调整表格）。

表 3-5　域名注册服务商调研表

序号	域名注册服务商	服务商信誉	注册费用	选择结果
1				
2				
3				
4				

步骤三：查询域名是否可用。有许多在线工具和网站可以用于查询域名的可用性。在查询框中输入所选择的域名，系统会立即告知该域名是否已被注册过。如果所输入的域名可用，系统就会显示"可注册"。请将操作过程记录在表3-6中（可根据实际内容调整表格）。

表3-6 域名查询结果记录表

序号	备用域名	查询结果
1		
2		
3		
4		

步骤四：填写注册信息（选做）。域名注册信息包括域名所有者姓名、联系方式、邮箱地址等。在填写信息时，一定要保证信息的真实性和完整性，因为这些信息是进行域名过户、转移及发生所有权纠纷时的重要凭证。

步骤五：支付费用并提交注册（选做）。在确认好注册信息、年限和隐私保护后，应支付相应的费用。支付方式通常有支付宝、微信、银行卡等多种选择。支付完成后，提交注册申请，等待注册服务商审核。

四、任务评价

任务评价表如表3-7所示。

表3-7 任务评价表

项目	学习态度（20%）	团队合作情况（20%）	步骤完成情况（50%）	其他表现（10%）	小计（100%）	综合评价
小组评分（30%）						
个人评分（30%）						
老师评分（40%）						
综合得分（100%）						

五、知识拓展

虚拟现实技术——用一副"眼镜"看遍世界

悬空式平衡支架设计，配合国际专业赛车座椅，如临极速赛道的仿真驾驶模拟，360°全景极致享受，让你感受无与伦比的巅峰快感。

戴上一个设备，拿着一对手柄，你就能够体验过山车的惊险刺激，欣赏珠穆朗玛峰的登顶风光……这些从未体验过的场景可以是一个游戏，也可以是一段视频，而带给你的全新体验会让你的肾上腺素急速飙升。

没错，这就是虚拟现实技术的魅力——一种带给用户全新体验的交互方式。

一、虚拟现实的产生与发展

概念萌芽期：早在1935年，美国科幻小说中首次描述了一款具有全方位虚拟现实概念的"眼镜"，这被公认为虚拟现实技术的概念萌芽。

技术萌芽期：到了1962年，电影行业为一项仿真模拟器技术申请了专利，这标志着虚拟现实的技术萌芽期的到来。

技术积累期：1973年，首款商业化的虚拟现实硬件产品Eyephone启动研发，并于1984年在美国发布，虽然与理想状态相去甚远，但开启了关键的技术积累期。

产品迭代期：1990年至2015年，虚拟现实逐渐在游戏领域中找到落地场景，实现了产品化落地。飞利浦、任天堂等公司成为这个领域的先驱。

技术爆发期：在2016年数博会上，虚拟现实确实大放异彩，特别是以HTC、骁龙、英特尔为代表的虚拟现实头戴式交互设备，展示了虚拟现实在当时的成熟度和广泛应用前景，也进一步推动了虚拟现实的普及和发展。

二、虚拟现实的基本概念与技术原理

1. 虚拟现实的基本概念

虚拟现实是一种先进的计算机仿真系统，它能够创建并让用户沉浸于一个高度逼真的虚拟世界中。通过交互式的三维动态视景和实体行为模拟，虚拟现实使用户获得与真实世界极为相似的体验。虚拟交互则是指用户利用鼠标、键盘、手柄等设备与计算机程序进行互动；而虚拟场景则是这些互动发生的平台，由计算机技术生成，是与现实环境相似或完全创新的3D模型、图像和动画，可为用户提供一个全新的沉浸式体验空间。

2. 虚拟现实的技术原理

视觉呈现：VR技术首先需要使用高精度的头戴式显示器来呈现用户的视觉信息。这种显示器通常有两个屏幕，每只眼睛可以分别看到一个不同的画面，通过跟踪用户的头部运动和眼睛的位置，实时更新画面，使用户感觉自己置身于虚拟环境中。

动作捕捉：利用传感器捕捉用户的手部动作和身体姿势。这些传感器可以通过蓝牙或无线连接头戴式显示器，将用户的动作实时传输给计算机。计算机根据接收到的数据调整虚拟世界的视角和物体位置，使用户自然地与虚拟环境互动。

实时渲染：VR技术需要通过强大的计算能力来处理大量的图形数据和进行实时渲染，以确保在保证画质的同时提供流畅的画面。这通常需要使用高性能的显卡和处理器。

多感官体验：除了视觉和动作交互，VR技术还可以结合3D音效和触觉反馈等技术为用户提供更加全面的感官体验。例如，通过立体声音效或环绕声音效使用户感受声音的方向和距离的变化；通过振动器或触觉反馈装置模拟触摸感。

虚拟现实技术通过模拟现实世界的视觉、听觉和触觉体验，为用户带来身临其境的感受，并在多个领域展现出广泛的应用前景。

三、虚拟现实的发展和实际应用

从2016年开始，随着更好、更轻的硬件设备的出现，更多内容、更强带宽等多种基础条件的完善，虚拟现实技术迎来了技术的爆发期。随着虚拟现实技术的发展，增强现实、混合现实等技术也开始出现。随着 5G、物联网、人工智能等技术的发展，虚拟现实技术的应用场景也变得更加丰富。

1. 游戏

VR 技术为玩家提供了沉浸式的游戏体验，使玩家可以身临其境地参与游戏，感受真实的视觉和听觉效果。这是 VR 技术最为人所熟知和广泛应用的领域之一。

2. 教育

VR 技术可以构建出逼真的虚拟场景，为学习者提供更加生动、直观、深入的学习体验。学生可以亲身体验科学实验、历史事件或地理环境，从而激发学习兴趣和提高理解能力。例如，作为中国首个由宽教育理念打造的新型互动式研学教育应用，"时光穿梭者"教育应用就利用 VR 技术将学生带回历史空间，使学生进行沉浸式学习。

3. 医疗

VR 技术在医疗领域的应用包括手术模拟和训练，可帮助医生提高操作技能和安全性。同时，它也可以用于疼痛管理、心理治疗和康复训练，可为患者提供更好的护理和治疗效果。例如，"虚拟外科医生"项目就允许医学生通过 VR 头戴显示器和触觉反馈手套进行精确的手术操作练习。

4. 建筑和设计

建筑师和设计师可以在虚拟环境中快速构建和修改建筑模型，以便更好地演示设计概念。这种应用可以大大提高设计效率和客户满意度。

回望过去，虚拟现实技术从概念萌芽到技术爆发，经历了漫长的发展历程。而今，随着技术的不断进步，增强现实、混合现实的交互设备也已成为比较常见的产品。随着交互场景和交互方式的丰富，这项技术将在未来拥有更广阔的发展前景，电影中的场景也将成为现实。

（资料来源：知知贵阳）

六、同步拓展

（1）利用互联网搜索人工智能相关知识，查找目前市面上常用的人工智能软件有哪些。

（2）选择 2~3 个人工智能软件，尝试利用不同人工智能软件为你的家乡特产项目或你目前想要做的任务生成一篇 200 字左右的纯文字介绍和一篇不限字数的图文介绍，并对比二者的效果有何不同。

任务二　电子商务安全

电子商务安全

一、任务描述

对于即将开始通过电商平台帮助家乡销售农产品的小李来讲，电子商务安全知识是必备的。

如何设置数据库的安全权限，如何加强密码的复杂度，以及如何改变数据库默认端口来增强安全性，这些对于保护客户数据和交易信息至关重要。此外，通过 IPsec（Internet Protocol Security，互联网络层安全协议）等网络安全协议来增强数据传输的安全性，有助于构建一个安全的电子商务环境，预防网络攻击和数据泄露。

请思考：（1）如何确保在设置数据库安全权限时，既能保护数据，又不过度影响用户访问的便利性？

（2）在使用互联网安全协议时，如何配置策略以确保农产品电商平台的交易数据不被未授权者访问？

二、相关知识

（一）电子商务安全概述

1. 电子商务安全的概念和特点

电子商务安全是指计算机系统、通信网络、应用环境等保证电子商务实现的要素不受危害的一个多层次、多方位的动态过程。

从广义上讲，电子商务安全不仅与计算机系统本身有关，还与电子商务的应用环境、人员素质和社会因素有关，主要包括电子商务的计算机网络安全和商务安全等。从狭义上讲，电子商务安全仅指电子商务信息的安全，主要包括信息存储安全和信息传输安全，如防病毒、防黑客、入侵检测等。

一般来说，电子商务安全的特点主要包括系统性、相对性、代价性、发展动态性等。

1）系统性

电子商务安全不仅涉及技术、管理、认证等方面的问题，与社会道德、行业自律、法律法规息息相关，还与人们的行为模式紧密地联系在一起。所以，电子商务活动的参与者必须建立立体交叉防御体系，这样才能全面实现电子商务安全。

2）相对性

电子商务安全是相对的。任何电子商务网站都是建立在开放的互联网上的，其必然会受到各种有意的或无意的、自然的或人为的破坏或攻击，在这种情况下不出现任何安全问题是不可能的。关键是如何使电子商务通过有效控制实现一个基本的安全保障。

3）代价性

开展电子商务活动的商家要实现电子商务安全就必须考虑安全的代价和成本问题。如果只注重速度，就必定要以牺牲安全为代价；如果要实现更高的安全性，就得速度慢一点。当然，这与电子商务的具体应用有关，如果不直接涉及支付等敏感问题，对安全的要求就可以低一点。所以，无论是经营者还是技术提供者，都应该综合考虑各方面因素。

4）发展动态性

电子商务安全是不断发展和动态变化的。网络的攻防犹如两军对垒，一方实力增强，另一方实力就相对减弱了，这是一个此消彼长的动态发展过程。因此，从事电子商务的商家需要不断地检查、评估和调整相关的安全防范策略。

2. 电子商务安全问题

1）网络安全威胁

（1）服务器的安全问题。

服务器是电子商务的核心，安装有大量与电子商务有关的软件，并且其数据库里存储了大量的商家信息及开展电子商务活动过程中的一些保密数据。因此，服务器特别容易出现安全问题，并且所造成的后果都非常严重。

（2）网络数据的安全问题。

这主要是指非法用户使用不正当手段拦截会话数据，获取合法用户的有效信息，最终导致合法用户的一些核心业务数据泄密，或者非法用户对截获的数据进行一些恶意篡改，如增加、减少和删除等操作，从而使信息失去真实性和完整性，导致合法用户无法正常交易。

（3）计算机病毒。

计算机病毒是能够破坏计算机系统正常运行，具有传染性的一段程序。随着互联网的发展，计算机病毒利用互联网大大加快传播速度。它侵入网络、破坏资源，成为电子商务中的又一重要安全威胁。

2）电子商务交易威胁

（1）交易者身份的不确定。

电子商务基于开放的网络平台，在买卖双方互不见面的情况下进行各种商贸活动，实现消费者与商家之间的网上交易和在线支付。正是基于这个特点，攻击者可能通过非法手段盗取合法用户的身份信息，冒充合法用户与他人进行交易。

（2）交易协议安全性问题。

商家和消费者在电子交易过程中的数据是以数据包的形式来传送的，攻击者很容易对某个电子商务网站进行数据包拦截，甚至对数据包进行修改和伪造。TCP/IP 协议是建立在可信的环境之下的，但缺乏相应的安全机制（这种基于地址的协议本身就会泄露口令，根本没有考虑安全问题）。而且，TCP/IP 协议是完全公开的，其远程访问的功能使许多攻击者无须到现场就能够得手，连接的主机基于互相信任的原则，使网络更加不安全。

综上所述，电子商务面临着来自多方的安全威胁，存在着许多安全隐患。

（二）电子商务安全需求和安全体系

1. 电子商务安全需求

电子商务面临的问题和威胁引发了对电子商务安全的需求。电子商务安全是一个系统的概念，此概念中最主要的内容就是电子商务的信息安全。要保证电子商务安全、可靠地进行，就要满足以下几个基本需求。这种需求主要包括有效性、保密性、完整性、可靠性、匿名性、不可抵赖性等。

1）有效性

电子商务系统应有效防止系统延迟和拒绝服务等情况的出现，要对网络故障、硬件故障、操作错误、软件错误及计算机病毒所产生的潜在威胁加以预防和控制，保证交易信息在确定的时间、地点是有效的。

2）保密性

保密性是指交易信息在产生、传送、处理和存储的过程中不被泄露给非授权者。电子商务系统应能对网络上传输的信息进行加密处理，以防止交易中的信息被非法截获或窃取，同时防止通过非法拦截获得账户的有效信息。

3）完整性

完整性是指交易信息在传送和存储过程中保持一致，不能在交易过程中被非授权者篡改、删除或插入。电子商务系统应防止交易信息的随意生成、被修改和被删除，同时防止数据在传输过程中的丢失和重复，并保证信息传递次序的统一。

4）可靠性

在交易前，参与交易的双方必须先相互确认对方的真实身份；在进行支付时，还需要确认对方的账号等信息是否真实有效。电子商务系统应实现对用户身份的有效确认和对私有密钥和口令的有效保护，以防止有人以虚假身份在网上进行交易。

5）匿名性

电子商务系统应确保交易的匿名性，防止交易过程被跟踪；保证交易过程中用户信息不被泄露，确保合法用户的隐私不被侵犯。

6）不可抵赖性

不可抵赖性是指信息的发送方不能否认自己发送了信息，接收方不能否认自己已收到信息。电子商务系统应有效防止商业欺诈行为的发生。交易双方在进行数据传输时都必须携有自身特有的、无法被别人复制的信息，以确保发生纠纷时有所对证，保证商业信用和行为的不可否认性，保证交易各方对已做的交易无法抵赖。

2. 电子商务安全体系

电子商务在开放的网络上进行交易，大量的商务信息在计算机上存放、传输，这就会存在信息传输风险、交易信用风险、管理方面的风险、法律方面的风险等各种风险。为了应对这些风险，电子商务安全体系形成了。

1）狭义的电子商务安全体系

狭义的电子商务安全体系主要以技术为基础对电子商务安全提供技术保障，主要包括以下三个部分：基本加密算法；以基本加密算法为基础的CA（Certificate Authority，证书授权）体系，以及数字信封、数字签名等基本安全技术；以基本加密算法、CA体系、基本安全技术为基础的各种安全应用协议。

由这些主要部分组成的电子商务安全体系是保证电子商务数据安全的一个完整的逻辑结构（见图3-1）。电子商务安全体系由网络服务层、加密技术层、安全认证层、安全协议层和应用系统层等组成。

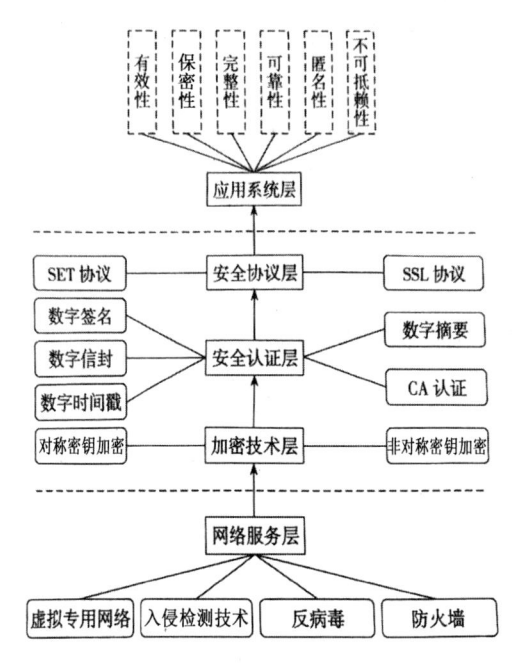

图 3-1 电子商务安全体系结构

其中，下层为上层提供技术支持，上层是下层的扩展与递进。各层之间相互关联，共同构成统一的整体。各层通过不同的安全控制技术实现各层的安全策略，以保证电子商务活动的安全。

（1）网络服务层。

网络服务层是各种电子商务应用系统的基础。它提供信息传送的载体、用户的接入手段和安全通信服务，保证网络最基本的运行安全。网络服务层不提供服务质量的承诺，加密技术层会保证通信的可靠性。网络服务层主要的安全技术有虚拟专用网络、入侵检测技术、反病毒和防火墙。

（2）加密技术层。

加密技术是电子商务系统最基本的安全措施。该层是电子商务系统采取安全保密措施的关键：利用技术手段把重要的数据变为密文传送，到达目的地后再用相同或不同的手段解密，以此保证交易的顺利进行。即使信息被非法截获，截获者也无法解读有关内容。加密技术层主要的安全技术有对称密钥加密和非对称密钥加密。

（3）安全认证层。

安全认证层主要通过采用认证技术来保证交易的安全进行，以满足多项网上交易的安全需求，避免交易信息的被篡改、被伪造等威胁。安全认证层主要的安全技术有数字签名、数字信封、数字时间戳、数字摘要和CA认证。

（4）安全协议层。

安全协议层为信息的安全交换提供一系列操作规则，保证了交易的保密性、数据的完整性和不可否认性，保障了交易的安全性和交易系统的可靠性。安全协议层主要的安全技术包括 SET（Secure Electronic Transaction，安全电子交易）协议和 SSL（Secure Socket Layer，安全套接层）协议。

（5）应用系统层。

基于上述各层提供的安全措施，应用系统层便可以满足电子商务对安全的需求。应用系统层包括各类电子商务应用系统及商业解决方案。

2）广义的电子商务安全体系

广义的电子商务安全体系除了安全技术保障，还应包括法律保障和管理制度保障等。

（1）法律保障方面。

一方面，我国对电子商务立法非常重视，已经颁布并实施了多部与互联网和电子商务相关的法律；另一方面，我国对电子商务领域不断产生的新情况、新问题的立法仍然存在许多空白，需要与时俱进，及时进行系统完善。相关部门应遵循电子商务立法的指导原则，注重与国际电子商务法律法规的接轨，加强对电子商务活动的安全保障力度，切实保障各方权益。

我国有关电子商务的法律可分为基本法、实体法和程序法三大类。电子商务基本法是指一个国家或区域在电子商务领域具有最高法律效力的法律，对整个电子商务法起统御作用。我国代表性的法律是《中华人民共和国电子商务法》。电子商务实体法是指从实际内容上规定人们之间的权利与义务的本体及其产生、变更和消灭的法律，它构成了电子商务的具体法律。比如《中华人民共和国电子签名法》、《中华人民共和国民法典》和《电子认证服务管理办法》等。电子商务程序法是指保证权利和义务得以实施或职权和职责得以履行且以程序为主的有关法律。目前，电子商务领域还没有专门的程序法，适用电子商务程序的法律主要是《中华人民共和国民事诉讼法》。

（2）管理制度保障方面。

电子商务安全问题是电子商务在发展过程中很难避免的一个问题。为了更好地规避风险，保证电子商务主体利益，电子商务的安全问题需有一个综合防范和全方位管理。

第一，加强电子商务的安全防范意识。人们对互联网已有很强的接纳度和依赖性，但仍有很多用户缺乏网络安全知识，因而更容易受到攻击。用户只有在进行网络活动时随时保持风险意识和防范意识，才能最大限度地保证安全。比如在保护网上购物安全方面，用户应核实网站资质及网站联系方式的真伪，尽量到知名、权威的网上商城购物；尽量通过网上正规的第三方支付平台交易，切忌直接与商家私下交易；要注意商家的信誉、评价和联系方式；在交易完成后要完整保存交易订单等信息；在填写支付信息时，一定要检查支付网站的真实性；注意保护个人隐私，直接使用个人的银行账号、密码和证件号码等敏感信息时要慎重；不要轻信网上低价推销广告，也不要随意点击未经核实的陌生链接等。在防范个人信息泄露方面，要谨慎使用公共网络，及时关闭手机 Wi-Fi 功能，不要随便使用公共场所的免费 Wi-Fi；在处理快递单时先抹掉个人信息再丢弃；上网评论时不要随意留个人信息；保管好身份证等个人信息；慎用手机 App 的签到功能；慎重使用云存储；尽量使用较复杂的密码，不将生日、身份证号码等作为交易密码；小心网上测试有诈；别让旧手机泄密；安装软件少点"允许"；线下扫描商家付款二维码时，需要向商家核实，确认后再扫描付款。

第二，建立电子商务安全管理制度。

一方面，相关主管部门为保障电子商务企业安全，维护企业和消费者的合法权益，应根据国家相关法律法规、行业标准等建立电子商务安全管理制度。

另一方面，企业自身应加强电子商务安全防范意识，主动建立科学合理的电子商务安全管理制度，以更好地进行安全管理，如信息安全管理制度、人员管理制度、保密制度、网络系统日常维护制度、病毒防范制度、数据备份与恢复制度等，明确每项制度的具体实施方法与执行力度。同时，做好制度的维护与及时更新，从而保证制度能够适用于不断发展变化的电子商务环境。

（三）防火墙技术

一般电子商务系统都包括企业内部网，它最大的好处是加强了企业内部管理，并促进了企业与外部的信息交流，提高了工作效率。但是企业内部网与互联网连接以后，如果不加以限制，互联网上的每一个用户都有可能访问企业内部网，这就使黑客能在毫不察觉的情况下进入企业内部网，非法访问企业的资源。因此，在企业内部网与外部网之间设置一道安全屏障的意义就显得非常重要。

1. 防火墙的概念

防火墙是一个由软件和硬件设备组合而成的，在内部网和外部网之间、专用网与公共网之间构建起的一道保护屏障，用于加强安全防范系统，其示意图如图 3-2 所示。只有被授权的通信才能通过防火墙，从而起到隔离内部网与外部网的作用，防止非法入侵和非法使用系统资源的情况发生。此外，防火墙还可以记录所有通过它的访问，并提供统计数据，防止企业内部信息流入互联网，同时也控制外部有害信息流入企业内部网。防火墙主要由服务访问规则、验证工具、包过滤和应用网关 4 个部分组成。

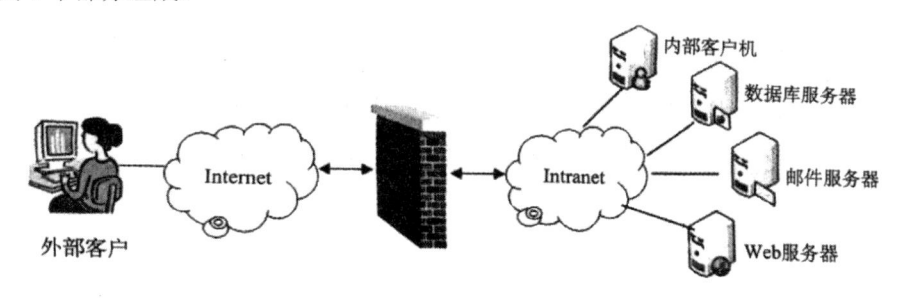

图 3-2 防火墙示意图

2. 防火墙的作用

1）网络安全的屏障

防火墙作为关键的网络安全控制点，能够通过筛选协议，有效提升内部网的安全性，降低由不安全服务引发的风险。例如，防火墙能够拦截不安全的 NFS（Network File System，网络文件系统)协议,防止外部攻击者利用脆弱的协议进行攻击,并抵御 IP 源路由和 ICMP(Internet Control Message Protocol,控制报文协议)重定向等基于路由的攻击。

2)强化网络安全策略

集中式安全管理通过在防火墙上集成安全软件,如密码、加密、身份认证和审计等,实现经济高效的网络安全策略。这种集中化配置优于分散至各主机的方法,如将一次性密码和身份认证系统进行集中管理,增强了整体安全防护能力。

3)对网络存取和访问进行监控

防火墙对所有网络访问进行记录并生成日志,提供网络使用统计数据,对可疑行为报警并提供详细信息。通过监控网络使用和误用情况来评估防火墙的防御效果,对于网络需求和威胁分析至关重要。

4)防止内部信息外泄

防火墙通过内部网划分实现关键网段隔离,限制局部安全问题对整体网络的影响。同时,防火墙通过隐蔽 DNS 等服务保护内部网隐私,防止安全漏洞暴露。防火墙的这些功能有效防止了内部信息外泄,维护了网络安全。

(四) 数字加密技术

数字加密技术是最基本的安全技术,是实现信息保密性的一种重要手段,目的是防止除合法接收者之外的人获取信息系统中的机密信息。

1. 数字加密技术概述

数字加密技术是对信息进行重新编码,从而达到隐藏信息内容,使非法用户无法获得信息真实内容的一种技术手段。数字加密技术可以满足网络安全中数据完整性、保密性等需求。而基于数字加密技术的数字签名技术则可以满足不可抵赖性等安全需求。可见,数字加密技术是实现网络安全的关键技术。数据加密、解密过程如图 3-3 所示。其中,加密是指将原信息进行重新组织,并变换成难以识别的编码的过程;解密是指用户将接收的密文经过相应的逆变换后还原成原信息的过程。

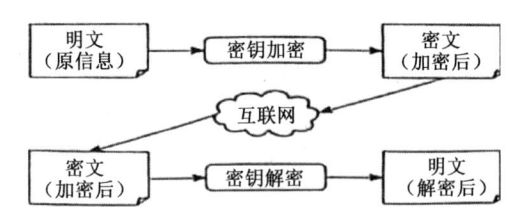

图 3-3 数据加密、解密过程

数字加密技术可以简单地分为两类:对称密钥加密(私有密钥加密)技术和非对称密钥加密(公开密钥加密)技术。

2. 对称密钥加密技术

对称密钥加密技术就是使用同一个密钥或可以互相推导出的一对密钥对原信息进行加密、解密的数据加密技术。这就要求通信双方都要获得这把密钥并确保它不被泄露。对称密钥加密以 DES（Data Encryption Standard，数据加密标准）算法为典型代表。对称密钥加密、解密过程如图 3-4 所示。

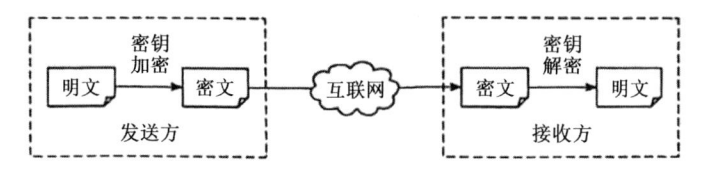

图 3-4 对称密钥加密、解密过程

1）对称密钥加密技术的优点

优点：对信息进行加密和解密计算量小、速度快、效率高。对称密钥加密技术一般广泛应用于对大量数据文件的加密和解密过程。

2）对称密钥加密技术的缺点

（1）密钥的管理复杂。

密钥是保证通信安全的关键。如何把密钥安全地送到接收方，是对称密钥加密技术的关键。多人通信时密钥的组合数量会呈现爆炸性膨胀，从而使密钥分发更加复杂。当 n 个人进行两两通信时，总共需要的密钥数为 $n(n-1)/2$。

（2）存在局限性。

具体表现：如果发送方与接收方素不相识，就无法向对方发送秘密信息了；对称密钥体制难以解决电子商务系统中的数字签名认证问题。对开放的计算机网络来说，对称密钥加密技术存在安全隐患，不能满足网络环境邮件加密的需要。

3. 非对称密钥加密技术

非对称密钥的加密和解密分别由两个密钥来实现，而根据其中的一个密钥推出另一个密钥在计算上是很难的。通常，其中的一个密钥叫加密密钥，会公之于众，又称公钥，可随意发给期望同密钥持有者进行安全通信的人。另一个密钥叫解密密钥，又称私钥，属于密钥持有者（需要仔细保存其密钥）。密钥持有者用私钥对收到的信息进行解密。因此，非对称密钥加密也叫作公开密钥加密，其加密、解密过程如图 3-5 所示。非对称密钥加密的典型代表是 RSA 算法。

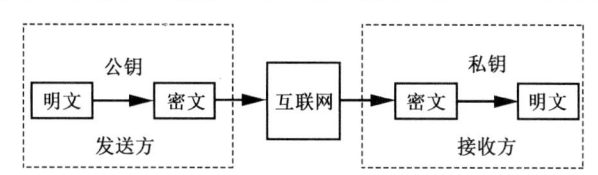

图 3-5 非对称密钥加密、解密过程

1）非对称密钥加密技术的优点

（1）安全性更高。

非对称密钥加密技术必须通过两个密钥的配合使用才能完成加密和解密的全过程，这有助于加强数据的安全性。

(2)密钥管理简单。

密钥少而便于管理：n 个交易方仅需产生 n 对密钥；不需要采用秘密的通道和复杂的协议来传送、分发密钥；可以通过非对称密钥加密技术来实现数字签名。

2）非对称密钥加密技术的缺点

非对称密钥加密技术的加密速度慢，故不适合对大量文件信息进行加密，一般只适用于少量数据的加密、解密。

三、任务实施

步骤一：针对任务描述，通过阅读相关资料了解数据库安全功能、安全机制、安全层次，以及典型 DBMS（Database Management System，数据库管理系统）的配置和操作方法；掌握 SQL Server 数据库管理系统安全配置的方法；加深对数据库安全性的理解，并体验如何配置数据库的安全策略和管理用户权限。请完成表 3-8。

表 3-8　SQL Server 的安全设置

序号	任务内容	操作记录 1 截屏	操作记录 2 截屏	操作记录 3 截屏	操作结果
1	服务器身份验证设置				
2	修改数据库弱密码				
3	修改默认的 1433 端口				
4	加强数据库日志的记录				
5	数据库备份与还原				

步骤二：通过实验理解网络安全协议的概念和作用，了解 IPsec 的功能和工作原理；体验通过 IPsec 等网络安全协议来增强数据传输的安全性。请完成表 3-9。

表 3-9　网络安全协议——IPsec

序号	任务内容	操作记录 1 截屏	操作记录 2 截屏	操作记录 3 截屏	操作结果
1	阻止固定 IP 地址（如 192.168.0.2）访问				
2	封堵危险端口				
3	禁止访问指定域名				

四、任务评价

任务评价表如表 3-10 所示。

表 3-10　任务评价表

项目	学习态度（20%）	团队合作情况（20%）	步骤完成情况（50%）	其他表现（10%）	小计（100%）	综合评价
小组评分（30%）						
个人评分（30%）						
老师评分（40%）						
综合得分（100%）						

五、知识拓展

电子商务安全高级知识拓展

在电子商务领域,安全是至关重要的一环。它不仅关乎数据保护,还涉及交易的完整性和消费者信任。为了在这一领域中保持领先,我们必须不断深化和更新我们的安全知识。以下是对电子商务安全高级知识拓展内容的描述性说明。

1. 数据库安全

随着技术的发展,数据库安全不再仅限于基本的访问控制。透明数据加密和动态数据屏蔽等高级特性为敏感数据提供了额外的安全层。这些技术确保了即使在数据被盗的情况下信息的保密性和完整性也能得到保护。

2. 网络安全协议

IPsec作为网络层的安全协议,通过使用隧道模式和高级加密标准,为数据传输提供了强有力的保护。了解IPsec的不同配置选项,可以帮助我们根据业务需求制定安全策略,从而在保护数据的同时优化网络性能。

3. 云计算与数据库安全

随着电子商务平台越来越多地迁移到云环境,了解云数据库的安全特性变得尤为重要。云服务提供商提供了一系列的安全措施,帮助用户保护其云资源。

4. 支付卡行业数据安全标准

对于处理信用卡支付的电子商务平台,支付卡行业数据安全标准(Payment Card Industry Data Security Standard,PCI DSS)合规性是必须遵守的行业标准。这一标准提供了一套保护支付卡数据的严格安全要求和最佳实践。

5. Web应用安全

OWASP Top 10提供了一个关于当前最常见的Web安全风险框架,以帮助开发者和安全专家识别与防范诸如SQL注入、跨站脚本攻击等威胁。

6. 软件安全开发生命周期

安全编码实践是构建安全软件的关键。通过在软件开发的每个阶段整合安全措施,我们可以减少漏洞,构建更加健壮的应用程序。

7. 应急响应与事故管理

一个有效的应急响应计划对于快速响应安全事件至关重要。这包括对事件的识别、响应、恢复和后续改进措施。

通过上述知识拓展,我们将获得更全面的电子商务安全视角,不仅能够加强数据库和网络安全,还能够确保支付交易的安全性,构建符合行业标准的安全的电子商务平台。此外,软件安全开发生命周期的实践将帮助我们从源头上减少安全漏洞,而应急响应计划则为可能的安全事件提供了应对策略。

六、同步拓展

请尝试设置禁止访问个人QQ空间域名。

项目总结

本项目主要介绍了电子商务技术基础与新兴技术的发展，电子商务安全的概念、特点及安全技术等，强调了保护个人信息和交易安全的重要性，以及数字加密技术、防火墙等关键技术，探讨了电子商务新兴技术的发展动态、安全需求，包括信息的安全存储与传输，以及安全体系结构。通过对项目的学习，使学生了解电子商务技术的发展和电子商务安全知识，提高学生的安全意识，为未来的职业生涯打下坚实的基础。

项目四

电子支付与网上银行

项目情境

2024年8月3日,国务院印发《国务院关于促进服务消费高质量发展的意见》,提出要加快生活服务数字化赋能,构建智慧商圈、智慧街区、智慧门店等消费新场景,加快无人零售店、自提柜、云柜等新业态布局。其实早在2022年1月,国务院发布的《扩大内需战略规划纲要(2022—2035年)》就提出了发展智慧超市、智慧商店、智慧餐厅等新零售业态。无人零售店(包括无人超市、无人便利店)要从硬件设施上实现"无人",则少不了自助收银机等设备的升级改造。

自助收银机等设备实现无人收银,主要需要配备可扫描商品条形码的扫码框、可支持多种移动支付方式的模块(如二合一扫码框、刷脸支付摄像头、刷卡模块),以及清晰简明的收银系统和可在自助收银机等设备屏幕上显示购买的商品种类、价格等。

问题:这些场景是如何实现自助收银的呢?这是不是我们所说的电子支付?电子支付给我们的生活带来了怎样的变化呢?

项目任务书

项目四任务书如表4-1所示。

表4-1 项目四任务书

任务编号	分项任务	职业能力目标	职业素养目标	知识要求	参考课时
任务一	认识电子支付	学会使用支付宝及其他电子支付工具	1. 利用互联网不断学习新知识、新技术,有一定创新意识	1. 了解电子支付 2. 了解电子支付工具的类型	4课时
任务二	网上银行的使用	掌握开通个人网上银行的技巧,并学会使用网上银行的各种功能	2. 立足本职工作,明确工作目标,具备良好的动手操作能力 3. 网上支付工具的使用遵循一定的法律法规,保证网上支付过程的安全和合法	1. 理解网上银行的定义 2. 掌握网上银行的主要模式 3. 了解网上银行的主要特点 4. 了解网上银行的功能 5. 了解网上银行的业务 6. 了解我国的网上银行举例	4课时

任务一　认识电子支付

一、任务描述

小李是电子商务专业的学生，来自农村的他从来没有在网上买过东西，看到周边很多同学都在淘宝网上购物，也去淘宝网看了看。他看中了一件商品，可苦于没有支付工具。考虑许久后，他决定开通支付宝并用支付宝支付这件商品的费用，同时为将来在网上开店做准备。

请帮助他完成这个购物过程。

二、相关知识

（一）电子支付

1. 电子支付的概念

电子支付是指用户通过电子终端，直接或间接向银行等金融机构发出支付指令，实现货币支付与资金转移的行为。与传统支付一样，电子支付也有多种形式，如银行卡支付、电子支票支付、电子现金支付和微支付等。但是，仅有这些支付工具和网络还不足以支持安全可靠的支付过程，还必须有一个比传统支付更加规范的支付流程，以便约束支付过程中的每一步操作。人们一般以某种支付协议来对支付安全提供支撑，对操作进行约束。主要的支付协议有 SSL、SET、Digicash、FirstVirtual 和 NetBill，其中最有影响的是 SSL 和 SET。

随着科学技术的进步与市场交易的增加，大多数工业发达国家都建立了一个或多个全国性的电子支付系统。经过多年的不懈努力，中国国家金融数据通信网、中国现代化支付系统的建设已初具规模：各商业银行均建立了内部电子汇兑系统和银行卡授权系统，中国人民银行的电子联行系统遍及全国大中城市，银行卡信息交换中心的建设为跨行信息交换和跨行交易创造了有利条件。

电子支付的发展经历了 5 个阶段，具体如下。

（1）银行利用计算机处理银行间的业务，办理结算。

（2）银行计算机与其他机构计算机之间的结算，如代发工资等。

（3）银行利用网络终端向客户提供各项银行业务，如客户在自动柜员机上取款、存款等。

（4）利用银行销售点终端 POS 机向客户提供自动的扣款服务，实现电子资金自动转账。

（5）网上支付阶段。网上支付，又称网络在线支付，是电子支付的主要形式，是指通过互联网实现的用户与商户、商户与商户之间的在线电子货币支付、资金清算、查询统计等。网上支付过程是完成使用者信息传递和资金转移的过程。交易双方可随时随地通过互联网进行直接转账结算，形成电子商务支付环境。

网上支付的种类有广义和狭义之分：广义的网上支付包括直接使用网上银行进行的支付和通过第三方支付平台间接使用网上银行进行的支付，如建设银行网上银行系统、交通银行网上银行系统等；而狭义的网上支付仅指通过第三方支付平台进行的支付，如支付宝、快钱、微信支付等。

2．电子支付的特点

与传统支付相比，电子支付具有以下几个特点。

（1）电子支付采用现代技术，通过数字流转来完成支付信息传输，支付手段均是数字信息；而传统的方式则是通过现金的流转、票据的转让及银行的转账等实体形式的变化实现的。

（2）电子支付基于开放的系统平台（互联网），而传统支付则在较为封闭的环境中进行。

（3）电子支付使用最先进的通信手段，因此对软件和硬件要求很高；传统支付对于技术要求不如电子支付高，且多为局域网，无须连入互联网。

（4）电子支付可以完全突破时间和空间的限制。

（二）电子支付工具的类型

1．第三方支付平台

在银行和用户之外由第三方提供相关的交易支付服务，即第三方支付。第三方支付平台就是由一些和国内外各大银行签约并具备一定实力和信誉保障的第三方独立机构提供的交易支付平台。在通过第三方支付平台进行的交易中，买家在选好商品后使用第三方支付平台提供的账户支付货款，此时第三方支付平台会通知卖家货款到达、进行发货；买家检验商品后通知第三方支付平台付款给卖家；第三方支付平台接到通知后再将款项转至卖家账户。

常见的第三方支付平台有以下几种。

1）易宝支付

易宝支付（YeePay）是中国知名的第三方支付平台，创立于2003年，是首批获得中国人民银行支付业务许可证及国家外汇管理局关于支付机构开展外汇业务批复的平台。作为行业支付的开拓者，易宝支付于2006年率先创立B端"行业支付"模式，始终专注于为企业和机构客户提供智能、便捷、可信赖的交易服务，帮助客户实现业务增长和数字化转型。易宝支付官网显示，发展20年来，易宝支付已成为一家年交易量达3万亿元、合作商家超百万家、服务七大行业领域（数字航旅、智慧零售、跨境出海、数字金融、数字政务、数字财税、互联网3.0）的数字化交易服务商。

图4-1所示为易宝支付网站的首页。

2）支付宝

支付宝（AliPay）是国内领先的独立第三方支付平台，由阿里巴巴创办。支付宝致力于为中国电子商务提供"简单、安全、快速"的在线支付解决方案。

从创立开始，支付宝始终将"信任"作为产品和服务的核心，不仅从产品上确保用户在线支付的安全，而且让用户通过支付宝在网络间建立起相互的信任，为营造纯净的互联网环境迈出了非常有意义的一步。

图 4-1 易宝支付网站的首页

图 4-2 所示为支付宝网站的首页。

图 4-2 支付宝网站的首页

（1）支付宝的特点如下。

① 安全。支付宝保障了买卖双方的利益，提高了网上交易的安全性，同时能通过免费短信提醒、邮件提醒等方式及时准确地监督、保障用户的资金安全。支付宝安全支付流程如图 4-3 所示。

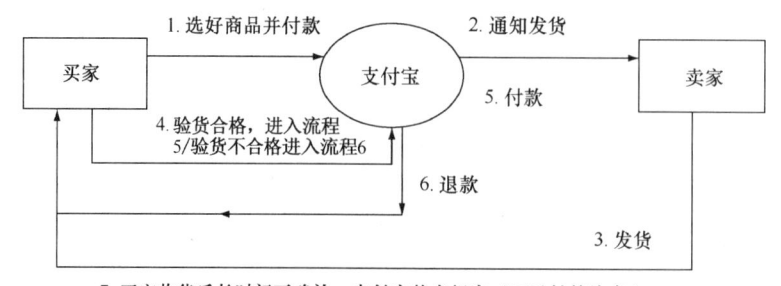

图 4-3 支付宝安全支付流程

② 方便。支付宝因其使用广泛和信誉良好获得了国内各大银行的认可,实现了与银行支付的无缝对接。支付宝与银行间的资金划转实现了实时转入与免费短时延迟提现,给用户提供了极大的方便。

③ 快捷。利用支付宝,交易付款处理能在几秒钟内完成。在买家付款后,支付宝能即时将付款状况通知卖家,从而最大限度地保证了卖家发货的及时性。此外,各企业网站可以将支付宝按钮嵌入自己的网站、邮件中,从而使企业客户快速、方便地使用支付宝进行支付。

(2) 支付宝的主要功能如下。

① 即时到账:此功能相当于转账功能,属于支付宝的边缘功能之一。支付宝用户的账户之间可以互相转账,支付宝并不保护此功能。

② 支付宝储蓄卡:这是建设银行等与支付宝合作推出的储蓄卡服务,卡面上有支付宝标志。用户在银行开通相关的服务功能后即可在网上直接进行支付宝的操作,而不需要通过网上银行和支付宝实名认证中身份证上传的过程。

③ 充值:充值是指将银行卡资金充入支付宝账户。

④ 支付:支付宝的支付方式越来越多,已在官网显示的有快捷支付、余额宝、花呗、网上银行、信用卡支付、支付宝卡、指纹支付、手表支付等。

⑤ 提现:提现是指用户将支付宝账户中的款项免费提取到银行账户中,支持普通提现和实时提现两种方式。为了防止利用支付宝账户进行套现或洗钱等行为,充值的款项不能提现。为保障账户资金安全,支付宝对单日提现额度有限制,但对于次日到账的,普通用户和卖家均无限额。

⑥ 红包:红包指购物优惠券,可以在购物时抵扣相应金额。其资金由提供优惠的卖家承担,通常有淘宝现金红包、店铺红包、商品抵价券等。

⑦ 实名认证:若要通过支付宝账户收付款,则必须通过实名认证,即由个人或企业提供各种真实信息来完成认证。由个人提供的认证信息包括个人基本信息、身份证信息、银行卡信息;由企业提供的认证信息包括企业基本信息、营业执照、银行账户。

⑧ 卖家工具:卖家工具是指其他网站使用支付宝的应用工具等。

⑨ 支付宝社区:这是为支付宝用户打造的交流平台。

3) 财付通

财付通是腾讯创建的在线支付平台,致力于为个人用户和企业用户提供安全、便捷、专业的在线支付服务。

随着中国经济的快速发展和网络应用的不断成熟,电子商务产业已进入高速发展阶段。财付通作为在线支付行业的领先者,将为促进电子商务产业的持续发展做出不懈努力。

财付通作为功能强大的在线支付平台,旨在为广大的 QQ 用户群提供安全、便捷、操作简单的一系列在线支付服务。

图 4-4 所示为财付通网站的首页。

图 4-4　财付通网站的首页

4）快钱

快钱公司是国内领先的独立第三方支付企业，旨在为各类企业及个人提供安全、便捷和保密的综合电子支付服务。其推出的支付产品包括但不限于人民币支付、外卡支付、神州行支付、代缴/收费业务、VPOS 服务、集团账户管理等，这些支付产品支持手机、电话和 POS 等多种终端设备，能满足各类企业和个人的不同支付需求。目前，快钱已获中国信息安全认证中心颁发的"支付清算系统安全技术保障级一级"认证证书和国际 PCI 安全认证。图 4-5 所示为快钱网站的首页。

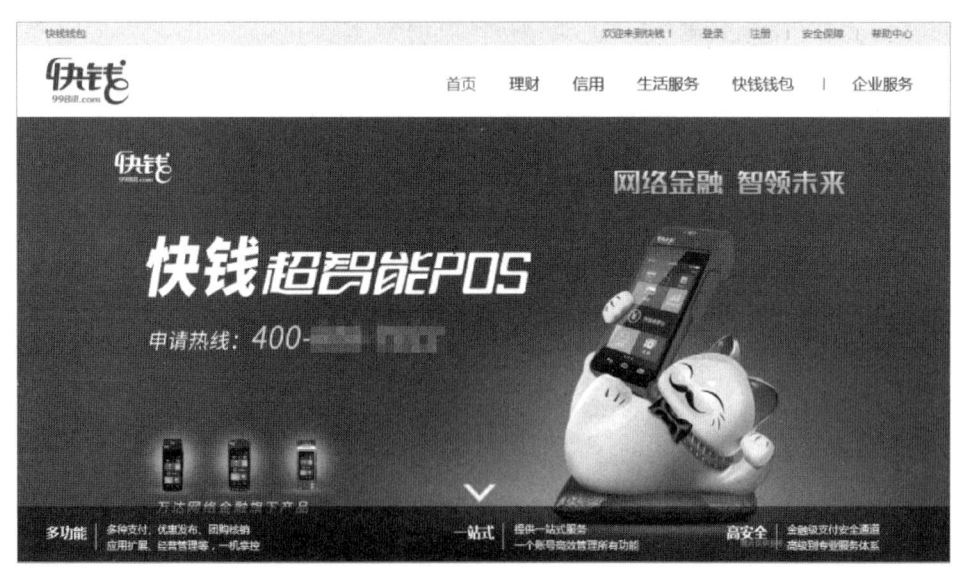

图 4-5　快钱网站的首页

5）微信支付

2013 年 8 月 5 日，财付通与微信合作推出微信支付。微信支付是腾讯旗下的第三方支付平台，致力于为个人用户和企业用户提供安全、便捷、专业的在线支付服务。其以"微信支付，不止支付"为核心理念，为个人用户创造了多种便民服务和应用场景。微信支付为各类企业及小微商户提供专业的收款服务、运营服务、资金结算解决方案，以及安全保障。

微信支付已实现刷卡支付、扫码支付、公众号支付、App 支付，并提供企业红包、代金券、立减优惠等营销工具，满足用户不同支付场景的支付需求。

腾讯发布的 2024 年度报告显示，微信及 WeChat 的合并月活跃账户数达 13.85 亿人。用户可通过微信支付实现购物、餐饮、旅游、医疗、缴费等场景的便捷支付。企业、门店、用户通过微信生态深度连接，构建了完整的智慧生活生态。微信支付网站首页如图 4-6 所示。

图 4-6　微信支付网站首页

2. 信用卡

依据中国银行业监督管理委员会 2011 年 1 月 13 日公布的《商业银行信用卡业务监督管理办法》第七条：信用卡是指记录持卡人账户相关信息，具备银行授信额度和透支功能，并为持卡人提供相关银行服务的各类介质。信用卡一般由商业银行或者其他金融机构发行，是一种信用支付服务手段。信用卡具有购物消费、信用借款、转账结算、汇兑储蓄等功能。信用卡可在商场、饭店等许多场合使用，可采用刷卡记账、POS 结账、自动柜员机提取现金支付等多种支付方式。

信用卡于 20 世纪初起源于美国，当时的信用卡是用金属制造的，发行对象和使用场所都相当有限。1951 年，大来卡问世，它是现代信用卡的雏形。持卡人消费时只要出示卡片，大来卡公司就会先代付账款，然后向持卡人收款。这种便利性使得信用卡业务渐渐扩展到饭店、航空公司等领域，发卡机构也从大来卡公司、美国运通公司扩展到各个银行。1965 年，美洲银行开始拓展信用卡业务，并在次年授权其他银行使用其商标，发行了带有蓝、白、金三色图案的 Bank Americard（美洲银行信用卡）。后来，美洲银行进一步将信用卡业务推广到国外，但由于 Bank Americard 的美国色彩过于浓厚，不受外国人欢迎，所以在 1977 年正式更名为 VISA，这也是第一张正式的信用卡。目前，世界上比较有影响的信用卡还有 Master、Diners、American Express、JCB 等。

信用卡在我国真正发展不过 20 多年，但得益于消费升级、金融科技的发展及消费观念的转变，我国信用卡市场发展迅速。在很长一段时间里，信用卡业务经历了跑马圈地式的规模扩张。据统计，截至 2022 年年末，我国信用卡累计发卡量由 2010 年的 2.3 亿张增加至 7.98 亿张。但近两年，随着国家对信用卡发卡、利率、催收等方面的监管日益严格，我国信用卡发卡量明显减少，截至 2023 年年末，我国信用卡和借贷合一卡发行数量降至 7.67 亿张，同比减少 3.88%；截至 2024 年一季度末，我国共开立信用卡和借贷合一卡 7.60 亿张，环比下降 0.85%，人均持有信用卡和借贷合一卡 0.54 张。

信用卡的发行，一般由信用卡组织授权。目前我国信用卡组织主要是中国银联。中国银联是经中国人民银行批准的、由多家国内金融机构共同发起设立的股份制金融机构。

当今市面上使用的信用卡一般以塑料作为卡基，在上面安装存储材料。早期的信用卡以磁性材料为存储介质，被称为磁卡。现在的信用卡多以集成电路为存储介质，并具有一定的控制功能，被称为 IC 卡。这种具有存储功能的卡片的使用、携带都很方便。人们不断挖掘它的其他用途。随着应用形式的扩张，信用卡的含义也变得更加宽泛。从广义上讲，凡能够为持卡人提供信用证明，支持购物、消费或特定服务支付的特殊卡片，均可被称为信用卡，包括贷记卡、准贷记卡、借记卡、储蓄卡、支票卡等。从狭义上讲，信用卡要具备的要素有能够为持卡人提供信用证明，必须有一定的信用额度，必须支持先消费后付款。

3. 电子现金

电子现金（Electronic Cash，E-cash），又被称为电子货币或数字现金，是一种以数据形式流通的货币，它把现金数值转换成一系列的加密序列数，以此表示现实中的各种币值。电子现金是能被客户和商家同时接受的，通过互联网购买商品或服务时使用的一种交易媒介。商务印书馆出版的《英汉证券投资词典》中电子货币的解释为可以在互联网上或通过其他电子通信方式进行支付的手段。这种货币没有物理形态，为持有者的金融信用。随着互联网的高速发展，这种支付办法越来越流行。

商务活动中的各方参与者对电子现金有不同的要求：消费者要求电子现金方便灵活，但同时又要求电子现金具有匿名性；商家要求电子现金具有高度的可靠性，所接收的电子货币必须能兑换成真实的货币；金融机构则要求电子现金只能使用一次，不能被非法使用，也不能被伪造。

电子现金是以数字化方式存在的虚拟货币，按照存储载体被划分成两类：币值存储在 IC 卡上的电子现金和存储在计算机的硬盘上的电子现金。

1）电子现金的基本特点

一般来说,任何电子现金都必须具备以下 4 个基本特点。

(1) 货币价值:电子现金背后必须有法定货币、银行认可的信用或银行承认的本票支撑。

(2) 可交换性:必须可以与其他电子现金、纸币、商品或服务、银行账户存款、债券等进行自由交换。

(3) 可存储和可检索:可以被存储在不可变更的专用设备中,以便远程存储和检索。该设备应该具有适当的界面和显示器,可以通过口令或其他身份鉴别方式确定使用者。电子现金的流通易于追踪,可以在一定程度上防止被伪造。

(4) 安全性:不能被轻易复制或篡改,只能支付一次,同时具有匿名性,以防止同一笔电子现金的复制和双重使用,并防止销售者收集有关个人的隐私信息。

2）电子现金支付的参与者

电子现金支付体系包括三方参与者:消费者、商家和银行。它对三方的硬件、软件环境都有一定的要求,需要三方使用同一种电子现金软件,同时,银行和商家之间应有协议和授权的关系。事实上,这一体系中的消费者和商家的关系是对等的,可以实现双向支付。

3）电子现金的支付步骤

电子现金的 4 个支付步骤如下所述。

(1) 用户在电子现金发布银行开立电子现金账号,用电子现金账号预先存入的现金来购买电子现金证书。这样,这些电子现金就有了价值,并被分成若干成包的"硬币"(可以在商业领域中流通)。

(2) 使用计算机电子现金终端软件从电子现金发布银行取出一定数量的电子现金存在硬盘上。

(3) 用户与同意接收电子现金的厂商洽谈,签订订货合同,使用电子现金支付所购商品的费用。

(4) 接收电子现金的厂商与电子现金发布银行之间进行清算,电子现金发布银行将用户购买商品的钱支付给厂商。

4. 电子支票

支票(Cheque)是出票人签发的,委托办理支票存款业务的银行或者其他金融机构在见票时无条件支付确定的金额给收款人或者持票人的票据。电子支票是将支票的全部内容电子化,借助互联网完成支票在客户之间、银行与客户之间及银行之间的传递,实现银行与客户之间的资金结算。一个电子支票支付方案包括消费者及其银行、商户及其银行、不同银行之间支票的清算处理三个部分。

电子支票中含有与纸质支票完全相同的支付信息,如收款方名称、收款方账号、付款方名称、付款方账号、付款金额、日期等。另外,电子支票采取特别的安全技术,使用数字证书验证付款人的身份、开户行和账号,用数字签名做背书,以保证电子支票的真实性、保密性、完整性和不可抵赖性。电子支票具有以下特点。

（1）电子支票与传统支票的使用方式相同，易于被接受。

（2）加密的电子支票易于流通，买卖双方的银行只要用公共密钥认证确认支票即可，数字签名也可以被自动验证。

（3）降低了支票的处理成本，同时减少了在途资金，提高了银行客户的资金利用率。

（4）给第三方金融机构带来收益，第三方金融服务者不仅可以从交易双方抽取固定交易费或按一定比例抽取费用，还可以为银行提供存款账户，且电子支票存款账户通常是无利率的。

电子支票的应用范围比较广，既可用于小额支付，也可用于大额支付，所以网上银行和大多数金融机构都建立了电子支票支付系统，以满足银行之间的资金结算，同时为用户提供电子支票支付服务。电子支票可以通过电话线或互联网传送，银行利用专门的票据交换网络完成交换处理，实现了公共网和现有付款体系的有效连接。另外，收款人、收款银行和付款银行都可以使用公开密钥来验证支票。

电子支票支付系统中的一个关键部件是电子支票簿，常见的形式有智能 IC 卡、PC 卡和掌上电脑。电子支票簿是经银行严格审查后发给用户的，其中包含了加密和签名的密钥、数字证书、PIN 码（个人身份识别码）等重要信息。电子支票簿的主要功能是产生密钥对，对收到的电子支票进行背书，通过 PIN 码实现存取控制。PIN 码被分成如下 3 个级别，对应不同的操作。

一级 PIN 码：允许用户"填写"电子支票，对支票进行数字签名、背书支票、签发进账单等。

二级 PIN 码：允许执行一级 PIN 码的所有功能，并可对电子支票簿进行管理，包括对证书和公钥的维护、读取签发银行的公钥和信息等。

三级 PIN 码：银行用来做系统初始化，包括初始化密钥对和银行信息等。

电子支票支付体系包括三方参与者：消费者、商家和银行。系统是严格的、完备的，支票和消息的交换通过网络加密传送，利用了数字证书和数字签名技术，需要得到 PKI（Public Key Infrastructure，公钥基础设施）的支持。

电子支票交易的过程可分为以下几个步骤。

（1）消费者和商家达成购销协议并选择使用电子支票支付。

（2）消费者通过网络向商家发送电子支票，同时向银行发送付款通知单。

（3）商家通过认证中心对消费者提供的电子支票进行验证，验证无误后将电子支票送交银行索付。

（4）银行在商家索付时通过认证中心对消费者提供的电子支票进行验证，验证无误后即向商家进行兑付或转账。

5. 智能卡

智能卡于 20 世纪 70 年代中期在法国问世，经过几十年的发展，现在的智能卡以其存储信息量大、使用范围广、安全性能好而逐渐受到人们的青睐。

智能卡类似于信用卡，但卡片上不是磁条，而是计算机芯片和小的存储器。智能卡可以用来购买产品、服务和存储信息等。

智能卡的结构主要包括以下 3 部分。

（1）用于建立智能卡的程序编制器：程序编制器在智能卡开发过程中使用，从智能卡布局的层次描述了智能卡的初始化和个人化创建所有需要的数据。

（2）用于处理智能卡操作系统的代理：包括智能卡操作系统和智能卡应用程序接口的附属部分。其具有极高的可移植性，可以集成到芯片卡阅读器设备或个人计算机及客户机服务器系统上。

（3）作为智能卡应用程序接口的代理：它是应用程序到智能卡的接口。它协助对使用不同智能卡代理的管理，并向应用程序提供了一个智能的独立接口。

由于智能卡内安装了嵌入式微型控制器芯片，因此可存储并处理数据，如消费者的绝对位置、消费者的相对位置及相对于其他装置和物体的方位、消费者的生理状况和其他生物统计信息、消费者持有货币信息等。卡上的价值受消费者的个人身份识别码保护，因此只有消费者能访问它。多功能的智能卡内嵌入高性能的 CPU，并配备独自的基本软件，能够如同个人计算机那样自由地增加和改变功能。这种智能卡还设有"自爆"装置，如果犯罪分子想打开 IC 卡非法获取信息，那么卡内软件上的内容将立即自动消失。

三、任务实施

步骤一：创建支付宝个人账户。

① 打开支付宝首页。

② 单击"立即注册"按钮，页面出现"个人账户"按钮和"企业账户"按钮，单击"个人账户"按钮填写相关信息进行注册，如图 4-7 所示。

图 4-7　支付宝账户注册界面

③ 页面显示推荐去支付宝 App 注册，但仍可用个人计算机端注册，而使用个人计算机端注册需先同意隐私协议。图 4-8 所示为支付宝服务协议等的确认界面。

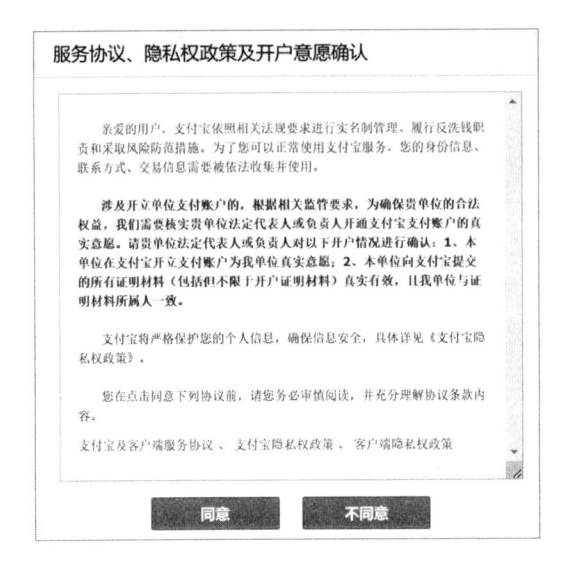

图 4-8　支付宝服务协议等的确认界面

④ 按照提示填写个人原始信息，如图 4-9 所示。

图 4-9　个人原始信息填写界面

⑤ 设置身份信息。

⑥ 设置支付方式。

⑦ 账户创建成功。

步骤二：将银行卡开通网上银行（选择任意一家银行，办理银行卡，并开通网上银行）。

步骤三：进行网上购物。

① 登录淘宝网，选择要购买的商品，选中后单击"立即购买"按钮。

② 正确填写收货地址、收货人、联系电话，以方便卖家发货后快递公司联系收货人；填写所需购买的数量和规格；补充个人基本信息，单击"确认无误，购买"按钮。

③ 选择支付宝账户余额支付，输入支付宝账户支付密码，单击"确认无误，付款"按钮。若

支付宝账户无余额,则可选择网上银行支付。

④ 支付成功后,单击"我的支付宝"按钮查看交易状态。

步骤四:用支付宝付款。

① 输入支付宝账户的支付密码,单击"同意付款"按钮付款给卖家。

② 弹出提示框,确认是否真的收到货物:如未收到货物请千万不要单击"确定"按钮,不然可能会钱货两空;如已收到货,请单击"确定"按钮付款给卖家。

③ 成功付款给卖家。

四、任务评价

任务评价表如表 4-2 所示。

表 4-2 任务评价表

项目	学习态度（20%）	团队合作情况（20%）	步骤完成情况（50%）	其他表现（10%）	小计（100%）	综合评价
小组评分（30%）						
个人评分（30%）						
老师评分（40%）						
综合得分（100%）						

五、知识拓展

阅读材料

Apple Pay 与电子现金、闪付有什么区别

苹果推出的 Apple Pay 移动支付服务已经正式进入中国市场,但是有很多网友还是不清楚 Apple Pay 与电子现金、闪付的区别与联系如下。

首先我们来看看闪付与电子现金的关系。

闪付:指符合国家金融标准的非接触式支付规范,其采用非接触(感应)的方式,具有借贷记功能、电子现金功能和其他应用功能。

电子现金:指各银行发行的银联金融 IC 卡中的一个账户,主要方便持卡人进行小额、快速消费。卡片使用过程类似于公交 IC 卡,通过"挥卡"的形式即可实现无须输入密码、无须签名的快速支付。

根据上述内容我们可以知道,闪付是一种不接触就能支付的支付规范,而电子现金是银行为了方便用户快速消费而推出的一种小额账户。考虑到安全方面的因素,电子现金账户里的钱需要用户主动圈存进去,这就相当于在银行卡的基础上又捆绑了一张类似于公交卡这种刷一下就扣钱的卡,而且两个账户的余额不共用,可以从普通账户向电子现金账户充钱(也就是圈存)。

那么,为什么电子现金经常跟闪付一起出现呢?其根本原因在于,电子现金这种小额免密的特点很适合闪付这种非接触式支付方式。

接下来,我们再来说说闪付和 Apple Pay 的关系。

我们都知道闪付的英文是 Quick Pass，图标如图 4-10 所示。

但是，苹果官网的闪付图标却与此不同，如图 4-11 所示。

图 4-10　闪付图标　　　　　　　图 4-11　苹果官网的蓝色闪付图标

为什么闪付的图标会变成蓝色的呢？这里就出现了一个新的概念，其实苹果支持的闪付叫云闪付，其图标为蓝色闪付图标。

关于云闪付的概念，我们可以通过官方介绍来了解，如图 4-12 所示。

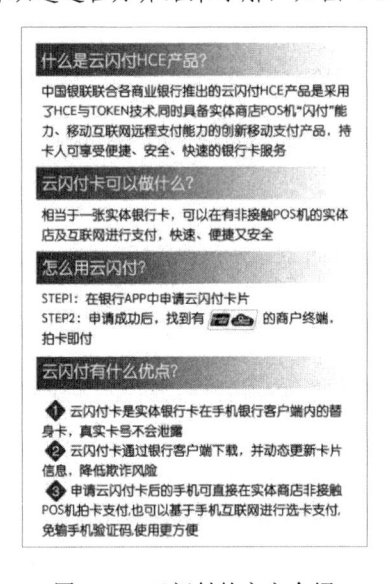

图 4-12　云闪付的官方介绍

也就是说，云闪付是一项使用虚拟卡代替实体卡且支持闪付功能的新服务，而这恰好也是 Apple Pay 的使用方式。换言之，Apple Pay 在中国大陆的实现方式是云闪付。用户在 iPhone 的钱包应用内输入信息，通过联网向银行申请一张云闪付虚拟卡，银行在验证信息之后将虚拟卡下发到手机并保存。在使用的时候，如果是刷 Apple Pay，就是通过 iPhone 的 NFC（Near Field Communication，近场通信）来交换信息的。

因此，我们就可以联想到一点，以前只支持电子现金账户支付的场景或许并不能使用 Apple Pay，比如自动售货机。但是有些带有红色闪付图标的 POS 机也支持 Apple Pay，这可能是因为其底层技术未发生改变，并且以前这个 POS 机支持刷实际账户的钱而不仅仅是电子现金账户的钱。

（资料来源：iPhone 中文网）

六、同步拓展

（1）上网搜索我国目前流行的电子货币的种类有哪些。

（2）选择一种电子支付工具，完成一次网上购物和支付过程，并记录该过程。

任务二　网上银行的使用

一、任务描述

小王打算开一家网上商店，正在做开店前的准备工作。其中重要的一个环节是支付，支付的安全问题也是一个值得考虑的问题。他从来没有开通和使用过网上银行，面对朋友向他推荐的招商银行、工商银行和交通银行，他不知到底该选择哪家银行的网上银行。

请帮小王比较这 3 家银行的网上银行。

二、相关知识

（一）网上银行的定义

网上银行特指基于互联网的分布式、多平台的虚拟银行，是计算机技术、现代通信技术，特别是互联网蓬勃发展的成果，也是银行顺应电子商务发展潮流的必然产物。网上银行把银行业务带入了超越时空限制的全新时代，是网络经济最重要的特征之一，也是电子支付体系中重要的组成部分。

网上银行又被称为网络银行、在线银行，它通过互联网向用户提供全方位、全天候、便捷、实时的金融服务，几乎可以支持与传统银行相同的各种业务。

（二）网上银行的主要模式

1. 传统银行建立的网上银行

这种模式是传统银行在互联网上开通的可以进行业务处理的本银行网站。用户可以通过下载网银软件或直接在网页登录两种方式，进入网上银行处理个人或企业相关业务（传统银行柜台交易也可以提供同样的服务项目）。中国银行是国内第一个在网上建立网站的银行，但当时仅仅是将银行信息发布到互联网上，并没有业务处理功能。国内真正意义上的第一家功能型网上银行是由招商银行建立的。

2. 不存在实体银行的虚拟网上电子银行

这种模式是全部业务都在网上办理的专业虚拟银行网站，仅向用户提供虚拟银行网址。用户通过该网址登录进入银行主页，在系统提示或指引下即可完成所有银行业务的办理。运营比较成功的此类电子银行有美国安全网络第一银行。

（三）网上银行的主要特点

网上银行相对于传统银行具有越来越多的优势，并且具备了越来越多的集成业务优势。虽然网上银行尚未完全替代传统银行处理所有的业务，但其发展势头越来越迅猛，也体现出优于传统银行的诸多特点。具体如下。

1. 业务处理基于互联网的超越时空性

网上银行的绝大多数业务办理是不受时间和地域限制的。基于互联网的7×24特性，网上银行的传统业务，诸如查询、转账、购物支付、借贷等，可以在一天内的任意时间进行。部分业务因为相关业务经营者的时间限制而受到一定约束。比如证券交易，其受证券交易所交易时间的限制，只能在开市时进行买卖结算。这部分交易并不属于银行传统业务，而是网上银行集成了多种功能的一种业务扩展方式。

2. 方便性

很多过去必须到传统银行柜台办理的业务，现在只需在任意有网络的地方，通过计算机输入账号和密码登录网上银行主页即可办理。

3. 个性化服务

网上银行可以在低成本条件下满足不同客户对高质量个性化服务的需求。客户可以根据个人兴趣选择所需的服务项目，组合银行产品信息，并据此做出个人理财分析和决策。

4. 成本低

网上银行的开通分流了传统银行业务处理的时间段，简化了资金划拨的繁杂手续，在提高结算工作效率的同时却没有增加多少相应的成本。其业务处理基本上是利用公共网络和银行现有的金融工具及硬件设备，几乎没有增加额外的费用，诸如场地费、工作人员薪金、水电费等，大大降低了分摊到网上银行处理过程中的成本。

5. 业务范围广

除了传统的银行业务，网上银行因其方便性已经成为多功能金融处理工具。凡是与银行结算业务紧密相关的其他经营性金融业务，相关机构都纷纷与银行合作，将其转化为可以在网上银行界面操作的功能业务。现在的网上银行集股票、债券、基金、保险、消费等功能于一体，用户足不出户即可轻松处理与企业或个人密切相关的结算活动。

6. 盈利结构多元化

因银行业务范围的扩展，银行的盈利已经不仅是传统的资金利差，而是多渠道、多元化的立体盈利。银行在为客户提供商业信息的同时，自身也成为信息提供的受益者。

7. 货币形式发生了本质变化

网上银行的流通货币主要是电子货币，不仅节约了使用传统货币或支票所应承担的流通成本，而且减少了资金的滞留和沉淀，加速了资金周转速度，提高了资本运营效益。此外，电子货币流通的可追踪性能够为统计、税收提供便利。

（四）网上银行的功能

1. 储蓄

网上银行的储蓄功能通常是以个人银行为个人客户提供家庭式金融服务为主，包括开户、个人资金收付、修改密码、挂失等。

2. 账户查询

账户查询是指为个人用户或企业用户提供财务状况查询服务。个人用户可以查询账户余额、历史交易记录等；企业用户可以查阅本企业或下属企业的账户及资金往来情况、内部资金划转情况，进行账户管理，处理工资收付、支票开立或挂失，打印企业财务报表，以及查询网上支付及转账情况等。

3. 转账汇款

转账汇款通常分为账户内转账、同城同行转账、同城异行转账、异地同行转账/汇款、异地异行转账/汇款、电子票据汇兑、银行账户与证券账户之间转账等，通常根据不同业务收取金额不等的手续费。

4. 电子支付

这里的电子支付特指购物消费中的数字现金支付、电子支票、智能卡支付、代付或代收费，以及企业资金支付。

5. 国际结算

比如，国际收支的网上申报、境外收入和支出等。通常企业用户可以向银行总行申请办理独立的国际收支账户。

6. 信贷

比如，信贷利息查询、个人小额抵押贷款业务或企业信贷等。银行根据用户信用记录决定是否借贷。

7. 理财服务

理财服务属于银行与其他金融业务经营机构合作推出的各种理财服务项目，通过银行账户进行结算，如证券、基金、期货、外汇、保险等。这部分业务目前逐渐成为银行盈利的主要来源。

（五）网上银行的业务

现在的传统银行基本都开设了网上银行的服务，不同银行的网上银行业务不同，但总体来说可以分为以下3类。

1. 企业网上银行业务

企业网上银行业务主要面向大中企业和具有法人身份的政府机构及其他组织，为它们提供大额资金转账。企业网上银行业务主要包括以下几项业务。

（1）资金管理，包括资金回收、资金流向监测、资金管控、账务管理和资金调拨等。

（2）财务管理，包括股票承保、发行公债、财务计划和信用分析等。

（3）商务管理，包括信用证、押汇和托收等。

（4）客户服务，包括国内外存款、国内外放款，以及提供信息和代发工资等。

（5）办公室管理。

（6）投资银行业务服务，包括投资经纪人、合并或购买公司、市场经营等。

（7）集团服务，包括总公司对分公司账户余额、明细和相关信息进行查询，总公司和分公司之间的资金划转等。

2. 个人网上银行业务

个人网上银行是指银行通过互联网，为个人客户提供账户查询、转账汇款、投资理财、在线支付等金融服务的网上银行服务，使客户可以足不出户就能够安全、便捷地管理活期和定期存款、支票、信用卡及个人投资等。个人网上银行客户分为注册客户和非注册客户两大类。注册客户按照注册方式分为柜面注册客户和自助注册客户，按是否申领证书分为证书客户和无证书客户。可以说，个人网上银行是互联网上的虚拟银行柜台。个人网上银行业务主要有以下几种业务。

（1）信息检索，如相关的金融信息、银行新产品信息、股票信息、债券行情信息等的检索。

（2）交易，如网上购物、转账、贷款、网上缴纳各种费用、网上证券交易等。

（3）电子通信，如银行与客户之间的意见交流、银行提供的证券分析等。

（4）计算理财，个人网上银行可利用银行计算机多余的能力为客户提供数据计算的服务，如做抵押/贷款支付计算、预估税负等。

（5）其他服务，如账户挂失、个人资料修改、密码修改等。

3. 网上支付业务

网上支付是在电子支付的基础上发展起来的，是电子支付的一个新发展阶段。与传统支付方式相比，网上支付具有以下特点。

（1）网上支付采用先进的技术，通过数字流转来完成信息传输，其各种支付方式都是采用数字化的方式进行的，而传统支付方式则是通过现金的流转、票据的转让及银行的汇兑等物理实体的流转来完成的。

（2）网上支付基于一个开放的系统平台，而传统支付则是在较为封闭的系统中运作的。

（3）网上支付使用的是最先进的通信手段，如互联网，而传统支付使用的则是传统的通信媒介。网上支付对软硬件设施的要求较高，一般要求有联网的计算机、相关的软件及其他一些配套设施，而传统支付则没有这么高的要求。

（4）网上支付具有方便、快捷、高效、经济的优势。用户只要拥有一台可上网的计算机，便可足不出户，在很短的时间内完成整个支付过程。支付费用也只相当于传统支付的几十分之一甚至更低。同时，网上支付也突破了时间和空间的限制，全天24小时都可以进行，而传统支付则没办法达到这种程度。

（六）我国的网上银行举例

随着电子商务的发展，网上银行在电子支付中也越来越重要。现在，传统银行基本都开通了网上银行业务。

1. 中国工商银行

中国工商银行成立于 1984 年，是中国五大银行之一，世界五百强企业，拥有中国最大的客户群，是中国最大的商业银行。中国工商银行由自助银行、电话银行、手机银行和网上银行构成的电子银行立体服务体系日益成熟，电子银行业务交易额迅速增长，由 2000 年的 1.93 万亿元发展到 2007 年的 102.9 万亿元，成为国内首家电子银行年交易额超过百万亿元的银行。据中国工商银行 2023 年年报，截至 2023 年年末，中国工商银行总资产为 44.7 万亿元，比上年增加 12.8%；客户存款 33.52 万亿元，较上年增长 12.2%；各项贷款 26.09 万亿元，较上年增长 12.4%。2023 年，中国工商银行实现净利润 3651.16 亿元，较上年增长 0.8%。根据中国人民银行数据，中国工商银行公司类贷款和公司存款余额保持同业第一。依托三大平台的建设和互联网金融营销服务的新机制，中国工商银行融资、支付、投资理财产品线实现快速发展。中国工商银行的个人网上银行的品牌为"金融@家"，主要提供账户查询、转账汇款、捐款、买卖基金、国债、黄金、外汇、理财产品、代理缴费等功能服务；企业网上银行业务功能分为基本功能和特定功能，为企业提供账户查询、转账结算、在线支付等金融服务的渠道。图 4-13 所示为中国工商银行网站首页。

图 4-13 中国工商银行网站首页

2. 中国银行

1996 年，我国有了第一家网上银行——中国银行。中国银行是中国五大银行之一，旗下有中银香港、中银国际、中银保险等控股金融机构，在全球范围内为个人客户和企业客户提供全面和优质的金融服务。2011 年，国际金融监督和咨询机构——金融稳定理事会，在法国戛纳发布了全球 29 家具有系统性影响力的银行名单，中国银行成为中国乃至新兴经济体国家和地区唯一入选的机构。中国银行整合清算资源，在中国内地首家推出融海外分行与代理行服务于一体的系列支付产品，包括全额到账、优先汇款、特殊汇款服务等，实现了海外分行与代理行业务的共同发展，最大限度地扩展了产品的覆盖面，填补了市场空白。中国银行的电子银行业务包括个人网上银行、企业网上银行、手机银行和电话银行服务。其中，个人网上银行包括查询服务、转账汇款、公共服务缴费、投资理财等服务；企业网上银行包括账户管理、转账汇款、代收代付、汇票服务等服务。2016 年 2 月 25 日，中国银行、中国工商银行、中国农业银行、中国建设银行、交通银行联手，在北京举行签约仪式。中国五大银行承诺，将对客户通过手机银行办理的境内人民币转账汇款免收手续费，对客户 5000 元人民币以下的境内人民币网上银行转账汇款也免收手续费，以减少客户的费用支出。据中国银行 2023 年年度报告，2023 年，中国银行实现营业收入 6241.38 亿元人民币，同比增长 6.42%，税后利润为 2463.71 亿元人民币，同比增长 4.07%。中国银行连续 13 年入选全球系统重要性银行，在全球银行品牌价值 500 强中位列第 4 位。图 4-14 所示为中国银行网站首页。

图 4-14 中国银行网站首页

3. 招商银行

招商银行成立于 1987 年 4 月 8 日，总行设在深圳，是我国第一家完全由企业法人持股的股份

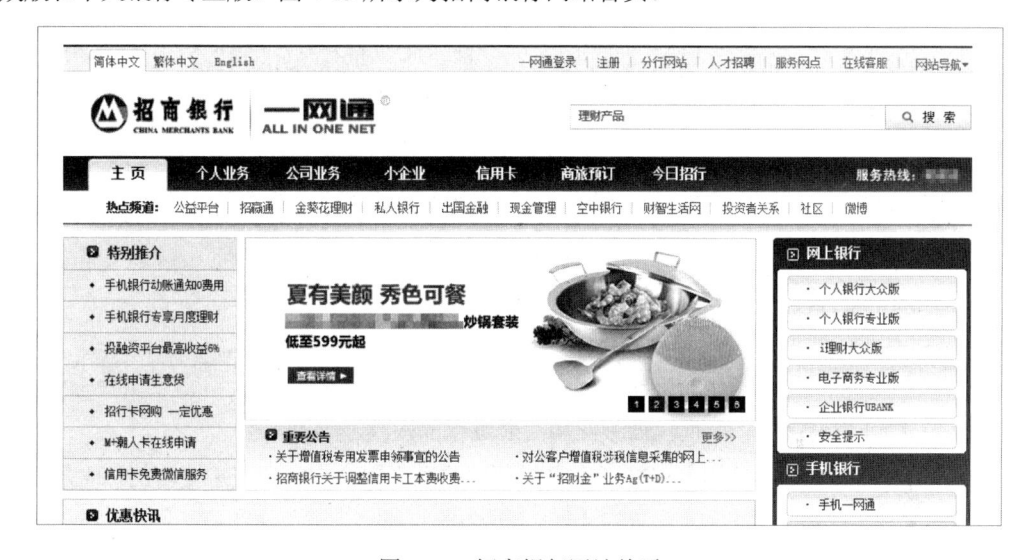

制商业银行。1997年4月，招商银行开通了自己的网站，建成了国内第一个银行数据库。1999年9月，招商银行在国内首家全面启动网上银行——一网通，即通过互联网将客户的计算机终端连接至银行，实现了将银行服务直接送到客户办公室或家中的服务系统。经过几年的快速发展，招商银行相继推出了几大块的业务，构建起由企业银行、个人银行、网上证券、网上商城、网上支付组成的功能较为完善的网络银行服务体系。2003年6月，"一网通"作为中国电子商务和网上银行的代表，登上了被誉为国际信息技术应用领域"奥斯卡"的CHP大奖的领奖台。这是中国企业首次获此殊荣。继"一卡通""一网通"后，招商银行又推出了手机银行、IP长途电话、自助贷款、外汇实盘买卖、移动支付、酒店预订和证券买卖等业务。招商银行网上企业银行业务包括网上自助贷款、网上委托贷款、网上全国代理收付、个性化财务授权管理等；网上个人银行分为个人银行大众版和个人银行专业版。图4-15所示为招商银行网站首页。

图4-15　招商银行网站首页

4. 中国农业银行

中国农业银行是国际化公众持股的大型上市银行。中国农业银行成立于1951年，是新中国成立的第一家国有商业银行，也是中国金融体系的重要组成部分，总行设在北京。早在2012年，英国《银行家》杂志发布的"2012年全球银行品牌500强排行榜"中，农业银行以99.29亿美元的品牌价值位居全球第18位。中国农业银行的电子银行业务包括个人网上银行、企业网上银行、电话银行、掌上银行等服务。个人网上银行网点注册客户可享受账户信息查询、转账交易、漫游汇款、贷记卡还款、网上缴费、理财服务、信息管理、网上外汇宝、电子工资单查询等服务。个人网上银行业务具有全面账户管理、资金任意调度、全方位安全保障等特点。企业网上银行是中国农业银行依托网络技术，根据企业客户的多样化需求推出的网上自助服务系统，分为智博版、智锐版、智信版、智翼版4个版本。通过企业网上银行，客户可以强化企业的财务管理，缩短日常业务办理时间，提高企业资金营运效率，节约企业运营成本，实现企业财富的不断增值。图4-16所示为中国农业银行网站首页。

图4-16　中国农业银行网站首页

三、任务实施

步骤一：打开招商银行、中国工商银行和交通银行的网站。

步骤二：了解每家银行的网上银行（调查其开通的主要程序，掌握其主要功能，了解其主要的安全策略）。

步骤三：分析总结，并填写表4-3。

表4-3　网上银行对比分析

序号	网上银行	开通的主要程序	主要功能	主要的安全策略	调研结论
1					
2					
3					

四、任务评价

任务评价表如表4-4所示。

表 4-4　任务评价表

项目	学习态度（20%）	团队合作情况（20%）	步骤完成情况（50%）	其他表现（10%）	小计（100%）	综合评价
小组评分（30%）						
个人评分（30%）						
老师评分（40%）						
综合得分（100%）						

五、知识拓展

🔍 阅读材料

商业银行网上银行，便利与风险并存

任何事物都有其两面性，商业银行网上银行也不例外。不可否认，它将人们带入了生活 E 时代，让人们的生活更加便利——足不出户就可以完成购物、缴费等许多事情。但是，它也将大家的财产置于风险之中。

1. 商业银行网上银行，开启生活 E 时代

如今，足不出户，在家动动鼠标就可以轻松进行购物、缴费等。可是，这鼠标要怎么动才行呢？许多人都有这样的疑惑。下面以通过网上银行充话费为例来说明其给人们的生活带来的变化。

其实，要想体验通过网上银行充话费的便捷很简单，前提是要有一张开通了网上银行的银行卡。在开通网上银行之后，充话费就已经搞定一大半了。一般而言，利用网上银行充话费有如下两种方式。

方式一：首先登录手机卡或者固话所在省的网上营业厅，然后在充话费对应的文本框输入要充值的手机号码和金额，最后选择网上银行卡，输入账户和密码，就可以充话费了。

方式二：登录网上银行，点击"话费缴纳"按钮，先输入要充值的手机号码和充值金额，再输入银行卡的密码等即可完成操作。

现在您知道这鼠标应该怎么动了吧？如此一来，用户不仅避免了东奔西跑找营业厅的麻烦，还省去了取号、排队等一系列流程，节省时间不说，更重要的是让自己拥有一个愉快的心情。此外，用户还可以用网上银行在淘宝购物、购买理财等。总之，网上银行给人们的生活带来了不小的变化，且这些变化都朝着便利的方向演进。

2. 商业银行网上银行，风险同行

看待任何事物都不能像"盲人摸象"一样只知道局部而不知道整体。网上银行让生活方便不假，但也有许多人因为使用网上银行而导致个人财产不翼而飞。下面就教大家如何保证网上银行的安全。

1）重视个人信息保护

注意个人信息的保密性，不要告诉陌生人个人身份信息、家庭身份信息、支付密码等重要信息，不要轻信通过电话、短信、微信甚至当面索要个人信息、短信验证码、银行账户密码的行为，

切实保障自己的财产安全。

2）不要轻信广告链接

警惕虚假短信、微信、电子邮件等广告，不要点击未知链接。

3）二维码使用需谨慎

扫描二维码时一定要仔细辨别，谨慎付款。不要为了贪图小便宜而随意扫描陌生人提供的二维码，否则很容易导致个人信息被盗取，造成财产损失。

4）不乱安装软件

不要频繁刷机，当给手机安装软件时，尽量选择在手机的应用商店下载安装。

5）设置多重密码

设置手机锁屏密码时，尽量不要用生日、手机号码等信息。要单独设置支付密码，最好采用多重密码形式，如指纹、数字和面部识别相结合。

6）注意财产保护

将支付软件和个人身份信息绑定后，尽量不要把身份证、手机和银行卡放在一起，防止丢失后因无法及时补办而造成损失。

此外，平时也要注意应由自己决定是否需要申请、注册电子银行业务，不要轻信任何人以任何名义要求办理手机银行。确需开通的，可设定每天的最高消费金额，并关闭小额免密支付功能。妥善保管好自己的银行卡、银行账号、交易密码、查询密码、验证码等重要信息，不要使用陌生人的手机登录手机银行。需要更换手机号时，记得解除该手机号所绑定的所有银行卡账户。

六、同步拓展

先选择一家银行办理银行卡并开通网上银行，然后完成一次网上支付，并记录其过程。

项目总结

本项目主要介绍了电子支付工具及网上银行的使用。电子支付是与传统支付方式完全不同的方式。随着互联网的发展，电子支付将深入社会生活的方方面面。电子支付是学习电子商务必须掌握的知识。我国现在绝大部分银行都提供网上银行服务，掌握网上银行的使用技巧是开展电子商务的必要前提条件。

项目五

电子商务与物流

项目情境

2021年10月,商务部、中央网信办、发展改革委联合发布《"十四五"电子商务发展规划》。其中,"物流"一词出现25次,物流在电子商务中的地位由此可见一斑。文中提到,在"十三五"期间,"电子商务成为扶贫助农新抓手,电子商务进农村实现对832个原国家级贫困县全覆盖,农村电子商务公共服务体系和物流配送体系不断完善。""电子商务企业加快出海,带动物流、移动支付等领域实现全球发展。""十四五"期间,与物流相关的"主要任务"体现在各个方面。要指导电子商务企业建立健全绿色运营体系,加大节能环保技术设备推广应用,加快数据中心、仓储物流设施、产业园区绿色转型升级,持续推动节能减排。加强上下游联动,协同推进塑料包装治理和快递包装绿色供应链管理,加快推广应用标准化物流周转箱,促进包装减量化、标准化、循环化。落实电商平台绿色管理责任,完善平台规则,引导形成绿色生产生活方式。通过打造一批智能化电商平台企业,研究制定智能化电商平台标准,支持电子商务平台及相关企业积极利用大数据、云计算及算法技术优化平台流量规则,提升物流仓储、订单处理、用户运营、商品管理、财务票据处理等各环节的智能化运营水平,提高供需匹配程度,优化服务体验,提升电子商务平台的智能化。支持产业链上下游企业基于电子商务平台加快订单、产能、物流、渠道等资源整合与数据共享,打通产业链协同的信息"堵点",促进产业链、价值链、创新链联动发展,打造产业链协同共赢生态体系。鼓励电商平台企业拓展"旅游+地理标志产品+互联网+现代物流"功能。支持B2B电子商务平台加速金融、物流、仓储、加工及设计等供应链资源的数字化整合,培育产业互联网新模式新业态。推进"互联网+高效物流",健全农村寄递物流体系,深入发展县乡村三级物流共同配送,打造农村电商快递协同发展示范区。创新物流支持农村特色产业品质化、品牌化发展模式,提升农村产业化水平。引导电子商务企业发展农村电商新基建,提升农产品物流配送、分拣加工等电子商务基础设施数字化、网络化、智能化水平,发展智慧供应链,打通农产品上行"最初一公里"和工业品下行"最后一公里"。鼓励电商平台企业全球化经营,完善仓储、物流、支付、数据等全球电子商务基础设施布局,支持跨境电子商务等贸易新业态使用人民币结算。加快贯通县乡村物流配送体系。深化电子商务与快递物流协同发展，加强对物流仓储等具有社会功能的服务业用地保障，降低用地成本。

资料来源：《"十四五"电子商务发展规划》

问题：物流对电子商务有哪些影响？电子商务企业该如何选择适合自身发展的物流配送模式并对其物流模式进行管理呢？

项目任务书

项目五任务书如表 5-1 所示。

表 5-1 项目五任务书

任务编号	分项任务	职业能力目标	职业素养目标	知识要求	参考课时
任务一	认识电子商务物流	能够理解现代物流与电子商务物流的基本概念，明确物流对电子商务发展的重要意义	1. 利用互联网不断学习新知识、新技术，有一定的创新意识 2. 立足本职岗位，明确工作目标，具备电子商务企业物流模式的比较分析与选择能力 3. 能够针对电子商务企业内部及外部的物流情况进行企业物流的集成化管理	1. 认识现代物流 2. 认识电子商务物流 3. 理解电子商务与物流的关系	2 课时
任务二	电子商务企业物流模式的比较	能够掌握不同物流模式的特点		1. 了解自营物流模式 2. 了解第三方物流模式 3. 认识物流联盟	2 课时
任务三	电子商务企业物流模式的选择	能够根据不同电子商务企业的特征选择合适的物流模式		1. 了解物流对企业的影响程度 2. 掌握衡量企业经营物流能力的指标	2 课时

任务一 认识电子商务物流

一、任务描述

亚马逊网站可谓电子商务领域的先锋，然而它也隐隐感到一个强大对手的存在：零售业巨头沃尔玛也开始涉足网上销售。虽然沃尔玛只把它的网站当成信息浏览的窗口，并未大规模开展网上销售，但亚马逊已看到最大的挑战——来自沃尔玛遍布全球的由卫星通信连起的商品配送体系。尽管沃尔玛网上业务开展的时间比亚马逊晚了 3 年，但是沃尔玛网上商店的送货时间却比亚马逊早了许多。

亚马逊该如何面对像沃尔玛这样强大的竞争对手呢？请从物流的角度为亚马逊提供相应的合理化建议。

二、相关知识

（一）现代物流的基本概念

1. 现代物流的定义

物流概念起源于 20 世纪 30 年代的美国，原意为"实物分配"或"货物配送"（Physical Distribution，PD）。

1999 年，联合国物流委员会给出物流的定义：物流，是为了满足消费者需要而进行的从起点到终点的原材料、中间过程库存、最终产品及相关信息有效流动和存储计划实现与控制管理的过程。

中国国家标准《物流术语》对物流的定义：根据实际需要，将运输、储存、装卸、搬运、包装、流通加工、配送、信息处理等基本功能实施有机结合，使物品从供应地向接收地进行实体流动的过程。

还有一种提法是，物流是物质资料从供给者到需求者的物理运动，主要创造时间价值和场所价值，有时也创造一定的加工价值。物流并不是"物"和"流"的简单组合，而是一种建立在自然运动基础上的高级运动形式。物流以满足一定的经济、军事、社会要求为目的，并通过创造时间价值和场所价值来实现目的。其创造的价值如下。

（1）时间价值。"物"从供给者到需求者的转移过程中存在时间差，通过调节这一时间差所创造的价值被称作时间价值。其包括 3 个方面：缩短时间创造的价值，弥补时间差创造的价值，延长时间差创造的价值。

（2）场所价值。"物"从供给者到需求者的转移过程中存在空间差异。供给者和需求者往往处于不同的场所，改变这种场所的差别所创造的价值被称作场所价值。其包括 3 个方面：从集中生产场所流入分散需求场所创造价值，从分散生产场所流入集中需求场所创造价值，从甲地生产场所流入乙地需求场所创造价值。

（3）加工附加价值。加工是生产领域常用的手段，并不是物流的本来职能。但是，现代物流的一个重要特点是，根据自己的优势从事具有一定补充性的加工活动。这种加工活动不是创造商品主要实体或形成商品主要功能和使用价值的加工活动，而是带有完善、补充、增加性质的加工活动。这种加工活动必然会给劳动对象带来附加价值。

狭义的物流是指包含于销售之中的物质资料和服务从生产地点到消费地点的流动过程中伴随的种种经济活动。现代物流以满足客户的要求为目的，对原材料、在制品、制成品及与其关联的信息，从生产地点到消费地点之间的流通与保管，为求有效率且最大的"对费用的相对效果"而进行计划、执行与控制。

归纳以上观点，现代物流指的是将信息、运输、仓储、库存、装卸搬运及包装等物流活动综合起来的一种新型的集成式管理。现代物流的任务是尽可能降低物流的总成本，为客户提供最好的服务。现代物流有两个重要的功能：能够管理不同货物的流通质量；开发信息和通信系统，通过互联网建立商务联系，直接从客户处获得订单。

2. 现代物流的主要特征

根据国内外的物流发展情况，现代物流的主要特征表现为以下几个方面。

1）物流反应快速化

现代物流服务提供者对上游和下游的物流、配送需求的反应速度越来越快，前置时间越来越短，配送间隔越来越短，物流配送速度越来越快，商品周转次数越来越多。

2）物流功能集成化

现代物流着重于将物流与供应链的其他环节进行集成，包括物流渠道与商流渠道的集成、物流渠道之间的集成、物流功能的集成、物流环节与制造环节的集成等。

3）物流服务系列化

现代物流强调物流服务功能的恰当定位与完善化、系列化。除了传统的储存、运输、包装、流通加工等服务，现代物流服务在外延上向上扩展至市场调查与预测、采购及订单处理，向下扩展至配送、物流咨询、物流方案的选择与规划、库存控制策略建议、货款回收与结算、教育培训等增值服务；在内涵上则增强了以上服务对决策的支持作用。

4）物流作业规范化

现代物流强调功能、作业流程、作业动作的标准化与程式化，使复杂的作业变成简单的、易于推广与考核的动作。

5）物流目标系统化

现代物流从系统的角度统筹规划一个企业的各种物流活动，处理好物流活动与商流活动及企业目标之间、物流活动与物流活动之间的关系，不求单个活动的最优化，但求活动整体的最优化。

6）物流手段现代化

现代物流使用先进的技术、设备与管理为销售提供服务，生产、流通、销售规模越大，物流技术、设备及管理越现代化。在现代物流中，计算机技术、通信技术、机电一体化技术、语音识别技术等得到普遍应用。世界上最先进的物流系统运用了北斗卫星导航系统、全球卫星定位系统、卫星通信、射频识别系统（Radio Frequency Identification System，RFID）、机器人等，实现了自动化、机械化、无纸化和智能化。

7）物流组织网络化

为了保证为产品促销提供快速、全方位的物流支持，现代物流需要有完善、健全的物流网络体系，且网络上点与点之间的物流活动应保持系统性、一致性。这样可以保证整个物流网络体系有最优的库存总水平及库存分布，运输与配送快速、机动，既能铺开又能收拢。分散的物流单体只有形成网络才能满足现代生产与流通的需要。

8）物流经营市场化

现代物流的经营采用市场机制，无论是选择企业自己组织的物流，还是委托物流企业承担物流任务，都以"服务+成本"的最佳组合为总目标，哪个能提供最佳的"服务+成本"组合就选择哪个。国际上既有大量自办物流相当出色的"大而全""小而全"的例子，也有大量利用第三方物流企业提供物流服务的例子。比较而言，物流的社会化、专业化已经成为主流，即使非社会化、非专业化的物流组织也都实行严格的经济核算。

9）物流信息电子化

计算机信息技术的应用，使现代物流过程的可见性明显增强，物流过程中的库存积压、延期交货、送货不及时、库存与运输不可控等风险大大降低，加强了供应商、物流商、批发商、零售商在组织物流过程中的协调和配合，以及对物流过程的控制。

3. 智慧物流

智慧物流一词首次由 IBM 提出。2009 年 12 月，中国物流技术协会信息中心、华夏物联网、《物流技术与应用》编辑部联合给出智慧物流的概念。

智慧物流是指通过智能软硬件、物联网、大数据等智慧化技术手段，实现物流各环节精细化、动态化、可视化管理，提高物流系统智能化分析决策和自动化操作执行能力，进而提升物流运作效率的现代化物流模式。

智慧物流概念的提出，顺应了历史潮流，也契合现代物流业自动化、网络化、可视化、实时化、跟踪与智能控制的发展新趋势，符合物联网发展的趋势。

中国物联网校企联盟认为，智慧物流通过利用集成智能化技术，使物流系统能模仿人类，具有思维、感知、学习、推理判断和自行解决物流中某些问题的能力，在流通过程中获取信息、分析信息、做出决策，使商品从源头开始被实施跟踪与管理，实现信息流快于实物流，通过 RFID、传感器、移动通信技术等使配送货物自动化、信息化和网络化。

具体来说，智慧物流具有如下六大作用。

1）降低物流成本，提高企业利润

智慧物流能大大降低制造业、物流业等行业的成本，实打实地提高企业的利润。生产商、批发商、零售商三方通过智慧物流相互协作、信息共享，这样物流企业便能更有效地节省成本。其关键技术诸如物体标识及标识追踪、无线定位等新型信息技术应用，能够有效实现物流的智能调度管理，整合物流核心业务流程，加强物流管理的合理化，降低物流消耗，从而降低物流成本，减少流通费用，增加利润。

2）加速物流业的发展，成为物流业的信息技术支撑

智慧物流的建设将加速当地物流业的发展。智慧物流集仓储、运输、配送、信息服务等功能于一体，打破行业限制，协调部门利益，实现集约化高效经营，优化社会物流资源配置。同时，它将物流企业整合在一起，将过去分散于多处的物流资源进行集中处理，充分发挥整体优势和规模优势，实现传统物流企业的现代化、专业化和互补性。此外，这些企业还可以共享基础设施、配套服务和信息，降低运营成本和费用支出，获得规模效益。

3）为企业生产、采购和销售系统的智能融合打基础

随着 RFID 技术与传感器网络的普及，物与物的互联互通将给企业的物流系统、生产系统、采购系统与销售系统的智能融合打下基础，而网络的融合必将促进智慧生产与智慧供应链的融

合——物流完全智慧地融入企业经营中，打破工序、流程界限，打造智慧企业。

4）使消费者节约成本，轻松、放心购物

智慧物流通过提供货物源头自助查询和跟踪等多种服务，尤其是对食品类货物的源头查询，能够让消费者买得放心、吃得放心，从而增强消费者的购买信心，促进消费，最终对整体市场产生良性影响。

5）提高政府部门的工作效率

智慧物流可全方位、全程监管食品的生产、运输、销售，在大大减轻了相关政府部门的工作压力的同时使监管更彻底、更透明。计算机和网络的应用，使政府部门的工作效率大大提高，有助于减少政府开支。

6）促进当地经济进一步发展，提升综合竞争力

智慧物流集多种功能于一体，体现了现代经济运作的特点，即强调信息流与物流快速、高效、通畅地运转，从而降低社会成本，提高生产效率，整合社会资源。

（二）电子商务物流的基本概念

1. 电子商务物流的起源和发展

1）电子商务物流的起源

电子商务代表未来的贸易方式、消费方式和服务方式，因此要求整体生态环境必须完善。具体来讲，打破物流行业的传统格局，建设和发展以商品代理和配送为主要特征，物流、商流、信息流有机结合的社会化物流配送中心，建立电子商务物流体系，使各种"流"畅通无阻，这才是最佳的电子商务境界。

人类最早采取"以物易物"的方式换取自己需要的物品，当时没有资金流，物品所有权的转换伴随着物流的转换而发生。随着货币的产生，人类的交易链上出现了第一层中介——货币，人们开始用货币来买东西，不过当时是"一手交钱，一手交货"，物品所有权的转换仍然是紧随物流的（只不过以货币为中介）。随着生产力的发展和社会分工的出现，信息流开始表现出来，并开始发挥作用。后来，随着社会分工的日益细化和商业信用的发展，专门为货币提供中介服务的第二层中介出现了，它们是一些专门的机构（如银行），提供货币中介服务。至此，物流和资金流开始分离，衍生出多种交易方式：交易前的预先付款；交易中的托收、支票、汇票；交易后的付款，如分期付款、延期付款。这就意味着物品所有权的转换和物流的转换分离开来，信息流的作用也随之凸显。因为这种分离带来了风险，而要规避这种风险就得依靠尽可能多的信息，如对方的物品质量信息、价格信息、支付能力、支付信誉等。总的来说，在这一阶段，商流与资金流分离，信息流的作用愈发重要。

随着网络技术和电子技术的发展，电子中介作为一种工具被引入生产、交换和消费领域，人类进入了电子商务时代。在这个时代，人们做贸易的顺序并没有改变，还是要有交易前、交易中和交易后几个阶段，但进行交流和联系的工具变了，如从以前的纸面单证变为现在的电子单证。这个阶段的一个重要特点就是信息流发生了变化（电子化），更多地表现为票据资料的流动。此时

的信息流处于一个极为重要的地位,它贯穿于商品交易过程的始终,在一个更高的位置对商品流通的整个过程进行控制,记录整个商务活动的流程,是分析物流、优化资金流、进行经营决策的重要依据。在电子商务时代,电子工具和网络通信技术的应用使交易各方的时空距离几乎为零,有力地促进了信息流、商流、资金流和物流"四流"的有机结合。对于某些可以通过网络传输的商品和服务,甚至可以做到"四流"的同步处理。例如,通过上网浏览、查询、挑选等,用户可以完成整个购物过程。

2)电子商务物流的发展

物流电子商务化即以互联网的形式提供物流行业相关信息,包括货运信息、空运信息、陆运信息、海运信息,以及物流行业资讯和物流知识、法律法规等,还可提供物流行业企业库以供货源方查找。货源方也可通过物流网发布货源信息,以供物流企业查找。

物流网目前在全国已经兴起,好的物流网很多。用户可以根据所在地区查找物流网,也可在综合型的物流网上获取相关信息。目前,物流网在数量上以地区物流网为主,主要提供该地区的物流信息。

物流企业竞争激烈,其中很多企业面临着破产,但是也有很多企业开始改革,把重心转移到互联网这个极具潜力的领域。这些企业大力投资建设物流网,希望通过物流网拉拢更多的客户。早期物流网的形式多半为物流企业自建网站,通过推广获得流量和客户。

随着物流企业和物流网站数量增多,竞争日益激烈,需要的网络推广费用也越来越高,而物流行业没有形成统一规范。于是,一些网络公司开始以电子商务模式发展物流网,整合物流行业资源,建立物流行业门户网站和贸易平台。

目前,物流行业电子商务虽然已经被许多政府当作重中之重来发展,但是因互联网技术和物流行业本身的限制,一直没有更好的操作方法。

2. 电子商务物流的特点

电子商务时代的来临给全球物流带来了新的发展,使物流具备了一系列新特点。

1)信息化

电子商务时代,物流的信息化是电子商务的必然要求。物流的信息化表现为物流信息的商品化、物流信息收集的数据库化和代码化、物流信息处理的电子化和计算机化、物流信息传递的标准化和实时化、物流信息存储的数字化等。因此,条码、数据库、电子订货系统(Electronic Ordering System,EOS)、电子数据交换、快速反应及有效客户反应(Efficient Customer Response,ECR)、企业资源计划(Enterprise Resource Planning,ERP)等技术与观念在我国的物流领域会得到普遍的应用。信息化是电子商务物流的基础,没有物流的信息化,任何先进的技术设备都不可能应用于物流领域。信息技术及计算机技术在物流中的应用将会彻底改变世界物流的面貌。

2)自动化

自动化的基础是信息化,自动化的核心是机电一体化,自动化的外在表现是无人化,自动化的效果是省力化。除此之外,物流的自动化还可以提高物流作业能力、提高劳动生产率、减少物流作业的差错等。物流自动化的设施非常多,如条码/语音/射频自动识别系统、自动分拣系统、自动存取系统、自动导向车、货物自动跟踪系统等。这些设施在发达国家已普遍用于物流作业中，而在我国，由于物流业起步晚，自动化技术的普及还需要一定的时间。

3）网络化

物流领域网络化的基础也是信息化。这里的网络化有两层含义。一是物流配送系统的计算机通信网络：物流配送中心与供应商或制造商的联系要通过计算机通信网络，与下游客户之间的联系也要通过计算机通信网络。举例来讲，物流配送中心向供应商提交订单这个过程就可以采用计算机网络通信方式，即借助增值网上的电子订货系统和电子数据交换技术来自动实现；物流配送中心通过计算机网络收集下游客户订货信息的过程也可以自动完成。二是组织的网络化，即企业内联网。例如，中国台湾的计算机行业在20世纪90年代创造出了"全球运筹式产销模式"，这种模式的基本点是按照客户订单组织生产，生产采取分散形式，即将全世界的计算机资源都利用起来：首先采取外包的形式将一台计算机的所有零部件、元器件和芯片外包给世界各地的制造商去生产，然后通过全球的物流网络将这些零部件、元器件和芯片发往同一个物流配送中心进行组装，最后由该物流配送中心将组装好的计算机迅速发给客户。这一过程需要高效的物流网络的支持，而物流网络的构建基础正是信息和计算机网络。

物流网络化是物流信息化的必然趋势，是电子商务环境下物流活动的主要特征之一。当今世界，Internet等全球网络资源的可用性及网络技术的普及为物流的网络化提供了良好的外部环境，使物流网络化的发展势不可挡。

4）智能化

物流智能化是物流自动化、信息化的高层次应用。物流作业过程中大量的运筹和决策环节，如库存水平的确定、运输（搬运）路径的选择、自动导向车运行轨迹和作业的控制、自动分拣机的运行、物流配送中心经营管理的决策支持等问题，都需要借助大量的知识去解决。在物流自动化的进程中，物流智能化是不可回避的技术难题，好在专家系统、机器人等相关技术在国际上已经有比较成熟的研究成果。为了提高物流现代化水平，物流智能化已经成为电子商务物流发展的一个新趋势。

5）柔性化

柔性化本来是为了实现"以客户为中心"的理念而在生产领域提出的，但要真正做到柔性化，即真正地能根据消费需求的变化来灵活调整生产工艺，没有配套的柔性化的物流系统是不可能达到目的的。20世纪90年代，国际生产领域纷纷推出弹性制造系统、计算机集成制造系统、制造资源计划、企业资源计划及供应链管理等概念和技术，其实质是要将生产、流通进行集成，根据需求端的需求组织生产，安排物流活动。因此，柔性化的物流正是适应生产、流通与消费需求而发展起来的一种新型物流模式。这就要求物流配送中心根据消费需求多品种、小批量、多批次、短周期的特点，灵活组织和实施物流作业。

另外，物流设施和商品包装的标准化，以及物流的社会化和共同化也都是电子商务环境下物流模式的新特点。

3. 电子商务物流业的发展趋势

电子商务时代，由于企业销售范围的扩大，销售方式及最终购买方式的转变，使得送货上门这类业务成为极为重要的服务业务，这就促进了物流行业的兴盛。物流行业，即能完整提供物流机能服务，以及运输配送、仓储保管、分装包装、流通加工等服务并收取报酬的行业，主要包括仓储企业、运输企业、装卸搬运企业、配送企业、流通加工企业等。多功能化、服务一流、信息化、全球化等已成为电子商务物流企业追求的目标。

1）多功能化——物流业发展的方向

在电子商务时代，物流发展到集约化阶段，一体化的配送中心不单单提供仓储和运输服务，还必须开展配货、配送，以及各种能提高附加值的流通加工服务项目，也可根据客户的需要提供其他服务。现代供应链管理即通过从供应者到消费者的供应链综合运作，使物流达到最优化。

作为一种战略概念，供应链也是一种产品，而且是可增值的产品。其目的不仅是降低成本，更重要的是为客户提供增值服务，以产生和保持竞争优势。从某种意义上讲，供应链是物流系统的充分延伸，是产品与信息从原料到最终产品之间的增值服务。

在经营形式上，电子商务时代的物流通常采取合同型物流（第三方物流）。这种模式下的配送中心与公用配送中心不同，是通过签订合同为一个或数个客户提供长期服务的，而不是为所有客户服务的。这种模式下的配送中心，有由公用配送中心来管理的，也有自行管理的，但主要任务都是提供服务。还有的配送中心所有权属于生产厂家，但由专门的物流企业进行管理。

供应链系统物流完全适应了流通业经营理念的全面更新。以前，商品经由制造、批发、仓储、零售等环节的多层复杂途径才能最终到消费者手里，而电子商务时代的流通业已简化为由制造经配送直接送到各零售点。这使未来的产业分工更加精细，产销分工日趋专业化，大大提高了社会的生产力和经济效益，使流通业成为整个国民经济活动的中心。

另外，在这个阶段有许多新方法、新技术，如准时制（Just in Time，JIT）工作法，又如销售时点信息管理系统。采用新方法可使商店将销售情况及时反馈给工厂和配送中心，有利于工厂按照市场调整生产，以及配送中心调整配送计划，从而使企业的经营效益跨上一个新台阶。

2）服务一流——物流企业的追求

在电子商务时代，物流企业是介于供货方和购货方之间的第三方，是以服务为第一宗旨的。从当前物流的现状来看，物流企业不仅要为本地区服务，而且要进行长距离的服务。客户不但希望得到很好的服务，而且希望提供物流服务的点有多处。因此，提供高质量的服务便成了物流企业管理的核心课题。物流企业成功的要诀就在于重视对客户服务的研究。

物流企业应从观念上进行变革，更多地考虑"客户需要配送中心提供哪些服务"，而不是仅仅考虑"配送中心能为客户提供哪些服务"。比如，有的配送中心起初提供的是区域性服务，之后发展到提供长距离的服务，而且能提供越来越多的服务项目。又如，配送中心派人到工厂驻点，直接为客户发货。越来越多的工厂把所有物流工作全部委托给配送中心，从这个意义上讲，配送中心的工作已延伸到工厂内部。

能否为客户提供满意的服务就要看配送中心的作业水平了。配送中心不仅与工厂保持紧密的伙伴关系，而且直接与客户联系，以及时了解客户的需求信息，并沟通工厂和客户双方，发挥桥梁的作用。物流企业不仅要为货主提供优质的服务，而且要具备运输、仓储、进出口贸易等一系列能力，同时深入研究货主企业的生产经营情况等。优质和系统的服务可使物流企业与货主企业结成战略伙伴关系（或称策略联盟）。这样一方面有助于货主企业的产品迅速进入市场，提高竞争力；另一方面则使物流企业有稳定的业务资源。对物流企业而言，服务质量和服务水平正逐渐成为比价格更为重要的被选择因素。

3）更加信息化——现代物流业的必由之路

物流信息化包括商品代码和数据库的建立、运输网络的合理化布局、销售网络的系统化整合，以及物流中心管理的电子化建设等。可以说，没有现代化的信息管理，就没有现代化的物流。在电子商务时代，要提供最佳的服务，物流企业就必须有良好的信息处理和传输系统。比如，美国洛杉矶西海报关公司与码头、机场、海关联网，当商品从世界各地起运时，各相关方（收货人与各仓储公司、运输公司等）便可以从该公司获得到达的时间、到泊（岸）的准确位置，从而做好准备。这样，商品得以在几乎不停留的情况下快速流转，直达目的地。又如，美国干货储藏公司有200多个客户，每天接受大量的订单，这就需要很好的信息系统，为此，该公司将许多表格编制成计算机程序（大量的信息可迅速输入、传输）。再如，美国橡胶公司的物流分公司设立了信息处理中心，用于接收世界各地的订单，客户只需通过键盘操作即可联系美国橡胶公司订货（通常在几小时内便可把货送到客户手中）。一个良好的信息系统能提供极好的信息服务，进而赢得客户的信赖。

大型物流企业往往建立了ECR和JIT系统。所谓ECR，即有效客户反应，它是至关重要的。有了它，工厂就可做到客户要什么就生产什么，而不是生产出产品等客户来买。在传统模式下，仓库商品的周转次数每年达20次左右，而运用有效客户反应这种有效手段后，每年的周转次数可增加到24次，这样可使仓库的吞吐量大大增加。通过JIT系统，工厂可从零售商店很快地得到销售反馈信息。配送不仅实现了内部信息的网络化，而且增加了配送货物的跟踪信息，从而大大提高了物流企业的服务水平，降低了运营成本。成本一降低，竞争力便增强了。

在电子商务环境下，全球经济一体化趋势日益增强，商品与生产要素在全球范围内以空前的速度自由流动。EDI与Internet的应用，使物流效率的提高更多地取决于信息管理技术；计算机的普遍应用提供了更多的需求信息和库存信息，提高了信息管理科学化水平，使产品流动更加便捷和迅速。

4）全球化——物流企业竞争的趋势

近年来，"出海"已成为物流企业发展的"必选项"。目前，顺丰的快递业务已落户东南亚、中东、拉丁美洲、非洲及欧美市场，依托庞大的物流车队及完善的物流配送体系，可轻松将货物送达各地市场；京东物流自2020年便开始在美国、德国、荷兰、法国、英国、澳大利亚等地建立自营海外仓，未来有望在多国实现快递一日达；菜鸟快递网络已覆盖全球100多个国家和地区，搭建起一张高质量的全球物流网络。如今，中国快递物流业无论是在体量、效率、增长速度、服务质量上还是在科技水平上，都已位居全球前列。与此同时，"出海"的外部条件也已成熟，中国快递物流企业必须牢牢抓住这一发展机遇。

但需要注意的是,"出海"绝不是简单地将中国的物流模式、技术与经验复制并粘贴到国外,而是要结合当地情况,在加大基础设施投入的同时,还可通过收购、参股、加盟、代理、开设直营等多种方式开拓业务,力争产生规模效应,进一步抢占海外市场份额。

全球化战略的发展趋势促使物流企业和生产企业更紧密地联系在一起,形成了社会大分工。生产企业集中精力制造产品、降低成本、创造价值;物流企业则花费大量时间、精力提供物流服务。物流企业的满足需求系统也比原来更进一步了。例如,在配送中心,对进口商品的代理报关、暂时储存、搬运和配送,以及必要的流通加工,实现了从商品进口到送交消费者手中的"一条龙"服务。

(三) 电子商务与物流的关系

用"成也物流,败也物流"来形容电子商务与物流的关系再恰当不过了。信息技术的发展与普及正在改变过去的生产、交易及生活方式,流通体制也发生了重大的变化,电子商务、连锁经营、电视直销等新流通方式的发展对物流业提出了更高的要求。

当我们庆幸终于可以实现网上订货、网上支付的时候,也无可奈何地抱怨在网上订了货,账单也被划扣,可是货却迟迟不来。为了送货,有的购物网站动用了 EMS,有的购物网站动用了快递公司,有的购物网站甚至打起了居委会大妈的主意,而这只是电子商务在网上购物过程中遭遇的尴尬。

再看看电子商务在企业供应链上的表现。众所周知的世界直销大王戴尔公司曾面临的最大难题也是物流方面的问题。在收到客户的订单后如何及时采购到计算机的各种配件,组装好计算机后如何及时配送到客户手中,这些都需要一个完整的物流系统来支持。正如海尔集团物流推进本部的周行先生所说,电子商务是信息传送保证,物流是执行保证。没有物流,电子商务只能是一张空头支票。

都说电子商务将成为企业决胜未来市场的重要工具,但如果没有现代物流体系作为支点,电子商务恐怕什么事也干不了。

1. 电子商务对物流的影响

(1) 电子商务将把物流业提升到前所未有的高度,为物流业的大发展创造良好机遇。在电子商务环境下,随着绝大多数的商店和银行虚拟化、商务事务处理信息化及多数生产企业柔性化以后,整个市场剩下的就只有实物物流处理工作了。物流企业成了代表所有生产企业及供应商向客户进行实物供应的最集中、最广泛的供应者,是进行局域市场实物供应的唯一主体。可见,电子商务把物流业提升到了前所未有的高度。物流企业应该认识到,电子商务为其提供了一个空前发展的机遇。

(2) 物流信息将更加及时,物流速度将得到很大提升。全国物流市场的争夺之势日益激烈。作为全国首批获得自营进出口权的民营企业之一,科利华投资 2 亿元搭建中运网国家信息中心,与此同时,中国交通运输协会投资 200 万元开通全国货运信息服务网,双方均瞄准空车配载市场。

东方红叶集团开通时空网,聚焦网上购物配送市场;华运通等专业物流企业则深耕垂直物流领域,抢占细分市场份额。此外,部分外资企业与专业物流企业签约,旨在完全自主控制其在中国市场的配送业务。对于以市场为生存之本的企业来说,控制物流信息和物流速度就可以掌控市场。物流市场主动权的争夺在所难免。

(3)物流业服务空间的拓展。电子商务将使物流服务增加:便利性的服务——使人"变懒"的服务,加快反应速度的服务——使流通过程变快的服务,降低成本的服务——发掘第三利润源泉的服务,延伸服务——将供应链集成在一起的服务。

2. 物流对电子商务的影响

1)物流是电子商务的重要组成部分

电子商务中的任何一笔交易都包含着几种基本的"流",即信息流、商流、资金流、物流。其中,信息流既包括商品信息的提供、促销、行销、技术支持、售后服务等,又包括诸如询价单、报价单、付款通知单和转账通知单等商业贸易单证,还包括交易方的支付能力、支付信誉等。商流是指商品在购销之间进行交易和所有权转移的过程,具体是指商品交易的一系列活动。资金流主要是指资金的转移过程,包括付款、转账等过程。在电子商务中,以上3种"流"的处理都可以通过计算机和网络通信设备实现。而物流是"四流"中最为特殊的一种,是指物质实体(商品或服务)的流动过程,包括运输、储存、配送、装卸、保管和物流信息管理等活动。

2)物流现代化是电子商务的基础

过去,人们对物流在电子商务中的重要性认识不足,对于物流在电子商务环境下应发生的变化也认识不足,认为对于大多数商品和服务来说,物流仍然可以通过传统的经销渠道完成。但随着电子商务的进一步推广与应用,物流能力的滞后对其发展的制约越来越明显,物流的重要性对电子商务活动的影响也被越来越多的人关注。

3)物流是实施电子商务的关键

电子商务最本质的成功是将商流处理信息化,信息流处理电子化。简而言之,电子商务就是在网上进行商品或服务的买卖。这种买卖是商品或服务所有权的转移,也就是商流。而商流要靠物流支持,所以说物流是实施电子商务的关键。

4)物流是实现电子商务企业盈利的重要环节

良好的物流管理可以大大降低电子商务企业的成本。在传统的商品成本中,物流成本可以占到商品总价值的30%~50%,而现代物流业可以大大降低这部分成本。

从上面的论述可以看出,物流与电子商务的关系极为密切。物流对电子商务的实现很重要,电子商务的发展对物流的影响也很大。物流未来的发展与电子商务的影响是密不可分的。我们可以这样理解这种关系:物流本身的矛盾促使其发展,而电子商务恰恰提供了解决这种矛盾的手段;反过来,电子商务本身矛盾的解决也需要物流来提供支持,新经济模式要求有配套的新物流模式。

三、任务实施

步骤一：了解电子商务与现代物流的相关知识。

参照教材内容，准确把握现代物流、电子商务物流的基本概念，理解电子商务与物流的关系。

步骤二：对比亚马逊物流与沃尔玛物流的不同。

通过浏览沃尔玛和亚马逊的网站，了解两家企业的基本情况、各自的发展优势，以及两家企业物流配送模式的异同。

步骤三：根据亚马逊的优势提出物流改造的合理化建议。

运用头脑风暴法，针对亚马逊的优势，对其物流改进提出合理化建议。

步骤四：对建议的可行性和合理化程度进行互评。

四、任务评价

任务评价表如表5-2所示。

表 5-2 任务评价表

项目	学习态度（20%）	团队合作情况（20%）	步骤完成情况（50%）	其他表现（10%）	小计（100%）	综合评价
小组评分（30%）						
个人评分（30%）						
老师评分（40%）						
综合得分（100%）						

五、知识拓展

🔍 阅读材料

物流的起源及发展

如果从物体的流动来理解，物流是一种古老又平常的现象，自从人类社会有了商品交换，就有了物流活动（如运输、仓储、装卸搬运等）。而将物流作为一门学科却仅有几十年的历史，因此可以说物流是一门新学科。

物流作为一门学科是社会生产力发展的结果。在长期的社会发展过程中，不少学者经过深入的理论研究逐渐认识到，在生产活动中，过去被人们视为生产过程和生产工艺的组成领域里，详细分析起来有一种活动并没有直接参与实际生产制造过程，该活动虽与工艺有关却另有特性，那就是物流。如果对生产活动进行专业的细分，其又可被分为两个组成部分：生产工艺活动与物流活动。通过对物流这一概念的起源和发展进行探索，我们可以认识到物流的发展历程。

1. 传统物流

物流的概念是随着交易对象和环境变化而发展的，因此我们需要从历史的角度来分析。物流在英语中最初为 Physical Distribution（传统意义上的物流）。Distribution 一词最早出现在美国。1921 年阿奇·萧在《市场流通中的若干问题》（*Some Problem in Market Distribution*）一书中提出物流是与创造需求不同的问题，并提到物资经过时间或空间的转移会产生附加价值。在这里，Market Distribution 指的是商流，时间和空间的转移指的是销售过程中的物流。

1918 年，英国犹尼里佛的利费哈姆勋爵成立了即时送货股份有限公司。其公司宗旨是在全国范围内把产品及时送到批发商、零售商及用户的手中。这被一些物流学者视为有关物流活动的早期形式。

20 世纪 30 年代初，一部关于市场营销的基础教科书开始提及物流运输、物资储存等业务的实物供应（Physical Supply）这一名词。该书将市场营销定义为影响产品所有权转移和产品的实物流通活动。这里所说的所有权转移是指商流，实物流通是指物流。

1935 年，美国销售协会最早对物流进行了定义：物流是包含于销售之中的物质资料和服务，以及从生产地点到消费地点流动过程中伴随的各种活动。

上述历史被物流界较普遍地看作物流的早期阶段。

日本从 1964 年开始使用物流这个术语。在使用物流这个术语以前，日本把与商品实体有关的各项业务统称为流通技术。1956 年，日本生产本部派出流通技术专门考察团，由早稻田大学教授宇野正雄等一行 7 人去美国考察，弄清楚了日本以往被叫作流通技术的内容，相当于美国被叫作 Physical Distribution 的内容，从此便把流通技术按照美国的相应称谓简称为 PD。PD 这个术语得到了广泛的使用。

1964 年，日本池田内阁中五年计划制定小组平原谈到 PD 这一术语时说，比起来，叫作"PD"不如叫作"物的流通"更好。1965 年，日本在政府文件中正式采用"物的流通"这个术语，简称为物流。

1981 年，日本综合研究所编著的《物流手册》对物流的表述是，物质资料从供给者向需要者的物理性移动，是创造时间性、场所性价值的经济活动，包括包装、装卸、保管、库存管理、流通加工、运输、配送等各种活动。

我国 1979 年开始使用物流一词（有人认为，孙中山主张"贸畅其流"，可以说是我国物流思想的起源）。1979 年 6 月，我国物资工作者代表团赴日本参加第三届国际物流会议，回国后在考察报告中第一次引用和使用"物流"这一术语。但当时有一段小的曲折，当时相关部门提出建立物流中心的问题，曾有人认为物流一词来自日本，有崇洋之嫌，于是改为建立储运中心。其实，储存和运输虽是物流的主体，但物流有更广的外延，而且物流是日本引用的汉语，物流作为物的流通的简称，既科学合理，又确切易懂。不久之后，储运中心仍被恢复为物流中心。1988 年，我国台湾也开始使用物流这一术语。1989 年 4 月，第八届国际物流会议在北京召开，之后物流一词的使用更加普遍。

2. 现代物流

在第二次世界大战期间，美国对军火等进行的战时供应中，首先采取了后勤管理（Logistics Management）这一名词，对军火的运输、补给、储存等进行全面管理。从此，后勤逐渐成为单独的学科，并不断发展为后勤工程、后勤管理和后勤分配。后勤管理的方法后被引入商业部门，被人称为商业后勤。商业后勤被定义为包括原材料的流通、产品分配、运输、购买与库存控制、储存、用户服务等业务活动，其领域包括原材料物流、生产物流和销售物流。

在 20 世纪 50 年代到 20 世纪 70 年代期间，人们研究的对象主要是狭义的物流，是与商品销售有关的物流活动，是流通过程中的商品实体运动。因此，通常采用的仍是 Physical Distribution 一词。

1986 年，美国物流管理协会（National Council of Physical Distribution Management，NCPDM）改名为 CLM，即 the Council of Logistics Management，将 Physical Distribution 改为 Logistics，其理由是 Physical Distribution 的领域较狭窄，Logistics 的概念则较宽广、连贯、具有整体性。改名后的美国物流管理协会对 Logistics 所做的定义是，以满足客户的要求为目的，对原材料、在制品、制成品与其关联的信息，从生产地点到消费地点之间的流通与保管，为求有效率且最大的"对费用的相对效果"而进行计划、执行与控制。

3. 现代物流与传统物流的区别

现代物流与传统物流的区别在于，现代物流已突破了产品流通的范围，把物流活动扩大到生产领域。物流已不仅仅从产品出厂开始，而是包括从原材料采购、加工生产到产品销售、售后服务，直到废旧物品回收等整个物理性的流通过程。这是因为随着生产的发展，社会分工越来越细，大型的制造商往往把成品零部件的生产任务分包给其他专业性制造商，自己只是将这些零部件进行组装，而这些专业性制造商可能位于世界上劳动力比较便宜的地方。在这种情况下，物流不但与流通系统维持了密切的关系，而且与生产系统也产生了密切的关系。这样将物流、商流和生产 3 个方面结合在一起，就能产生更高的效率和效益。近年来，日、美的进口批发及连锁零售业等运用这种理念积累了不少成功的经验。

由此可以看出，当前提到的物流的特点是其外延大于狭义的物流（销售物流），因为它把起点扩大到了生产领域；其外延小于广义的物流，因为它不包括原材料物流，其外延与供应链的外延一致，因此有人称它为供应链物流。

Logistics 一词的出现是世界经济和科学技术发展的必然结果。当前物流业正在向全球化、信息化、一体化发展。一个国家的市场开放与发展必将要求物流的开放与发展。随着世界商品市场的形成，从各个市场到最终市场的物流日趋全球化；信息技术的发展使信息系统得以贯穿于不同的企业之间，使物流的功能发生了质变，大大提高了物流效率，同时也为物流一体化创造了条件。一体化意味着需求、配送和库存管理的一体化。所有这些已成为国际物流业发展的方向。

可以说，进入 20 世纪 80 年代以后，传统物流已向现代物流转变。现代物流是物质资料从供给者到需求者的物理性运动，但不是物和流的简单组合，而是经济、政治、社会和实物运动的统一。它的主要作用是通过时间创造价值，弥补时间差创造价值，延长时间差创造价值。现代物流包括信息业、配送业、多式联运业和商品交易业。现代物流水平是一个国家综合国力的标志。

六、同步拓展

（1）登录中华人民共和国交通运输部官网，查找关键词"电子商务物流"，了解并记录电子商务物流相关政策、文件、发展动态，尝试用200字左右总结最近一年来国家或当地在电商物流方面的发展重点与趋势。

（2）登录中国物流与采购网，通过统计数据专栏查找物流业景气指数及电子商务物流指数，记录本年度每个月各项指数指标，并使用Excel等工具描述其变化趋势，尝试了解并分析各项指标的含义及变化背后的原因。

任务二　电子商务企业物流模式的比较

一、任务描述

京东是一家专业的综合网上购物商城，在中国电子商务领域非常受消费者欢迎且非常具有影响力，在线销售家电、数码通信产品、计算机、家居百货、服装服饰、母婴用品、图书、食品、旅游服务等十二大类，数万个品牌，数百万种优质商品。京东作为一家以B2C自营为主的电商企业，凭借其供应链的优势继续扩大在中国电子商务市场的领先优势。2023年，京东的年收入达到10847亿元。

淘宝网是中国深受欢迎的网购零售平台，据其官网，其每天的在线商品数已经超过了8亿件，平均每分钟售出4.8万件商品。截至2023年年底，淘宝网单日交易额峰值达到300亿元，创造了270.8万个就业机会。2024年3月，淘宝网以9.28亿的月活位居综合电商行业App用户规模榜首。随着淘宝网规模的扩大和用户数量的增加，淘宝网也从单一的C2C网络集市发展成一个包括C2C、团购、分销、拍卖等多种电子商务模式在内的综合性零售商圈，成为全球知名的电子商务平台之一。

浙江合运物流有限公司是一家集海运、空运、公路运输为一体的新型综合性信息化物流公司。该公司于2009年8月3日在宁波北仑工商局登记注册成立，注册资金为2500万元，经宁波公路运输管理处批准获得道路运输经营许可证。

请查找资料，比较分析上述3家企业物流模式的异同及优缺点。

二、相关知识

（一）自营物流模式

企业对物流服务的需求最初是以自我提供的方式实现的。自营物流即企业自己开设物流业务，建设全资或控股物流子公司，完成企业的配送任务。

1. 企业自营物流的条件

不是所有的企业都有必要或有能力自己组织商品物流，适合依靠自身力量解决物流问题的企业应具备以下条件。

（1）企业拥有覆盖面很广的代理、分销、连锁店，且其业务集中在其覆盖范围内。这样的企业一般是从传统产业转型，或者依然保留着传统产业经营业务的企业，比如已经建立了基于网络的电子销售系统的大型家电企业、计算机生产企业等，可以利用原有的物流渠道开展电子商务物流业务，建立覆盖整个销售区域的物流配送网络。这样可以充分利用原有物流渠道的仓储、运输资源，相对于企业使用全新的系统，大大降低了成本。

（2）业务集中在企业所在城市，配送方式比较单一，网络资源丰富，物流管理能力强。也就是说，企业的业务范围不广，独立组织配送所耗费人力的量不是很大，所涉及的配送设备也仅限于汽车及人力车。在这种情况下，企业如果将配送业务交由专业物流公司处理，反而会浪费时间和增加配送成本。例如，国内的 85818 网站就依托原正广和饮用水公司完善的送水网络（3 个配送中心、100 个配送站、200 辆小货车、1000 辆"黄鱼车"、1000 名配送人员）建立了自己的物流配送体系，销售大众消费品。通过这个号称上海市区"无盲点"的网络组织，已经有 60 多万户上海市民完成了日常饮水和其他日用消费品的采购。每个配送站的年利润都在 15 万～20 万元。该案例成为我国电子商务背景下企业自营物流模式的成功典范。

（3）对于一些规模较大、资金实力雄厚、货物配送量巨大的企业来说，投入资金建立自己的配送系统，掌握物流配送的主动权，是一个战略选择。例如，亚马逊曾是全球最大的网上书店、音乐盒带商店和录像带店，其网上销售方式有网上直销和网上拍卖，配送中心在实现其经营业绩的过程中功不可没。亚马逊以全资子公司的形式经营和管理配送中心，拥有完备的物流配送网络。亚马逊认为，配送中心是能接触到客户的最后一环，是实现销售的关键环节，不能因为配送环节的失误而损失任何销售机会。

企业自营物流有利于最终保证"以客户为中心"现代经营理念的实现，但这种物流模式需要投入大量的资金购买物流设备、建设仓库、搭建信息网络等专业物流设施，以及组建庞大的物流配送队伍。这对于缺乏资金的企业，特别是中小企业来说是一个沉重的负担。鉴于物流业资金占用率高、回收期长，如果企业完全依靠自身力量兴建有较大困难，则可以利用物流业利润空间大的优势，采用多种筹资渠道和方式筹措资金，也可以采取联合投资、共同兴办的策略吸收民间资金向物流业分流。

2. 企业自营物流的优势

（1）企业自己组织物流配送，可以说是自己掌控了交易的最后环节，有利于企业掌握对客户的控制权，也有利于控制交易时间。

（2）企业自营物流由企业直接支配物流资产，控制物流职能，可保证供货的准确和及时，以及提供给客户的服务质量，有利于维护企业和客户的长期关系。

（3）企业在本市内的配送由网站组织自己的配送队伍可以减少向其他物流企业下达配送要求的手续——在接受网上订购后可以立即进行简单的分区处理并立即配送，使得当日配送、限时送达成为可能。有些购物网站提出的"本城区 1 小时内送达"就是建立在自身拥有一支随时出动的配送队伍的基础之上的。

企业自营物流有许多优点，但我们必须充分认识到，电子商务企业的主营业务是信息业务，而信息业务和物流业务是截然不同的两种业务。因此，企业自营物流必须对跨行业经营产生的风险进行严格的评估。其中，成本控制和程序管理是最大的"麻烦"。出于对成本的考虑，配送队伍的规模应与企业的业务量相适应。另外，如何保持适当的库存规模，如何选择合适的物流工具，如何确定合理的配送路线和送达时间等问题，都需要严格而科学的管理。

实际上，并不是所有企业都有必要自己组织商品配送，那些不具备自营物流条件的企业可根据自身特点选择第三方物流模式。

（二）第三方物流模式

第三方物流又称外协物流或合同物流，是相对于"第一方"发货人和"第二方"收货人而言的，是指由发货人和收货人之外的第三方来提供物流服务，满足物流服务要求的物流运作模式。按照中华人民共和国国家标准《物流术语》，第三方物流是由独立于物流服务供需双方之外且以物流服务为主营业务的组织提供物流服务的模式。它以签订合同的方式，将企业一定期限内部分或全部物流活动委托给专业物流企业来完成。第三方物流是物流专业化的重要形式，也是实现物流社会化、合理化的有效途径。

1. 第三方物流给电子商务企业带来的益处

1）集中于主业

企业能够实现资源优化配置，将有限的人力、财力集中于核心业务，进行重点研究，发展基本技术，参与市场竞争。

2）节省费用，减少资本积压

专业的第三方物流提供者利用规模生产的专业优势和成本优势，通过提高各环节的运作能力实现费用节省，使企业能从分离费用结构中获益。根据对工业用车的调查结果，企业解散自有车队而代之以公共运输服务的主要原因就是可以减少固定费用。这不仅包括购买车辆的投资，还包括与车间仓库、发货设施、包装器械及员工有关的开支。

3）减少库存

第三方物流提供者借助精心策划的物流计划和高效的运送手段，最大限度地减少库存，从而改善企业的现金流量，获得成本优势。

4）提升企业形象

第三方物流提供者与企业不是互为竞争对手，而是战略伙伴，双方共同为客户着想，通过全球性的信息网络使供应链管理完全透明化——客户随时可通过互联网了解供应链的情况。

第三方物流提供者是物流专家，其利用完备的设施和训练有素的员工对整个供应链实现完全的控制，降低了物流的复杂性。

第三方物流提供者通过遍布全球的运送网络和服务提供者（分承包方）大大缩短了交货期，从而帮助企业改进服务质量，树立自身的品牌形象。

第三方物流提供者通过"量体裁衣"式的设计，制订出以客户为导向、低成本且高效率的物流方案，使企业在同行中脱颖而出，为企业在竞争中取胜创造了有利条件。

2. 第三方物流企业可提供的服务内容

第三方物流企业可以提供多种服务，既可以是简单的货品存储、运输等服务，也可以是复杂的物流设计、实施和运作，乃至建设整个物流体系等服务。针对客户的具体需求，第三方物流企业的服务主要有三大类。

1）基本业务

第三方物流企业通过自建或整合外部物流资源，向客户提供诸如仓储、运输、装卸搬运、配送等基本物流服务，这类服务是第三方物流的基本业务。

2）附加值业务

除基本业务外，第三方物流企业还可为客户提供附加值业务。附加值业务主要是仓储、运输、配送等基本物流服务的延伸。比如，在提供仓储服务的基础上增加商品质量检测、自动补货等服务；在提供配送服务的基础上增加集货、分拣包装、贴标签等服务；在提供运输服务的基础上增加运输方式和运输路线选择、配载，以及运输过程中的监控、跟踪等服务。

3）高级物流服务

随着市场对物流需求的变化，第三方物流企业还可以为客户提供一些高级服务——从供应链角度对物流进行一体化整合和集成等，比如库存管理与控制、采购与订单处理、物流信息系统构建、物流系统规划与设计等。

3. 适合我国国情的第三方物流模式

目前我国物流企业数量多，但个体规模较小，综合服务能力偏低，服务质量满足不了市场需求，以及虽然物流网络资源丰富，但利用和管理水平低，缺乏有效的物流管理者。在这种情况下，物流企业可以采取横向整合、委托代理的形式，壮大企业规模，优化物流系统，提高综合服务能力，为客户提供高质量的服务。我们将这种方式概括为以综合物流代理为主的第三方物流运作模式。我国物流业在第三方物流上存在着很大的空白，国有大中型企业不景气，这就为这种物流模式的产生和发展提供了低成本、高扩张的基础。大力推广和发展以综合物流代理为主的第三方物流运作模式正逢其时。我国的一些专业化物流企业近年来已经在不同程度上对综合物流代理运作模式进行了探索与实践。我国物流业正在蓬勃发展，第三方物流和物流一体化正在引起我国物流界和理论界人士的重视和关注，探索适合我国国情的物流模式将进一步推动我国物流业的健康发展。

（三）物流联盟

物流联盟是指两个或多个企业之间，为了实现自己的生产发展目标、物流战略目标等物流相关战略目标，通过各种协议、契约而结成的优势互补、风险共担、信息共享、利益共享的组织。物流联盟是以物流为合作基础的企业战略联盟。物流联盟的建立有助于对目前物流资源进行合理而高效的整合与利用。

中小企业为了提高物流服务水平，通过联盟方式解决自身能力不足的问题。近年来，随着人们消费水平的提高，零售业得到了迅猛的发展，这在给物流业带来发展机遇的同时，也给物流业带来新的挑战。很多企业尤其是中小企业不能一下子适应新的需求，于是想到了联盟的方式。

大企业为了保持其核心竞争力，通过联盟方式把物流外包给一个或几个物流公司。比如英国的一家时装和家具零售商兼批发商 Laura Ashley，从 1953 年的一个以家庭为基础的商业企业发展成在全球 28 个国家拥有 540 个专卖店的企业。从 20 世纪 80 年代起，该公司开始使用联邦快递的服务来经营北美地区的业务。20 世纪 90 年代初，该公司面临着一个物流问题，即陈旧且集中的存货系统使公司很难提供数量充足的产品，仓储和供应网络还会延迟送货时间，尤其在英国以外的国家。为了提升竞争地位，增强核心竞争力，该公司决定与联邦快递结盟，外包其关键性的物流功能，如存货控制和全球物流配送。1992 年 3 月，该公司将未来 10 年内总计 2.25 亿美元的全球物流服务项目外包给联邦快递。结果是，该公司减少了一半的库存货物，降低了 10%～12%的物流费用；将补货控制在 48 小时内，提高了产品的供货质量。尤其重要的是，那些易损的产品能够更可靠、频繁和准时地得到配送。

利益是产生物流联盟最根本的原因。结成企业间的物流联盟能提高企业的物流效率，节约物流成本。此外，通过横向或纵向联盟，企业可以专注于其核心业务，以增强核心竞争力。但是，物流联盟也存在不少问题：第一，企业担心被置于物流管理之外，失去对物流渠道的控制能力；第二，企业担心核心技术和商业秘密外泄，从而影响并削弱企业未来的市场地位；第三，参与方就物流联盟的利益分配难以达成共识。

随着电子商务和物流行业的快速发展，现在的物流联盟已不仅是企业之间的联盟，还呈现出各种主体形式，如物流枢纽联盟、物流业制造业创新发展联盟、物流企业与铁路港口等的战略合作联盟等。国务院办公厅印发的《"十四五"现代物流发展规划》中提到，要发挥国家物流枢纽联盟组织协调作用，建立物流标准衔接、行业动态监测等机制，探索优势互补、资源共享、业务协同合作模式，形成稳定完善的国家物流枢纽合作机制；鼓励供应链核心企业发起成立物流业制造业深度融合创新发展联盟，开展流程优化、信息共享、技术共创和业务协同等创新；鼓励铁路企业与港口、社会物流企业等交叉持股，拓展战略合作联盟等，着眼于加快培育现代物流转型升级新动能，创新体制机制，为我国现代物流高质量发展指明了重点和方向。

三、任务实施

步骤一：利用网络搜集和整理使用自营物流、第三方物流及物流联盟的典型电子商务企业。

步骤二：从以下几个方面分析和比较 3 种物流模式，完成表 5-3。

表 5-3　3 种物流模式的对比

物流模式	典型企业	对渠道的控制能力	物流成本	资金占用率	服务质量	专业化
自营物流						

续表

物流模式	典型企业	对渠道的控制能力	物流成本	资金占用率	服务质量	专业化
第三方物流						
物流联盟						

四、任务评价

任务评价表如表5-4所示。

表5-4 任务评价表

项目	学习态度（20%）	团队合作情况（20%）	步骤完成情况（50%）	其他表现（10%）	小计（100%）	综合评价
小组评分（30%）						
个人评分（30%）						
老师评分（40%）						
综合得分（100%）						

五、知识拓展

🔍 阅读材料

京东物流——中国领先的技术驱动的供应链解决方案及物流服务商

京东集团于2007年开始自建物流，2017年4月正式成立京东物流。2021年5月，京东物流于香港联交所主板上市。京东物流是中国领先的技术驱动的供应链解决方案及物流服务商，以"技术驱动，引领全球高效流通和可持续发展"为使命，致力于成为全球最值得信赖的供应链基础设施服务商。

一体化供应链物流服务是京东物流的核心赛道。目前，京东物流主要聚焦于快消、服装、家电家具、3C、汽车、生鲜六大行业，为客户提供一体化供应链解决方案和物流服务，帮助客户优化存货管理、减少运营成本、高效分配内部资源，实现新的增长。同时，京东物流将长期积累的解决方案、产品和能力进行解耦，以更加灵活、可调用与组合的方式，满足不同行业的中小客户需求。

京东物流建立了包含仓储网络、综合运输网络、"最后一公里"配送网络、大件网络、冷链物流网络和跨境物流网络在内的高度协同的六大网络，具备数字化、广泛和灵活的特点，截至2024年9月30日，含第三方业主运营的云仓，京东物流已拥有超3600个仓库，总管理面积超3200万平方米。京东物流服务范围覆盖了中国几乎所有地区，不仅建立了中国电商与消费者之间的信赖关系，还通过211限时达等时效产品和上门服务重新定义了物流服务标准，客户体验持续行业领先。在国家邮政局关于2024年上半年两个季度的快递服务满意度调查中，京东物流以高分位列第一阵营，服务满意度持续领跑行业。

京东物流已在全球拥有近100个保税仓库、直邮仓库和海外仓库，总管理面积近100万平方米，通过领先的自动化设备应用、库存管理系统升级、运营流程优化等，为全球客户提供优质高效的一体化供应链物流服务，以海外仓为核心推动在欧洲、大洋洲、东南亚等国家和地区的物流大提速。2024年10月，京东物流持续升级出海战略——全球织网计划，至2025年年底全球自营海外仓面积将实现超100%增长，同时进一步布局建设保税仓库、直邮仓库。未来3年，京东物流还将新增中马、中韩、中越、中美、中欧等国际航线。

京东物流始终重视技术创新在供应链全局优化中的巨大作用。基于5G、人工智能、大数据、云计算及物联网等底层技术，京东物流不断扩大软件、硬件和系统集成的三位一体的供应链技术优势，包括自动搬运机器人、分拣机器人、智能快递车，以及自主研发的仓储、运输及订单管理系统等众多核心技术产品和解决方案，已经涵盖了包括园区、仓储、分拣、运输和配送等供应链的主要流程和关键环节，自主研发的仓储自动化解决方案处于全行业领先地位。2024年第三季度，京东物流重点探索将尖端科技和算法与日常运营结合，不断推进在物流网络布局、场地操作流程、自动化应用和运力调度等多方面变革。作为行业最早应用大模型的物流公司之一，目前京东物流已在数十个业务场景落地大模型应用，在异常管控、流程自动化等多个场景实现降本增效。大模型在前置识别并防范异常、提升人效等方面持续发挥作用。京东物流构建了协同共生的供应链网络，中国及全球各行业合作伙伴参与其中。2017年，京东物流创新推出云仓模式，将自身的管理系统、规划能力、运营标准、行业经验等应用于第三方仓库，通过优化本地仓库资源，有效增加闲置仓库的利用率，让中小物流企业也能充分利用京东物流的技术、标准和品牌，提升自身的服务能力。截至2024年9月30日，云仓生态平台合作云仓的数量已超过2000个。

作为一家兼具实体企业基因和属性、数字技术和能力的新型实体企业，京东物流始终以"有责任的供应链"践行使命担当，扎根广阔的实体经济，促就业、保供应，持续创造社会价值。多年来，京东物流始终注重一线员工的薪酬福利保障，坚持为一线员工缴纳六险一金，并提供有行业竞争力的薪酬福利保障。京东物流持续推动创造更多就业机会及对社会做出贡献，针对一线员工切实投入，保障他们的薪酬福利。截至2024年9月30日，京东物流一线员工薪酬福利支出146亿元。

稳定的收入、六险一金等福利保障让一线员工可以有尊严地工作和生活，也让他们形成了极强的职业责任感、企业认同感。京东物流着力推行战略级项目"青流计划"，从"环境""人文社会""经济"三个方面，协同行业和社会力量共同关注绿色可持续发展。2024年第三季度，京东物流在可持续发展领域再次获得国际权威认可。凭借多年在推动供应链全环节减碳等方面的努力，京东物流首次入选标普全球《2024可持续发展年鉴（中国版）》，并在2024年标普评估中获得的评分进一步提升，位于全球行业前列。京东物流正坚持"体验为本、技术驱动、效率制胜"的核心发展战略，将自身长期积累的新型实体企业发展经验和长期技术投入所带来的数智化能力持续向实体经济开放，服务实体经济，持续创造价值。

（资料来源：京东物流官网）

六、同步拓展

（1）登录戴尔公司的网站，了解其采用的物流模式，并分析总结戴尔公司选择相应物流模式的原因和优势。

（2）登录京东物流的网站，了解其提供的物流服务项目及其优势与特色。

任务三　电子商务企业物流模式的选择

一、任务描述

大众包餐公司是一家提供全方位包餐服务的公司，由上海某大饭店的下岗工人李杨夫妇于1994年创办，如今已经发展成苏锡常和杭嘉地区小有名气的餐饮服务企业之一。大众包餐公司的服务分为两类：递送盒饭和套餐服务。盒饭主要由荤菜、素菜、卤菜、大众汤和普通水果组成。可供顾客选择的菜单有荤菜6种、素菜10种、卤菜4种、大众汤3种和普通水果3种。除此之外，顾客还可以订做饮料佐餐。尽管菜单的变化不大，但从年度报表来看，这项服务的总体需求相当稳定，老顾客通常每天都会打电话来订购。但由于设施设备的缘故，大众包餐公司会要求顾客在上午10点前打电话预订，以确保当天递送到位。

在套餐服务方面，该公司的核心能力是为企事业单位提供冷餐会、大型聚会，以及为一般家庭提供家宴和喜庆宴会。顾客所需的各种菜肴和服务可以事先预约，但由于这项服务的季节性很强，又与各种社会节日和国定假日相关，需求量忽高忽低，有旺季和淡季之分，因此要求顾客提前几周甚至1个月预订。

大众包餐公司的设施布局类似于一个加工车间，主要有5个工作区域：热制食品工作区、冷菜工作区、卤菜准备区、汤类与水果准备区，以及一个配餐工作区（专为装盒饭和预订的套餐装盒共享）。此外，公司还有3间小冷库供储存冷冻食品，一间大型干货间供储存不易变质的物料。然而，设施设备的限制及食品变质的风险制约了大众包餐公司的发展。虽然饮料和水果可以外购，有些店家也愿意送货上门，但总体上限制了大众包餐公司提供柔性化服务。

李杨夫妇聘用了10名员工——2名厨师和8名食品准备工，旺季时还会再雇一些兼职服务员。包餐行业的竞争十分激烈，高质量的食品、可靠的递送、灵活的服务及低成本的运营等都是这一行求生存、谋发展的根本。近年来，李杨夫妇已经开始感觉到来自越来越挑剔的顾客和几位新来的专业包餐商的竞争压力。顾客们需要菜单的多样化、服务的柔性化，以及响应的及时化。

李杨夫妇最近参加了现代物流知识培训班，对准时化运作和第三方物流服务的印象很深，深思之后认为这些理念正是大众包餐公司要保持其竞争力所需要的。但是他们也不确定大众包餐公司能否借助第三方物流服务来实现突破与发展。

思考题

（1）大众包餐公司的经营活动可否引入第三方物流服务？理由是什么？

（2）在引入第三方物流服务方面，你会向大众包餐公司提出什么建议？

二、相关知识

不同的物流模式各有优劣，企业是选择自营物流还是第三方物流并没有一个统一的标准。从企业竞争战术的角度来考虑，决定企业采用自营物流还是第三方物流最重要的决策变量有两个：一是与自营物流比较，第三方物流能否提高企业的物流效率；二是与自营物流比较，第三方物流能否降低企业的运营成本。归于一点就是，物流服务提供商的服务与自营服务相比较，能否更好地满足企业的物流服务要求。目前比较流行的是从物流对企业的影响和企业经营物流的能力两个维度进行分析，如图5-1所示。

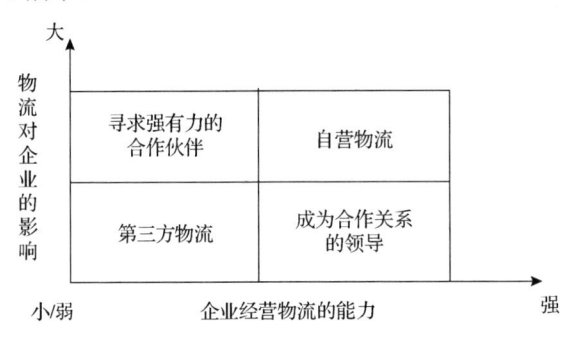

图 5-1　企业物流模式选择参考图

从图5-1可以看出以下几点。

（1）若物流对企业的影响大，且企业经营物流的能力较弱，则企业宜采用物流联盟模式，寻求强有力的合作伙伴，以弥补自己的劣势。因为在这种情况下物流对于企业的成功来讲很关键，物流是企业的战略核心，但企业的物流管理能力很弱，所以寻找物流合作伙伴将会给企业带来很多收益。好的合作伙伴在企业现有的市场，甚至还未进入的市场拥有物流设施，可以向企业提供自营物流模式无法获得的物流服务及专业化的管理。

（2）若物流对企业的影响小，且企业经营物流的能力较弱，则企业宜采用第三方物流模式。物流对于企业的成功不是很关键，物流并不是其核心战略，企业内部的物流管理水平也不高。在这种情况下，企业将物流业务外包给第三方物流企业就有利于降低成本、提高客户服务质量。

（3）若物流对企业的影响大，且企业经营物流的能力较强，则企业宜采用自营物流模式。因为在这种情况下物流对于企业的成功很关键，企业对客户服务要求高，物流成本占总成本的比重大，且企业的物流管理能力较弱，已经有高素质的人员对物流运作进行有效的管理，所以企业应该采用自营物流模式。

（4）若物流对企业的影响小，但企业经营物流的能力强，则企业宜采用物流联盟模式，成为合作关系的领导，以充分利用物流资源。对于企业来讲，企业的物流活动不那么重要，但是企业的物流管理能力较强，在这种情况下，企业可以主动寻找需要物流服务的伙伴，通过共享物流系统来提高货物流量，实现规模经济效益，降低企业成本。

（一）物流对企业的影响

1. 物流战略

物流战略对企业的影响因企业所属行业的性质而定，不同行业对物流的要求不同。对于零售商、分销商而言，物流战略的影响较大，要求加强对物流渠道的控制；而对于生产制造商来说，物流战略的影响较小。物流战略的影响程度还跟企业所具备的物流专业人才及物流投入成本占企业总成本的比例有关。企业所拥有的物流人才越多，物流投入成本占企业总成本的比例越大，企业物流战略的影响力也就越大。

2. 产品自身特点

物流对企业的影响跟企业产品自身的特点有关。不同类型的产品对物流的要求有所不同。

对于大宗工业品原料的回运或鲜活产品的分销，企业应选择相对固定的专业物流和短渠道物流。其中，对于全球市场的分销，企业宜采用地区性的专业物流；对于产品线单一的或为主机厂做配套的，企业应在龙头企业统一下自营物流。此外，产品的单位价值也影响着物流方式的选择。对于单位价值高的产品，企业倾向于采用自营物流模式，而对于小批量单位价值低的产品，企业则倾向于委托第三方物流企业送货。

（二）衡量企业经营物流能力的指标

1. 成本

成本是衡量企业经营物流能力的直接指标。企业的物流运作成本包括三大块，分别是采购成本、库存成本、配送成本。这些成本之间存在着效益背反现象。减少库存数量，可降低库存成本，但会带来因缺货率上升而导致的配送成本及采购成本增加。如果配送成本及采购成本的增加部分超过了库存成本的减少部分，则总的物流成本会增加。

2. 收益

收益是衡量企业经营物流能力的经济指标。企业采用何种物流模式从根本上来说取决于企业利润的增加额度。若企业的利润额大幅增加，则说明所采用的物流模式适合企业的运作。具体而言，企业所获得的物流收益跟企业的规模、资金实力有关：企业的规模越大，物流能力显得越重要；资金实力越雄厚，企业经营物流的能力就越强。

三、任务实施

步骤一：唯品会和京东的物流均以快速著称，请登录唯品会和京东的网站，分别了解二者为何种物流模式。

步骤二：对比唯品会和京东的物流模式的特点，分析二者选择该物流模式的原因与优劣势。

四、任务评价

任务评价表如表 5-5 所示。

表 5-5 任务评价表

项目	学习态度（20%）	团队合作情况（20%）	步骤完成情况（50%）	其他表现（10%）	小计（100%）	综合评价
小组评分（30%）						
个人评分（30%）						
老师评分（40%）						
综合得分（100%）						

五、知识拓展

阅读材料

供应链管理

供应链管理是在企业实行 E 化和信息化管理过程中最流行且有效的管理模式之一。事实证明，成功的供应链管理确实能使企业在激烈的市场竞争中明显地提升核心竞争力。美国日用品制造商宝洁和全球最大的百货零售企业沃尔玛早期就启用了供应链管理，即使在近年全球经济不景气的情况下，它们仍然保持着利润增长的势头，企业规模也不断扩大。宝洁有 10 万名员工，生产 250 种日用品，产品销往全球 100 多个国家，服务于 50 亿名消费者；沃尔玛有 140 万名员工，在全球拥有 4400 多家大型百货零售店和大卖场，每周接待顾客超 1 亿人次。

1. SCM 的精髓

所谓供应链，简单地说就是把交易过程中的各个环节连接在一起，就好像用一条链子将各交易环节串联起来。在商业社会中，无论做什么生意，都离不开买与卖，俗话叫做买卖。简单的买卖在运作上不会太复杂，但复杂的买卖运作起来就不那么简单了。企业在接到下游买主的订单时，就要进行生产、包装，然后安排送货、收款；如果原材料不足，就要向上游厂商购买，同样要进行下订单、收货、清点、付款等程序。如果同时要生产或包装很多种产品，企业就要向多个上游厂商采购原材料，同时也要供给多家下游的买主。这样，做买卖就变得复杂了，多半会产生时效性的问题。在这个过程中如果企业对各种运作过程的时间拿捏不准，就会出现存货太多、积压资金，或者存货不足，买主只好转向他人等情况。恰好，SCM 就是要把一条链子进行整条管理，让每个环节在时效性上恰到好处，即达到所谓的恰时生产。这正是 SCM 的精髓所在。

SCM 通常由 5 个部分组成，各部分的重要程度视在不同应用领域的情况而有所不同。

一是制定 SCM 策略：明确管理哪些事，通过制定方法来监控、衡量运作是否有效，是否能满足客户的需要，以便提供给客户高质量的产品。

二是与上游厂商建立关系：制定一套定价、交货、付款的规则，同时制定监控方法。有了规则，就可以与自己的存货管理、付款系统连在一起。

三是制定企业产品生产程序：包括生产、测试、包装、运送的计划安排，以及质量控制与生产管理。

四是交货：与下游买主建立关系，对接单、仓储、运送、收款等进行管理。

五是问题处理：从上游厂商买来的东西是否有坏的，卖给下游买主的产品是否有不满意的，都需要有一个处理流程。

2. SCM软件让管理透明化

前面提到的每个部分都有很多特定的工作内容，这些工作内容需要专用的软件来处理。将这些软件合到一起就像一个大拼盘，这种形容并不为过。有的系统整合厂商，试图把众多软件结合在一起，但至今还没有一个软件能做到。为此，专家们建议，与其把零散的软件结合在一起，倒不如分成两个层面去考虑：一是策略规划，二是运作执行。

策略规划软件是用数学与逻辑的运算来协助提升作业流程效率和减少存货量的。但是，运算是否精确取决于输入信息的准确性。如果你的生意是制造或包装日用品，就要把每一笔下游零售商给你的订货信息、每个零售商卖你的产品的销售信息，以及你的设备的产能信息，实时地"喂给"策略规划软件，否则软件规划得就没有那么准确了。所输入的信息越齐全，获得的结果就越准确。

运作执行软件的功用在于使SCM流程的每个步骤实现自动化。它是一个较为独立的系统，不需要收集太多方面的信息。例如，工厂生产需要原料或半成品，那么把采购单用电子化方式传给上游厂商就是一个执行步骤。

安装SCM软件的好处就在于能使企业的管理透明化。在许多行业里，供应链就像一个牌局，大家虽然在一起玩，但每个人都紧握着自己的牌，生怕被别人看见。大家以前没有仔细想过，把牌摊开让彼此看见未必是一件坏事——很有可能是大家都赢的牌局。以前没有网络，彼此联络不易，想"摊牌"不容易，现在网络发达了，"摊牌"已经没有技术障碍了。

3. SCM理念：摊开手里的底牌

20世纪80年代，宝洁与沃尔玛少有信息交流，但是在两家企业建立计算机系统连接之后，运营情况大为改观。沃尔玛分销处（负责把商品分送给各零售店）一旦发现宝洁的产品供应不足，就自动通知宝洁送货。有时系统会进一步运作，直接进入沃尔玛零售卖场，每当顾客买宝洁产品去结账的时候，收款机就立即通过卫星将信息传到宝洁的工厂，工厂就根据不断传来的信息决定什么时候开工生产、什么时候运货到沃尔玛，不必事先大批生产，或等沃尔玛叫货。记账与付款也可自动处理，双方省时、省力，从而减少了管理成本。沃尔玛把节省的费用回馈给顾客，维持商品的低价位，生意自然就越做越大。

大家都知道Cisco（思科）是一家全球著名的网络设备供应商，全球90%的网络通信都会用到Cisco的设备。Cisco的上游有零件供货商和协力制造商，下游有分销处，其庞大的买卖量、复杂的运作全靠自动化处理。例如，一位顾客在Cisco的网站订购了一台路由器，一连串的信息就会自动产生。一家协力制造商制造电路板，另一家协力制造商制造外壳，分销处供应电源器等一般设备，最后一家工厂装配成成品。每家工厂都先接到通知，早有准备，作业流程轮到自己时很快就能做完，之后经Cisco测试系统检验合格的，会被交给经销商送货。整个流程都实时自动运作，没有仓储，没有存货，没有纸上作业。Cisco称这种模式为"Just in Time"，把这种管理方式称为异常管理。

以上两个成功的实例有一个共同点，就是上下游的合作伙伴开放自己的信息（让合作伙伴分享原来被视为机密的信息)。摊开手里的底牌,正是 SCM 的精髓,但也是最难做到的事。

4. 实行 SCM 需要"艺术"

供应链很长,要走出企业的"围墙"才能有效地实现管理。当上下游合作伙伴开放一些敏感信息让企业共享时,企业也要向对方开放一些敏感信息。企业难道不怕自己的信息被泄露给竞争对手吗?这是第一个需要企业"克服"的难题,这不单是技术问题,更是一个艺术问题。

说服上下游合作伙伴分享敏感信息固然困难,说服企业内部用自动化系统替代传统的纸、笔、电话和传真也同样是一件困难的事。如果不能获得企业内部的认同,即使安装了 SCM 软件,有人也会想办法绕过去,而仍用以前的方法做事。

前面提到的策略规划软件,只有在输入齐全的信息的情况下,才能提供准确的结果。在系统运行之初,信息必然不完整,所得到的结果往往也是明显不准确的,这恰好会被反对的人抓到把柄,解读为"自动化系统无用"。这时如果处理得不得当,极有可能前功尽弃。事实上,系统上线运行只有经过必要的调整才能顺畅,如何使这种情况免于成为反对者的口实是一种管理艺术。

纵然有这些障碍,一些企业,特别是大企业,还是一步步地克服困难,选择自动化供应链管理运作。至少目前的一些日用品制造包装业、高科技企业和汽车工业采用供应链管理的成效都是非常显著的,这就证实了企业实行供应链管理方向的正确性。

六、同步拓展

(1)登录中华人民共和国国家邮政局网站,查阅"政务公开"栏目,查找近两年国家出台的邮政政策法规标准,记录你认为对电子商务影响最密切的规定条目。

(2)登录中华人民共和国国家邮政局网站,查阅"统计&指数"栏目,对比最近 12 个月的快递发展指数,了解其各项指标的内涵及发展变化情况,并分析其背后的经济意义。

项目总结

本项目从现代物流、电子商务物流的概念出发,首先介绍了电子商务与物流的关系;然后介绍了包括自营物流、第三方物流、物流联盟在内的 3 种物流模式;最后介绍了企业应该从物流对企业的影响及企业经营物流的能力两个方面来综合考虑如何选择适合自身的物流模式,以保证电子商务的明显优势。

项目六

网络营销

项目情境

某顾问有限公司是一家为企业提供培训和咨询服务的公司。由于看好网络的发展前景,该公司在成立之初即着手建立营销网站,并于几个月后开始运营。营销网站以营销/管理方面的文章、知识、讨论、业内动态等内容为主。在网站建立之后,该网站因准确的定位、丰富且优秀的内容、合理的网站架构与功能设计而深受广大用户的喜爱与支持,其影响力与传播力不断扩大,很快就成长为业内非常优秀的营销/管理综合网站,平均访问量和注册用户数都处于行业领先地位。有不少企业营销、管理人士经常访问该网站,使这里成了他们学习和交流的中心之一。由于网站主要以免费内容为主,因此一直处于亏损状态。

最近该公司负责网站运营的主管发现有越来越多的用户来信反映希望能在网上购买与营销相关的书籍等,加上网站盈利的压力和一些合作伙伴的意见,主管决定安排人员调查在网上提供此服务的可行性及具体方式。

问题:网络营销与传统营销究竟有怎样的区别与联系?能否将适用于传统营销的商品和手段运用到网络营销中?

项目任务书

项目六任务书如表6-1所示。

表6-1 项目六任务书

任务编号	分项任务	职业能力目标	职业素养目标	知识要求	参考课时
任务一	认识网络营销	能够对比分析传统营销与网络营销的实现方式与运作流程,能够帮助企业正确选择网络营销的运作模式	1. 利用互联网不断学习新知识、新技术,具备一定的创新意识 2. 通过对网络环境的了解,进一步区分传统营销环境和网络营销环境	1. 了解网络营销的定义、特点、功能等 2. 掌握网络营销与传统营销的区别	4课时

续表

任务编号	分项任务	职业能力目标	职业素养目标	知识要求	参考课时
任务二	网络市场调研	能够明确调研对象，提出网络市场调研方案，并进行网络市场调研	3. 学会利用网络技术进行网络市场调研 4. 学会利用网络营销的方法进行网站推广	1. 了解网络市场调研的定义与特点 2. 掌握进行网络市场调研的方法 3. 学会网络市场调研的实施	2~4课时
任务三	网络营销方法选择	能够了解每种网站推广方法的优缺点，学会选择网站推广的方法		1. 掌握网络营销策略 2. 认识网络营销的常用工具 3. 学会网站推广的方法	4课时

任务一　认识网络营销

一、任务描述

水羊集团股份有限公司原名御家汇股份有限公司，成立于2012年11月，是一家科技型企业，也是一家自有品牌与CP（可以指任何形式的合作伙伴关系）品牌双业务驱动的新消费品美妆品牌企业，于2018年2月8日正式登陆A股，成为中国互联网消费品品牌第一股。2021年，该公司正式更名为水羊集团股份有限公司。2023年4月，该公司投资14亿元打造的水羊智能制造产业园正式开园。目前，该公司旗下拥有御泥坊、大水滴、小迷糊、御、VAA等多个自有品牌，并开创CP合作模式，致力于成为全球美妆最佳CP，现已合作的国际品牌超过50个，包括KIKO、ZELENS、LUMENE、城野医生、李施德林、露得清等。在渠道布局方面，该公司的渠道包括线上自有平台、第三方平台和线下渠道。其中，线上自有平台包括直营商城"御泥坊官方直营商城""水羊潮妆"，以及分销平台"水羊直供"；第三方平台主要包括淘宝、京东、唯品会、抖店、拼多多、快手等互联网电商平台。

请收集资料并思考分析，水羊集团股份有限公司的电子商务营销模式与以前的传统营销模式有什么区别？

二、相关知识

（一）网络营销的定义

网络营销在国外有许多翻译，如Cyber Marketing、Internet Marketing、Network Marketing、E-marketing等。网络营销是指企业以现代营销理论为基础，利用互联网技术和功能，最大限度地满足客户需求，以达到开拓市场、增加盈利的经营过程。网络营销是企业整体营销战略的一个重要组成部分，其作为企业经营管理手段，是企业电子商务活动中最基本和最重要的网上商业活动。

广义的网络营销是指企业利用一切计算机网络（包括企业内部网、行业系统专线网及互联网）进行的营销活动。

狭义的网络营销是指组织或个人基于开放便捷的网络，针对产品和服务所开展的一系列经营活动，以满足组织或个人的需求。

如何定义网络营销其实并不是最重要的，关键是要理解网络营销的真正意义和目的，也就是充分认识网络这个新的营销环境，利用各种网络工具为企业营销活动提供有效的支持。这也是在网络营销研究中必须重视网络营销实用方法的原因。

由于网络营销是一种新型的营销手段，因此一些企业和个人对网络营销的认识存在诸多误区，从而造成投入产出比不对称。主要的误区如下。

误区一，网络营销就是建网站。这是对网络营销比较片面的认识。其实，有了网站只是有了通过网络对外展示企业、产品和服务的窗口。建网站是开展网络营销的重要一环。要想做好网络营销，还有许多工作要做。

误区二，网络营销就是网上销售。网上销售是网络营销发展到一定阶段产生的结果，但网络营销并不等同于网上销售。简言之，网络营销是一个过程，而网上销售是一个结果。

误区三，一两次的网络推广就是网络营销。成功的网络营销不仅仅是一两次的网络推广，而是集品牌策划、广告设计、网络技术、销售管理和市场营销等于一体的新型销售体系。只有进行完整周详的策划，加上准确有效的实施，才能够产生期待的效果。

（二）网络营销的特点

1. 经济性

由最初的物物交换到钱货交易，再到以网络为载体的信息交换，通过对比不难发现，网络营销不但可以降低印刷宣传册的成本、运费成本，还免去了店面租金、雇佣店员的费用、店面水电费等成本。

2. 高效性

透过网络数据库，消费者可以随时对产品信息进行查询，所获得数据的精确程度是其他媒介所无法比拟的。此外，企业还可以根据市场调研实时更改产品信息、调整产品价格，使产品的整个销售流程都高效运转并发挥作用。

3. 多元性

网络可以将文字、声音、图像结合并进行有效传播，使产品信息以多种方式存在和传递。网络营销的这种多元性能够更好地激发营销人员的灵感、能动性及交互性。

4. 时域性

网络营销突破了时间和空间的限制，使企业拥有更多时间和空间开展营销活动。

5. 超前性

毫无疑问，就功能讲，互联网是最强大的营销工具。它兼具促销、电子交易、渠道、互动服务,以及市场信息分析等强大功能。实际上,网络营销这种模式正是未来主要营销手段的发展趋势。

6. 成长性

网络数据无时无刻不在进行着更新,这使得产品的换代非常频繁。正因如此,企业才能及时发现自身产品的不足并加以改进,使产品随着互联网的发展而不断改进。

(三)网络营销的功能

认识和理解网络营销的功能是利用网络营销功能的基础及前提。网络营销主要有八大功能:信息搜索功能、信息发布功能、商业情报调查功能、销售渠道开拓功能、品牌价值扩展和延伸功能、特色服务功能、客户关系管理功能、经济效益增值功能。

1. 信息搜索功能

信息搜索即在网络营销中利用多种搜索方法来主动地获取有用的信息和商机,包括主动地进行价格比较,主动地了解竞争对手的竞争态势,主动地获取商业情报等。信息搜索功能已经成为营销主体能动性的一种体现,是提升网络经营能力的进击手段和竞争手段。信息搜索功能由单一化向集群化、智能化发展,向定向邮件搜索技术延伸,使网络搜索的商业价值得到了进一步的提升和体现,在网上寻找营销目标将成为一件易事。

2. 信息发布功能

发布信息是网络营销的主要方法之一,也是网络营销的一种基本职能。无论采用哪种营销方式,都需要将一定的信息传递给目标人群。网络营销所具有的强大的信息发布功能是任何一种营销方式所无法比拟的。网络营销可以把信息传递到全球任何一个地方,既可以实现信息的广覆盖,又可以形成地毯式的信息发布链;既可以创造信息的轰动效应,又可以发布隐含信息。网络营销所发布信息的扩散范围、停留时间、表现形式、延伸效果、公关能力、穿透能力都是最佳的。值得一提的是,在网络营销中,企业在网上发布信息后可以能动地进行跟踪并获得回复,可以与客户进行回复后的再交流和再沟通。因此,信息发布所产生的效果非常明显。

3. 商业情报调查功能

网络营销中的商业情报调查具有重要的商业价值。对市场和商业情报进行准确的把握是网络营销中不可或缺的,是现代商战中对市场态势和竞争对手情况的一种电子侦察。在激烈的市场竞争下,主动了解商业情报、研究趋势、分析客户心理、窥探竞争对手的动态是确定竞争战略的基础和前提。通过在线调查(如采用电子询问调查表等方式),不仅可以省去大量的人力、物力,而且可以在线生成网上市场调研的分析报告、趋势分析图表和综合调查报告。其效率之高、成本之低、节奏之快、范围之大是以往其他任何调查形式所无法比拟的。这就为广大企业提供了一种对市场的快速反应能力,为其做出科学决策奠定了坚实的基础。

4. 销售渠道开拓功能

网络具有极强的冲击力和穿透力。传统经济时代的经济壁垒,如地区封锁、人为屏障、交通阻隔、资金限制、语言障碍、信息封闭等,都阻挡不住网络营销信息的传播和扩散。新技术的诱惑力、新产品的展示力、图文并茂且声像具显的昭示力、网上路演的亲和力、地毯式发布和爆炸式增长的覆盖力被整合为一种综合的信息进击力，快速打通"坚冰"，疏通种种渠道，实现和完成开拓市场的使命。这种快速、这种神奇、这种态势、这种生动是任何媒介及任何其他手段所无法比拟的。

5. 品牌价值拓展和延伸功能

美国广告专家莱利预言未来的营销是品牌之间的战争。拥有市场比拥有工厂更重要，而拥有市场的唯一办法就是拥有占市场主导地位的品牌。互联网的出现不仅给品牌带来了新的生机和活力，而且促进了品牌价值的拓展和延伸。实践证明，互联网在重塑品牌形象、提升品牌的核心竞争力等方面具有其他媒介不可替代的作用。

6. 特色服务功能

网络营销提供的不是一般的服务功能，而是一种特色服务功能。服务的内涵和外延都得到了扩展和延伸。客户不仅可以获取形式最简单的FAQ（Frequently-asked Questions，常见问题解答）、邮件列表，以及BBS（Bulletin Board System，网络论坛）和聊天室等各种即时信息服务，还可以获取在线收听、收视、订购、交款等可选择的服务，以及无假日的紧急需要服务和信息跟踪、从信息定制到智能化的信息转移服务、手机接听服务、网上选购送货到家的上门服务等。这些服务及服务之后的跟踪延伸不仅极大地提高了客户的满意度，使以客户为中心的原则得以践行，而且使客户成为企业的一种重要的战略资源。

7. 客户关系管理功能

客户关系管理源于以客户为中心的管理思想，是一种旨在改善企业与客户之间关系的新型管理模式，是网络营销取得成效的必要条件，是企业的重要资源。在传统的经济模式下，由于认识不足或自身条件的局限，企业在管理客户资源方面存在较为严重的缺陷。针对该情况，在网络营销中，企业通过客户关系管理将客户资源管理、销售管理、市场管理、服务管理、决策管理集于一体，将原本疏于管理、各自为政的销售、市场、售前和售后服务与业务统筹协调起来，这样既可跟踪订单，帮助企业有序地监控订单的执行过程，规范销售行为，了解新老客户的需求，提高客户资源的整体价值，又可避免销售隔阂，帮助企业调整营销策略，收集、整理、分析客户反馈信息，全面提升企业的核心竞争力。客户关系管理系统还具有强大的统计分析功能，可以为企业提供"决策建议书"，以避免决策的失误，从而为企业带来可观的经济效益。

8. 经济效益增值功能

网络营销会极大地提高企业的获利能力，使企业获取或提高增值效益。这种增值效益除了营销效率的提高、营销成本的降低、商业机会的增多带来的效益，还有网络营销中累加的新信息使原有信息价值实现增加或提升带来的效益。这种无形资产促成价值增值的观念具有前瞻性，效果很明显，是多数人尚不认识、不理解、没想到的一种增值效应。

（四）网络营销与传统营销的区别

网络营销与传统营销的区别是显而易见的，从营销的手段、方式、工具、渠道到营销策略都有本质的区别，但营销的目的都是销售、宣传产品和服务，以及加强和客户的沟通与交流等。虽然网络营销不是简单的营销网络化，但是其仍然没有脱离传统营销理论，有些传统营销原则仍在很大程度上适用于网络营销。

1. 从产品和客户角度看

理论上一般产品和服务都可以在网络上销售，但实际上并不是这样的，电子产品、音像制品、书籍等较直观和容易识别的产品的销售情况要好一些。从营销角度来看，大多数产品可以通过网络进行营销，即使不通过网络达成交易，网络营销的宣传和沟通作用也仍需受到重视。网络营销可真正直接面对客户，实施差异化营销（一对一营销），可针对某一类型甚至某一个客户制定相应的营销策略，并且客户可以自由地选择自己感兴趣的内容观看或购买，这是传统营销做不到的。

2. 从价格和成本上看

由于网络营销直接面对客户，减少了批发商、零售商等中间环节，节省了中间营销费用（这样可以降低销售成本），所以产品的价格通常低于传统营销方式中产品的价格，具有较大的竞争优势。需要注意的是，除了减少的中间环节会影响价格和成本，产品的配送费用也会在一定程度上影响产品的价格和成本。

3. 从促销和方便性上看

在促销方式上，网络营销可以采用电子邮件广告、网络广告等方式，也可以借鉴传统营销中的促销方式，只要促销活动有新意、能吸引客户。在方便性上，一方面，网络营销为客户提供了足不出户即可挑选并购买自己所需的产品和服务的便利条件；另一方面，网络营销致使客户缺失直接面对产品的直观体验，不能保证网上信息的绝对真实，而且通过网上购物需等待送货，在一定程度上给客户带来了不便。

4. 从渠道和沟通上看

二者在渠道上的区别是明显的，网络营销的渠道只有网络，离开网络便不可能进行营销，而传统营销的渠道比较多样。在沟通上，由于网络有很强的互动性和全球性，网络营销可以实时地和客户进行沟通，解答客户的疑问，也可以通过 BBS、电子邮件快速为客户提供信息。

当然，万物各有所长，各有所短。网络营销虽具有强大的生命力，但也存在着某些不足。例如，网络营销尤其是网络分销无法满足客户个人社交的心理需要，无法使客户通过购物过程显示自身的社会地位、成就或支付能力等。尽管如此，网络营销作为 21 世纪的新营销方式仍势不可挡，将成为全球企业竞争的锐利武器。

三、任务实施

步骤一：分析传统营销模式。

步骤二：分析水羊集团股份有限公司的新型营销模式。

项目六　网络营销

步骤三：对两种营销模式从营销理念、沟通方式、营销渠道和营销策略 4 个方面进行比较，并填写表 6-2。

表 6-2　水羊集团股份有限公司的传统营销模式和网络营销模式的区别

营销模式	营销理念	沟通方式	营销渠道	营销策略
传统营销				
网络营销				

步骤四：请对水羊集团股份有限公司的传统营销模式和网络营销模式的优劣势进行比较，并填写表 6-3。

表 6-3　水羊集团股份有限公司的传统营销模式和网络营销模式的优劣势比较

营销模式	优势	劣势
传统营销		
网络营销		

四、任务评价

任务评价表如表 6-4 所示。

表 6-4　任务评价表

项目	学习态度（20%）	团队合作情况（20%）	步骤完成情况（50%）	其他表现（10%）	小计（100%）	综合评价
小组评分（30%）						
个人评分（30%）						
老师评分（40%）						
综合得分（100%）						

五、知识拓展

🔍 阅读材料

2023 年的十个营销特点

国际货币基金组织（IMF）曾在《世界经济展望报告》中预测，全球经济增速从 2022 年的 3.5% 放缓至 2023 年的 3.0%，低于 2000 年至 2019 年 3.8% 的历史平均水平，并预计 2024 年将进一步下降至 2.9%。

嘉信理财分析，未来的经济可能会步入低增长时代。

2023 年，许多人期待的报复性消费并未出现，相反，人们见证了所谓的"反向消费"，消费降级现象更加明显。

当然也有好消息，ChatGPT（OpenAI 发布的一款聊天机器人程序）引领的 AI 潮流正在改变我们的工作和生活。《柯林斯词典》评选出英国 2023 年度词汇是"AI"。AI 也许会带领人们迈入下一次科技革命。

在低增长时代，营销的主题不再是扩张，而是收缩，以及更加精细和审慎。AIGC（AI 生成内容）的发展当然是好事，但对于营销来讲，其可能更意味着降本增效。归纳起来，2023 年的营销呈现以下十大趋势。

1. 反向消费持续，产业带品牌走向前台

"特种兵旅行""反向消费""军大衣走红"……2023 年这些热搜体现了消费者消费行为的显著特点——用最少的钱买最有性价比的产品和服务。

网红主播李某一句"哪里贵了"让不少人破防。人们发现在挣钱越来越难的今天，完全没有必要花几倍的价钱去购买溢价几倍的产品，理性购买性价比高的产品才是正确的选择。随后，"79 元买五斤半的蜂花护发素""5.9 元粉底液""6 元买 7 根眉笔"等话题层出不穷，更加夯实了人们对于理性消费的思考。

我们通过观察这种反向消费的方式会发现一个问题：越来越多的人开始炫耀自己怎么省钱，怎么花最少的钱买最有价值的产品，而不是像以前那样炫耀自己买到了更贵的产品。这可能意味着存在了几十年的炫耀性消费逐渐走向终局。

反向消费趋势的一个直接后果是产业带产品兴起。这些产品通常没有显著的品牌标识，但质量尚可且性价比高，甚至有些不逊于知名品牌。随着电商平台如阿里巴巴和拼多多的推广，以及直播营销的普及，这些产业带产品越来越受到消费者的青睐。

比如河南许昌的假发、河北白沟的箱包、河北南和的宠物食品等，这些产品通常源自特定的生产区域，以其高性价比和满足基本需求的特点，逐渐成为市场上的新宠。

这种趋势还预示着消费者对品牌忠诚度的变化。在经济压力和生活成本上升的背景下，消费者更倾向于寻找那些能提供高性价比和有质量保证的产品，而不是仅仅追求品牌效应。这一转变对于品牌营销策略构成了新的挑战。

2. 新消费转型，老消费反击

市场的变化总是让人捉摸不透，似乎昨天大家还在谈论消费升级，将购买品质高、包装精美、外观亮眼的品牌视为身份的象征，今天就一下子开始适应消费降级，提倡反向消费了。而近几年我国诞生的所谓新消费品牌，在这样的处境下显得极为尴尬。

钟薛高在 2023 年 10 月被爆料欠薪，引发了不少人的担忧，而在 2022 年，"雪糕刺客"的名号已经让其销售受到了影响。

喜茶和奈雪的茶早就进行了一轮大降价，但消费者还是说喜茶、奈雪的茶不香了，因为蜜雪冰城的饮品更有性价比。

花西子 79 元眉笔被网友抱怨太贵，因而涌向了老国货品牌的直播间，他们说 79 元可以买到 5 斤半的蜂花护发素，可以买到 4 罐郁美净儿童霜……

元气森林今年的销量和赞许也不如往年高了。

本以为新消费品牌会让现存市场洗牌，到头来我们却发现，姜还是老的辣，即便是头部新消费品牌，在面对老消费品牌时，也没有占到一点便宜。

东方树叶一年的零售规模可能会达 100 亿元，这让元气森林倒吸一口气；很多人不买花西子的产品而是去直播间买老国货；即便在当年最火爆的时候，钟薛高的销量也没有占到市场的 1%，雪糕市场依然是伊利、和路雪、蒙牛、雀巢四大品牌的天下。

性价比不高的新国货在老国货的反击下开始阵地不稳。新国货发现，当消费升级的外衣被脱下后，新国货的价格、渠道面对老国货完全没有优势。

接下来几年将是新消费品牌的转型期，以及和老消费品牌的混战期。

3. 品牌追求"抠门营销"

近几年，做营销的人都有一个感触：能够刷屏和出圈的营销案例越来越少。这种变化背后的本质原因是信息碎片化和市场上内容的饱和。

消费者的注意力被越来越多的信息分散，他们对于TVC（Television Commercial，商业电视广告）这类传统的大型创意作品的关注度逐渐降低。同时，市场上已经充斥着大量新奇、有趣的内容，使得品牌很难创造出更新奇、更能吸引消费者注意力的内容。

在这样的背景下，品牌的营销策略也开始转变，以适应"抠门式"消费的趋势。首先，品牌在制作TVC这类大创意作品时变得更加审慎。在当前的市场环境下，这类大投入的营销活动不再像以往那样能够轻易吸引消费者的注意力，很多品牌开始把以往做TVC的几百万元的预算拆分成多个几十万元的预算，找达人做内容和投放。

其次，品牌更加注重投入产出比。在预算有限的情况下，营销活动的每一分投入都需要精打细算，以确保效益最大化。

2023年刷屏的是酱香拿铁，Fendi、喜茶的跨界合作，其本质上是一种小投入的营销——利用跨界激发消费者的好奇心，从而提升曝光度并引发消费者的讨论。跨界营销越来越多，也是"抠门营销"的一种表现形式。

大平台也在适应这种节奏，抖音、小红书这种内容营销平台都在闭环销售，同时利用各种工具让品牌的营销投入变得可衡量。

4. AIGC加速渗透营销

AIGC正加速渗透到营销领域，为营销策略带来根本性的变革。在这一趋势的驱动下，营销人员的角色和技能需求正在发生重大变化。

以前营销人员要会写文案，会做海报，会拍摄和剪辑视频，在未来的营销中，营销人员或许不再需要精通传统的创意设计或文案编写，而是转向更多地与AI合作，精通编辑AI模型提示词和与AI对话，从而不断地让AI提供满足自己需求的内容。

以电商图片制作为例，以前，通过传统的代理机构制作一张图片可能需要花费一万元甚至几万元，而现在，借助AI技术能够以1000元一张的价格批量、快速地制作图片。这种成本和效率上的优势无疑会对营销策略产生深远的影响。

不过，对营销人员不利的一点是，随着AI技术在内容生成、数据分析和客户互动等方面的应用越来越广泛，一部分传统营销人员可能会面临被裁撤的风险。从长期来看，AI技术的应用会大幅提升营销的整体效率，帮助品牌更精准地定位目标市场和消费群体，同时降低营销成本。

5. ChatGPT和视觉搜索改变搜索格局

在我国，搜索的格局已经不再是百度一家独大了。抖音搜索的月活已经突破了5.5亿人，在小红书上，60%的日活跃用户会在小红书上主动搜索，日均搜索量超过 3 亿次。此外，ChatGPT 让人们获取信息更加快捷。自从用上 ChatGPT，人们用百度的频率已经大幅下降了。

可以看出，目前搜索的格局是，对于知识文字类搜索，ChatGPT 取代了大部分百度的功能，而对于生活、消费类搜索，越来越多的人在抖音和小红书上搜索。谷歌的内部研究显示，40%的年轻人在寻找午餐场所时会先去看 TikTok 或 Instagram，而不是使用谷歌地图搜索。由此看来，国内外是一样的趋势。

在这样的格局下，品牌以前在搜索引擎上做 SEO，现在则更应该在抖音和小红书上做搜索内容优化。同时，今年 ChatGPT 的语音功能已经隐隐让人感觉到了其水平远高于 Siri，因而未来品牌可能还需要做好应答引擎优化。

对于营销人员来说，现今的搜索市场更加复杂，并非做好传统 SEO 就万事大吉了，搜索营销应该适应新趋势，将更多的营销精力放在视觉搜索平台上。

6. 头部主播退潮，但直播赚钱并不容易

过去一年，在多个品牌因某个主播影响到公司整体业务之后，相关公司意识到，不能将公司的命运完全寄托于一个主播身上，直播带货行业的头部主播开始逐渐退潮。

在这样的市场环境下，商家、主播、平台之间的关系变得更加复杂和多元化。虽然这三方依然是直播带货生态的重要组成部分，但市场已经不再期待出现超级头部主播了，而平台也更倾向于避免过度依赖某一个主播。

那么，是不是头部主播少了，垄断结束了，商家就能赚到钱了？并不是。对于商家而言，如果不向头部主播支付渠道费用，就需要支付给平台更多的流量费用。在这种情况下，很多商家陷入不投流就没流量，投流就赚不到钱的窘境，他们需要在流量和利润之间找到平衡点。

所以，根本的解决方法就是做好品牌，品牌的知名度、美誉度、信任度一旦做起来，其产品销量就有保障了，而不被头部主播/流量操控。

7. 视频号崛起，加速商业化

腾讯 2023 年第二季度财报显示，视频号的广告收入超过 30 亿元，总用户使用时长同比翻倍，日活同比增长双十位数。此外，视频号直播电商 GMV（Gross Merchandise Volume，商品交易总额）同比增长约 150%。

腾讯总裁刘炽平曾宣称视频号广告收入在 2022 年第四季度有望超过 10 亿元，仅仅半年后，2023 年第二季度的广告收入就已超过 30 亿元。尽管视频号现在的商业化体量还没法跟抖音相比，但它让人看到了当年抖音的狂飙速度。

同时，视频号有着抖音不具有的优势，即视频号、微信公众号、微信社群的生态互助。视频号未来有可能开启以"品牌力"和"强社交绑定"为新属性的电商模式。视频号通过与微信社群、微信公众号打通，形成私域流量矩阵，为品牌提供在微信全面经营的机会。

当一个平台在商业化上发力的时候，商家最好的选择就是跟随。有句话是"飞船开动了，别在乎位置，先上船"。相对于目前的抖音，视频号还是有一定红利的。其红利在于两点：一是竞争少，因而想做好会更容易；二是 ROI 相对更高。

视频号的月活早已突破 8 亿人，且使用时长接近朋友圈，如此大的流量场，商家没有忽视的理由。

8. 垂直或职人 KOC 崛起

当短视频和直播成为趋势的时候，越来越多的人开始以这种形式进入平台创造商业价值。

我曾听朋友讲过一件事：一位自雇型的钢琴老师在课余时间通过抖音、小红书上教人学钢琴的技巧而获得学员信息，之后通过线下联系，顺利招到新的学员。这种营销方式被称为垂直或职人 KOC（Key Opinion Consumer，关键意见消费者）。

其实各个领域的专业人士都可以通过这种方式成为垂直达人。

事实也如此，教师、置业顾问、律师、整理师等特定领域的从业者，正在加速进入这个生态圈，参与达人营销。这些垂直领域的达人不仅仅是内容创作者，更是各自领域的专家。他们以专业知识和实际经验吸引了一群特定的受众。

比如，一些对汽车非常了解的垂直达人和 4S 店的销售人员通过直播来介绍某款汽车的卖点和促销信息，吸引感兴趣的用户观看，从而帮助汽车品牌获取线索。

在抖音上就有这样的例子，某个商家找来几百个 KOC 进行直播，平均每场直播可以带来几十个甚至几百个线索。对于这样的垂直创作者来说，虽然他们本身粉丝量不高，但通过这种营销方式一天最多可以获得几千元的收入。

9. 情绪营销红利持续释放

多巴胺穿搭、美拉德色系，越来越多指向人们情绪的商品在 2023 年成为大众焦点。

在市场消费领域，情绪价值不仅是一种情感体验，而且是一种心理共鸣。它触及消费者内心深处的情感，激发多巴胺和其他愉悦感的化学反应。类似于恋爱中的激情和依恋，情绪价值在商业中也有着非常实际的应用，而利用情绪价值进行营销的方式可以被称为"情绪营销"。

多巴胺穿搭就是情绪营销的一个鲜明例子。穿搭设计者不仅考虑了服装的功能性，还着眼于通过色彩、设计等因素来激发消费者的愉悦感和自信心。当人们穿上一件令自己感到自信和满足的衣物时，多巴胺激增，情感愉悦的感觉随之而来。这种情绪连接使人们愿意购买更多的时尚产品，而不仅仅是满足基本的穿衣需求。

多巴胺穿搭只是情绪营销的一个小案例。越来越多的商家开始积极采用这一策略，如美食、旅游、电子产品等行业商家，都在努力创造令人愉悦和满足的情感体验，从而吸引消费者。

情绪营销在 2024 年依然有红利，当经济不那么振奋人心的时候，市场就会想办法激发消费者的情绪需求。

10. α 世代登上营销舞台

"α 世代"（阿尔法世代），也被称为 Gen Alpha，是指在 2010 年到 2025 年间出生的人群，紧随"Z 世代"之后。这一代人是第一个完全出生于 21 世纪的群体，从小就生活在数字技术和流媒体服务的环境中。他们被视为迄今为止最具多样性、接触技术最多的一代。

"α 世代"与"Z 世代"的主要区别在于他们对技术和互联网的使用更为纯熟。"α 世代"也被看作史上最具多元化和全球化的一代，他们生活在一个技术和互联网始终存在的世界中，更容易与来自不同背景和文化的人建立联系。

此外，由于从很小的年纪就不断接触移动互联网和社交媒体，"α 世代"比"Z 世代"拥有更短的注意力持续时间。"α世代"还表现出更高的适应性和韧性，因为他们在一个比"Z世代"成长环境更快速变化的环境中成长。

"α世代"的兴起对品牌营销具有重要影响。

首先，"α世代"作为"数字原住民"，他们的社交媒体使用和在线内容创作能力将为品牌提供新的营销机会。这一代人对多元文化的接纳和理解，以及他们的创造精神，预示着他们将在消费行为和市场趋势中扮演重要角色。

其次，这一代人对环境问题有更深的认识，他们更有可能支持有利于环境的行动。商家在面对"α世代"时，需要重视可持续性实践，以吸引这一代更加注重环保的消费者。这也是ESG（Environmental，Social and Governance，环境、社会和治理）在近年越来越热门的原因。

商家也逐渐开始重视"α世代"，因为他们是未来的消费者，且会对消费趋势产生深远的影响。通过吸引和影响这一代人，品牌可以提前占据他们的心智，并引领未来的消费趋势。

结语：

2024年，在经济增长放缓、消费者行为转变和技术革新的交汇点上，商家必须灵活应对并采用更加精细和审慎的策略。从反向消费的崛起到视频号的商业化，再到"α世代"的崛起，这些趋势均指明了一个共同的方向：营销的未来在于理解和适应消费者的需求，同时利用技术为商家创造价值。

商家需要认识到，消费者对价值的追求不仅仅是价格上的考量，更是对商家理念、社会责任感和可持续性的深度关注。因此，营销策略应该更多地集中在建立与消费者的深层次连接上。同时，AI和数字技术的进一步融入，将不断重塑营销行业的景观。营销人员需要不断提升自己的技能，以适应这一变化，并在人工智能与人类创造力之间实现完美的平衡。

综上，2024年的营销趋势预示着一个更加动态、多元化和技术驱动的未来。对于商家来说，这既是挑战也是机遇，关键在于如何利用这些趋势创造与消费者的真正连接，同时优化营销策略，以适应不断变化的市场环境。

（资料来源：钛媒体App）

六、同步拓展

登录海尔集团官网，分析海尔集团的传统营销模式和网络营销模式，并比较这两种模式的区别。

任务二　网络市场调研

一、任务描述

湘路电动自行车销售部的前身为湖南路翔机电贸易有限公司，自成立起，先后成为中国邮政、邮政速递、顺丰速运、圆通速递、申通快递等众多省内大型企事业单位的战略合作伙伴。湘路电动自行车销售部于 2016 年 5 月进行全面升级，正式注册为湖南路翔机电贸易有限公司，注册资金为 200 万元，是目前湖南省内注册资金较大的一家集电动汽车、电动自行车、电动观光车生产及销售于一体的贸易有限公司。为了及时跟踪行业动态、拓展业务、明确主要的竞争对手、提高自身竞争力、发现潜在的目标客户，公司想通过互联网对电动汽车市场做一次市场调研。

请为其提供主要的实施方案。

二、相关知识

（一）网络市场调研的定义

市场调研是营销链中的重要环节，不进行市场调研就把握不了市场。互联网作为 21 世纪新的信息传播媒体，它的高效、快速、开放是无与伦比的。它加快了世界经济结构的调整与重组，形成了数字化、网络化、智能化、集成化的经济走向；它强烈地影响着国际贸易环境，正在迅速改变传统的市场营销方式乃至整个经济面貌。

网络市场调研，又叫网络市场调查，是指基于互联网而系统地进行营销信息的收集、整理、分析和研究的过程。网络市场调研的内容主要包括市场可行性研究、不同地区的销售机会和潜力分析、影响销售的各种因素的探索、竞争分析、产品研究、包装测试、价格研究、特定市场的特征分析、消费者研究、形象研究、市场性质变化的动态研究、广告监测、广告效果研究等方面。

（二）网络市场调研的特点

网络市场调研可以充分利用互联网的开放性、自由性、平等性、广泛性、直接性、无时间和地域限制等特点开展调查工作，其特点如下。

1. 网络信息的及时性和共享性

由于网络的开放性和快速传播性，只要连接到网络上并愿意接受调研的网民都可以随时接触到不同形式的网络市场调研，同时任何网民都可以参加投票和查看结果，这保证了网络信息的及时性和共享性。

2. 便捷性与低费用

网络市场调研可节省传统调研中所耗费的大量人力、物力和时间，在网络上进行调研只需要一台能上网的计算机。调查者只需在企业站点上大量发出电子调查问卷供网民自愿填写，之后通过统计分析软件对反馈回来的信息进行整理和分析即可。这就使人工所需费用下降到相当低的程度，也避免了传统调查遇到的不同方面的阻挠、不便、时间长等问题。

3. 交互性和充分性

网络的最大特点是交互性。在进行网络市场调研时，被调查者可以在任何时间完成不同形式的调研，也可以及时就问卷中的问题提出自己的看法和建议，从而减少因问卷设计不合理导致的调研结果偏差等问题。同时，被调查者在合法的前提下还可以自由地在网上发表自己的看法，而不受到任何限制。

4. 调研结果的可靠性和客观性

由于企业站点的访问者一般都对企业产品有一定的兴趣,所以这种基于客户和潜在客户的调研结果是比较客观和真实的,它在很大程度上反映了客户的消费心态和市场发展的趋向。

5. 无时间、地域限制

网络市场调研可以 365 天全天候进行,这与受地域制约和时间制约的传统调研方式有很大的不同。

利用互联网的特点进行市场调研的优势是非常明显的。网络市场调研是一个快速、省钱的方法。同时,由于被调查者的反馈信息相对真实,因此对这些信息的分析所得到的结果必然会更加精确。这就能够更大限度地帮助生产商或经销商发现商机、找准经营方向及做出正确决策等。

(三)进行网络市场调研的方法

进行网络市场调研一般可采用两种方法,即网上直接调研和网上间接调研。

1. 网上直接调研

网上直接调研是指通过互联网采用直接进行问卷调查的方式收集一手资料。网上直接调研包括观察法、专题讨论法、问卷调查法、实验法和在线问卷法。目前用得最多的是专题讨论法和在线问卷法。

1)专题讨论法

专题讨论可通过新闻组、BBS 或邮件列表进行。具体步骤如下:第一步,确定要调查的目标市场;第二步,识别目标市场中要加以调查的讨论组;第三步,确定可以讨论或准备讨论的具体话题;第四步,登录相应的讨论组,通过过滤系统筛选有用的信息或创建新的话题引导大家讨论,从而获取有用的信息。具体地说,目标市场的确定可根据新闻组、BBS 或邮件列表的分层话题来进行选择,也可向讨论组的参与者咨询其他相关名录,在此过程中应注意查阅讨论组上的常见问题,以便确定能否根据名录来进行市场调研。

2)在线问卷法

在线问卷法即请求浏览网站的每个人参与网站的各种调查。调查者可以委托专业调查公司进行,具体做法是,向若干相关的讨论组发送简单的问卷;在自己网站上放置简单的问卷;向讨论组发送相关信息,并把链接指向放在自己网站上的问卷。

在线问卷不能过于复杂、详细,否则会使被调查者产生厌烦情绪,从而影响所收集数据的质量。调查者在采用在线问卷法时可采取一定的激励措施,如提供免费礼品、抽奖送礼等。

2. 网上间接调研

网上间接调研是指利用互联网的媒体功能通过互联网收集二手资料。互联网虽有着海量的二手资料,但要找到自己需要的信息,首先必须熟悉搜索引擎的使用,其次必须掌握专题性网络信息资源的分布。通过互联网查找资料主要有 3 种方法:利用搜索引擎、通过访问相关的网站(如各种专题性网站或综合性网站）、利用相关的网上数据库。

1）利用搜索引擎查找资料

搜索引擎使用自动索引软件来发现、收集并标引网页，建立数据库，以 Web 形式提供给用户一个检索界面，供用户以关键词、词组或短语等检索项查询匹配的记录。

2）通过访问相关的网站查找资料

如果知道某一专题的信息主要集中在哪些网站，就可以直接访问这些网站，从而获得所需的资料。

3）利用相关的网上数据库查找资料

网上数据库有付费的和免费的两种。在国外，进行网络市场调研用的数据库一般都是付费的。我国的数据库业近年来也有较大的发展，出现了几个 Web 版的数据库，但都是文献信息型的数据库。

（四）网络市场调研的实施

1. 明确调研目标

在进行网络市场调研前，要明确调查的问题，以及希望通过调查得到什么样的结果，如客户的消费心理、购物习惯、对竞争者的印象、企业的形象、对产品的评价等。

2. 确定调研对象

网络市场调研对象主要分为这几类：企业产品的消费者、企业的竞争者、企业的合作者和行业内的中立者。

3. 制订调研计划

有效的调研计划包括资料来源、调研方法、调研手段、抽样方案和联系方法等内容。下面将对这几部分进行简单介绍。

1）资料来源

进行网络市场调研须确定是收集一手资料还是二手资料，或者两者都可。在互联网上，利用搜索引擎、网上营销网站和网上市场调研网站可以方便地搜集各种一手资料和二手资料。

2）调研方法

进行网络市场调研可以使用的方法有专题讨论法、问卷调查法和实验法等，可根据实际情况选择合适的方法。

3）调研手段

进行网络市场调研可以采取在线问卷和软件系统两种方式进行。其中，在线问卷制作简单，分发迅速，回收方便，但需遵循一定的原则。

4）抽样方案

抽样方案主要包括确定抽样单位、样本规模和抽样程序。抽样单位是确定抽样的目标总体。

样本规模的大小涉及调研结果的可靠性，样本应足够多，且必须包括目标总体范围内所发现的各种类型的样本。在抽样程序的选择上，为了得到有代表性的样本，应采用概率抽样的方法（这样可以计算出抽样误差的置信度），但当概率抽样的成本过高或花费时间过长时，可以用非概率抽样方法替代。

5）联系方式

联系方式是指以何种方式接触被调查者。进行网络市场调研可采取网上交流的形式，如 E-mail 传输问卷、BBS 等。

4. 收集整理信息

利用互联网进行市场调研，不管是收集一手资料还是收集二手资料，都可同时在全国或全球进行，收集的方法也很简单，直接在网上递交或下载即可，这与受地域制约的传统调研方式有很大的不同。例如，某公司要了解各国对某一国际品牌的看法，只需在一些著名的全球性广告站点发布广告，把链接指向公司的调查表即可，而无须在各国找不同的代理分别实施。利用传统调研方式做此类调研，其困难程度是无法想象的。

5. 分析信息

信息收集整理结束后，接下来的工作是分析信息。分析信息的能力相当重要，因为很多竞争对手都可从一些知名的商业站点看到同样的信息，那么，调查者从收集的数据中提炼出与调研目标相关的信息，并在此基础上对有价值的信息迅速做出反应，就是把握商机、战胜竞争对手及取得经营成果的一个制胜法宝。

6. 提交调研报告

提交调研报告是整个调研活动的最后一个步骤。调研报告不是数据的简单堆砌。调查者不能把大量的数字和复杂的统计技术扔到管理者面前，而应把与市场营销关键决策有关的主要调研结果呈现出来，并采用调研报告的正规格式。

三、任务实施

步骤一：搜索行业动态和政策信息。

使用百度等搜索引擎搜索标题中包含"电动汽车"关键词的文档，并对呈现该搜索关键词的界面进行截图。摘录和整理电动汽车行业动态的有关资讯，形成一篇 200～400 字的电动汽车行业动态简讯。

步骤二：访问汽车行业/专业网站。

利用百度等搜索引擎搜索标题中包含"电动汽车"关键词的网站，对呈现该搜索关键词的界面进行截图。访问汽车行业/专业网站，将相关汇总信息填入表 6-5 中。

表 6-5　电动汽车行业网站信息资源库

序号	网站域名	主要频道/栏目	联系方式
1			
2			
3			

步骤三：搜集竞争对手的详细资料。

（1）利用百度等搜索引擎搜集国内其他电动汽车生产企业的相关信息，访问它们的网站，并将相关汇总信息填入表 6-6 中。

表 6-6　国内其他电动汽车生产企业信息资源库

序号	企业名称	网站域名	经营范围	规模特色	主要品牌
1					
2					
3					
4					

（2）登录阿里巴巴国内网站，对网站上的电动汽车企业进行调研，要求使用关键词"电动汽车"，且被调查企业为"生产企业"，将相关汇总信息填入表 6-7 中。

表 6-7　阿里巴巴网站电动汽车生产企业调研

调查对象所在省或市	注册用户/个	诚信通用户/个	诚信通指数排名前 3 的企业	
			企业名称	诚信指数
湖南省			第一：	
			第二：	
			第三：	
广州市			第一：	
			第二：	
			第三：	

步骤四：搜集潜在客户的详细资料。

搜集潜在客户的详细资料与搜集竞争对手的详细资料的方法类似。潜在客户主要包括贸易公司、汽车加工企业、消费者等。请利用互联网搜集这些潜在客户的信息，并将汇总信息填入表 6-8 中。

表 6-8　潜在客户的详细资料

序号	客户名称	经营业务范围和规模	联系方式	资料来源链接
1				
2				
3				
4				

步骤五：调研总结。

根据上述调研过程和调研结果完成 400～500 字的调研报告，从而为湖南路翔机电贸易有限公司提供合理的市场开拓策略。

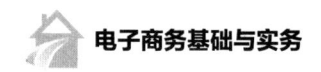

四、任务评价

任务评价表如表 6-9 所示。

表 6-9 任务评价表

项目	学习态度（20%）	团队合作情况（20%）	步骤完成情况（50%）	其他表现（10%）	小计（100%）	综合评价
小组评分（30%）						
个人评分（30%）						
老师评分（40%）						
综合得分（100%）						

五、知识拓展

网络市场调研应该调研什么

对于网络营销来说，网络市场调研的方向和目标在于了解市场，了解竞争对手，对目标客户进行有针对性的调查，最终得出明确的信息，制定出差异化的营销策略。

以下问题应该是调研的重点。

- 产品的市场需求有多大？
- 产品的长尾市场在哪里？
- 产品进入市场的阻力是什么？
- 产品的利润率如何？
- 产品的可预期风险如何？
- 能不能进入目标市场？
- 目标客户对产品是否感兴趣？
- 目标客户最希望得到什么样的产品？
- 目标客户是什么样的人？
- 目标客户需不需要这类产品？
- 目标客户正在使用什么产品？
- 目标客户正在使用的产品从何而来？
- 企业的竞争对手是谁？
- 竞争对手的口碑如何？
- 竞争对手使用了什么样的网络营销方法？

通过网络市场调研，企业应该对这些具体的问题有一个整体的了解，即使没有精确的答案和报表，也必须对预期的市场有一个明确的概念。总之，通过了解市场、竞争对手和目标客户，最终精确估算自己的实力。

1. 了解目标客户

网络上的目标客户和传统市场中的目标客户有着截然不同的特征。网络上的目标客户更开放，更愿意尝试新鲜事物，更注重使用体验和产品的口碑。因此，要开展网络营销要先了解网络上目标客户的需求和需求特征，以及其购买行为模式和动机。网络上有着许多特征鲜明、划分明确的社区群体，分析网络上的目标客户的关键就是了解这些群体的喜好和需求。

2. 了解竞争对手

进行网络市场调研，除了要了解网络上的目标客户，企业还要了解竞争对手。研究竞争对手在行业中的地位及进行网络营销的情况可以采用图 6-1 所示的方式。

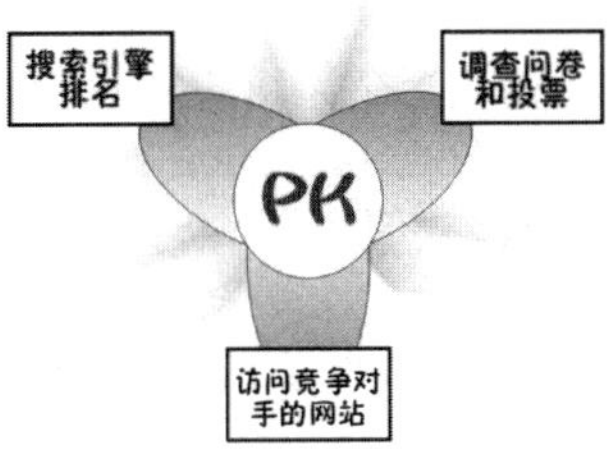

1）搜索引擎排名

图 6-1 如何了解竞争对手

在搜索引擎上的排名可以明确说明企业的竞争对手是否在进行网络营销，进行到了什么程度，在使用竞价排名的同类企业有多少，以及这些企业的市场占有率如何、市场空间如何等。

2）调查问卷和投票

企业应在调查问卷和投票上设置与竞争对手的产品、服务和想法有关的问题，看看是谁在谈论这些产品，使用竞争对手产品的客户有多少，给自己还留着多少市场空间等。通过这些调查，企业可以判断自己进入市场的阻力有多大，市场空间还有多少，以及是否有把握把竞争对手的客户变成自己的客户。

3）访问竞争对手的网站

访问竞争对手的网站可以直观地了解竞争对手的网站内容、企业动态、营销思维和企业实力。

除此之外，网络市场调研还有一些其他调研方式不能企及的优势，即使用网络工具对竞争对手的网站运营情况和排名情况进行调研，比如查看竞争对手网站的 Alexa 排名、百度等搜索引擎的收录数、关键词排名、网站的流量数据等。通过分析这些数据，不仅能评估竞争对手的整体实力（包括网站运营水平），还能了解其采用的网络营销方式及实施效果，甚至推算出其网络市场占有率。

六、同步拓展

登录问卷星、爱调查、一调网等调查网站，开展一次关于大学生创新创业的问卷调查，思考网络市场调研应注意哪些方面的问题。

任务三　网络营销方法选择

一、任务描述

御泥坊是依托淘宝发展起来的面膜品牌，创立于 2006 年，目前隶属于水羊集团股份有限公司。御泥坊始终坚持传承盛唐文化，打造民族护肤品牌。御泥坊盛唐文化研究院从盛唐美学中获得灵感，将盛唐文化之美蕴于产品设计中。基于东方女性肤质的五大特点，御泥坊研习盛唐古法，结合现代科技，打造了具有东方特色的"春江花月夜"产品体系——兼具艺术价值与护肤功效。御泥坊已成为具有代表性的民族美妆品牌之一。

通过查御泥坊的官网及其他网络渠道，试分析其运用了哪些网络营销方法。

二、相关知识

（一）网络营销策略

1. 产品组合策略

这里先来了解产品线和产品组合两个概念。产品线是指在技术和结构上密切相关，具有相同使用功能、不同规格、却能满足同类需求的一组产品。产品组合是指一个企业所经营的全部产品线的组合方式。产品组合包括 3 个元素，即产品组合的广度、深度和关联度。这 3 个元素可构成不同的产品组合。产品组合策略是指企业根据其经营目标、自身实力、市场状况和竞争态势，对产品组合的广度、深度和关联度进行不同的组合。

1）扩大产品组合策略

扩大产品组合策略也称全线全面型策略，即拓展产品组合的广度和深度，增加产品系列或项目，扩大经营范围，以满足市场需求。采用扩大产品组合策略有利于综合利用企业资源，扩大经营规模，降低经营成本，提高企业竞争能力。但扩大产品组合策略要求企业具有多条分销渠道，采用多种促销方式，对企业的资源条件要求较高。

2）缩小产品组合策略

缩小产品组合策略指缩减产品组合的广度和深度，减少一些产品系列或项目，集中力量经营一个系列的产品或少数产品项目，提高专业化水平，以求集中力量从经营较少的产品中获得较多的利润，故也称市场专业型策略。

3）产品延伸策略

每个企业所经营的产品都有其特定的市场定位。产品延伸策略指全部或部分地改变企业原有产品的市场定位。具体做法有向上延伸、向下延伸和双向延伸 3 种。

2. 价格策略

由于企业面对的是互联网这个全球市场，因此在制定产品和服务的价格策略时必须考虑各种国际化因素，针对国际市场的需求情况和同类产品的价格情况确定企业的价格策略。

1）新产品的价格策略

新产品的价格策略选择的正确与否关系到新产品能否在市场上立足，能否顺利开拓市场，以及能否尽快从产品市场生命周期的导入期进入成长期。在网络营销中，对于新产品，企业多采用撇脂定价、渗透定价、满意定价 3 种价格策略。

2）折扣价格策略

折扣价格策略是指销售者为回报或鼓励购买者的某些行为，如批量购买、提前付款、淡季购买等，将其产品的基本价格调低，给购买者一定的价格优惠。具体办法有数量折扣、现金折扣、功能折扣和季节性折扣等。在网络市场中这也是经常采用的一种价格策略。

3）免费策略

在网络营销中，一些企业通过实施免费策略来达到营销的目的。在网上，人们普遍使用免费电子邮件来获得各种免费软件、免费电子报刊等，即通过"免费"吸引客户——网上最稀缺的资源，而拥有客户资源就获取了利润的源泉。有名的门户网站雅虎正是这样成长起来的。

3. 分销渠道策略

1）网络直接销售

网络直接销售是指生产企业通过网络直接分销渠道销售产品。目前常见的做法有两种：一种是生产企业在互联网上建立自己的独立网站，申请域名，制作主页和销售网页，由网络管理员专门处理有关产品销售的事务；另一种是生产企业委托信息服务商在其网站上发布信息，生产企业利用有关信息与客户联系，直接销售产品。

2）网络间接销售

为了克服网络直接销售的缺点，网络商品交易中介机构应运而生。这类中介机构成为连接买卖双方的枢纽，使得网络间接销售成为可能。中国商品交易中心、商务商品交易中心、中国国际商务中心及阿里巴巴网站等都属于这类中介机构。

3）混合法

所谓混合法，是指企业同时使用网络直接分销渠道和网络间接分销渠道，以达到销售量最大化的目的。在买方市场的现实情况下，通过两条渠道销售产品比通过单一渠道销售产品更容易实现市场扩张。

4. 促销策略

网络营销的促销策略（网络促销策略）是利用现代化的网络技术向虚拟市场传递有关产品和服务的信息，以此激发消费者需求，引发消费者购买欲望并促使其产生购买行为的各种活动。

网络营销的促销活动主要分为网络广告促销和网络站点促销两大类。网络广告促销是指通过网络服务提供者进行广告宣传，开展促销活动；网络站点促销主要是指利用企业网站树立企业形象，宣传产品，开展促销活动。网络广告促销具有宣传面广、影响力大的特点，但费用偏高。网络站点促销比较直接、快速、简便，费用较低，因为买卖双方可网上直接对话、讨价还价，所以成交的概率较高。但网络站点日益增多，因而检索起来比较困难。合理地应用这两种促销方法是保证网络促销成功的关键。

（二）网络营销的常用工具

选择合适的工具对开展网络营销非常重要。网络营销的工具非常多，以下介绍几种常用的网络营销工具。

1. 企业网站

企业网站是企业在互联网上进行网络建设和形象宣传的平台，相当于企业的网络名片，不但可以对企业的良好形象进行宣传，而且可以辅助企业的销售——通过网络直接帮助企业实现产品的销售。另外，企业还可以利用网站发布产品资讯和招聘信息等。在所有的网络营销工具中，企业网站是最基本、最重要的。如果没有企业网站，许多网络营销方法就无用武之地。网站建设是网络营销策略的重要组成部分，网站建设的完成为网络营销的各种职能的实现打下了基础。也就是说，只有建设好企业网站，一些重要的网络营销方法才具备了实施的基本条件。企业网站内容是网络营销的信息源。企业网站的功能决定着哪些营销方法可以被采用，哪些营销方法不能被采用。

2. 搜索引擎

搜索引擎是指根据一定的策略，运用特定的计算机程序，从互联网上搜集信息，在对信息进行组织和处理后，为用户提供检索服务，将用户检索的相关信息展示给用户的系统。搜索引擎包括全文索引、目录索引、元搜索引擎、垂直搜索引擎、集合式搜索引擎、门户搜索引擎与免费链接列表等。百度是搜索引擎的代表。搜索引擎是常用的互联网服务之一，其基本功能是为用户查询信息提供便捷。搜索引擎在开展网络营销过程中必不可少。

3. 电子邮件

电子邮件，又称电子信箱、电子邮政，它是一种用电子手段提供信息交换的通信方式，是互联网上应用非常多的服务。通过电子邮件系统，用户可以以非常低的价格（不管发送到哪里，都只需负担电话费或网费即可），非常快速的方式（几秒之内可以发送到世界上任何指定的收件地址），与世界上任何一个角落的网络用户联系。电子邮件可以是文字、图像、声音等各种形式的。电子邮件作为一种交流工具，与企业的经营活动密不可分，已成为有效的网络营销信息传递工具之一，在网络营销中具有极其重要的作用。其作用具体体现在树立企业品牌形象、会员通信与电子刊物发放、电子邮件广告推送、产品服务推广、收集市场信息等方面。

4. 博客

博客，也被称为网志或网络日志。当其以名词形式出现时，其通常指在网络上发表博客文章的人或者文章内容；当其作为动词时，则指写博客文章。现在博客不仅被用于发布个人的网络日志，也已成为企业发布信息的工具，是一种新型的网络营销工具。

（三）网站推广的方法

1. 搜索引擎推广

搜索引擎推广是指利用搜索引擎、分类目录等具有在线检索信息功能的网络工具进行网站推广的方法。由于搜索引擎的基本形式包括网络蜘蛛搜索引擎（简称搜索引擎）和基于人工分类目录的搜索引擎（简称分类目录），因此搜索引擎推广的形式也相应地有基于搜索引擎的方法和基于分类目录的方法。基于搜索引擎的方法包括搜索引擎优化、关键词广告、竞价排名、固定排名、基于内容定位的广告等多种形式，而基于分类目录的方法则主要是在分类目录合适的类别中进行网站登录。随着搜索引擎形式的发展变化，其他形式的搜索引擎出现了，不过大都是以前述两种形式为基础的。

搜索引擎推广的方法包括多种不同的形式，常见的有登录免费分类目录、登录付费分类目录、搜索引擎优化、关键词广告、关键词竞价排名、网页内容定位广告等。

2. 电子邮件推广

电子邮件推广是指以电子邮件为主的网站推广手段。其常见形式包括电子刊物、会员通信、专业服务商的电子邮件广告等。基于用户许可的 E-mail 营销（简称许可 E-mail 营销）与滥发邮件不同，许可 E-mail 营销比传统的推广方式及未经许可的 E-mail 营销具有明显的优势，比如可以减少广告对客户的滋扰、增加潜在客户定位的准确度、增强与客户的关系、提高客户的品牌忠诚度等。根据许可 E-mail 营销所应用的用户电子邮件地址资源的所有形式可以分为内部列表 E-mail 营销和外部列表 E-mail 营销，可分别简称内部列表和外部列表。内部列表 E-mail 营销也就是通常所说的邮件列表，是利用网站的注册用户资料开展 E-mail 营销的方式，常见的形式有新闻邮件、会员通信、电子刊物等。外部列表 E-mail 营销则是利用专业服务商的用户的电子邮件地址来开展 E-mail 营销，也就是以电子邮件广告的形式向专业服务商的用户发送信息。许可 E-mail 营销是网络营销方法体系中相对独立的一种，既可以与其他网络营销方法相结合，也可以单独应用。

3. 资源合作推广

资源合作推广是指通过网站交换链接、交换广告、内容合作、用户资源合作等方式，在具有类似目标的网站之间实现互相推广的目的。其中最常用的资源合作推广方式为网站链接策略，即利用合作伙伴网站的访问量资源互相推广。

每个企业网站都拥有自己的资源，这种资源可以表现为一定的访问量、注册用户信息、有价值的内容和功能、网络广告空间等。企业利用网站的资源与合作伙伴开展合作，可以实现资源共享，共同扩大收益的目的。在资源合作形式中，交换链接是最简单的一种合作方式。调查表明，交换链接也是新网站推广的有效方式之一。交换链接或称互惠链接，是具有一定互补优势的网站之间的简单合作形式，即企业分别在自己的网站上放置合作伙伴网站的 Logo 或网站名称并设置合作伙伴网站的超级链接，使用户可以从企业网站中发现企业合作伙伴的网站，从而达到互相推广的目的。交换链接的作用主要表现为获得访问量、加深用户浏览时的印象、在搜索引擎排名中增加优势、通过合作伙伴网站的推荐增加访问者的可信度等。

4. 信息发布推广

信息发布推广是指将有关的网站推广信息发布在其他潜在用户可能访问的网站上，利用潜在用户在这些网站获取信息的机会实现网站推广的目的。适用于信息发布的网站包括在线黄页、分类广告、论坛、博客网站、供求信息平台、行业网站等。信息发布是免费网站推广的常用方法之一，尤其在互联网发展早期，网上信息量相对较少时，企业通过信息发布的方式即可取得满意的效果。不过随着网上信息量呈爆炸式增长，这种免费信息发布的方式所能发挥的作用日益降低。同时，由于更多更加有效的网站推广方法的出现，信息发布在网站推广的常用方法中的重要程度也有明显的减弱。因此，依靠大量发送免费信息进行推广的方式已经没有之前那么大的价值了。不过，一些针对性、专业性的信息仍然可以引起人们的极大关注，尤其当这些信息被发布在相关性比较高的网站上时。

5. 病毒性营销

病毒性营销并不是传播病毒，而是利用用户之间的主动传播让信息像病毒那样扩散，从而达到推广的目的。病毒性营销实际上是在为用户提供有价值的免费服务的同时，附加上一定的推广信息。病毒性营销的常用工具包括免费电子书、免费软件、免费 Flash 作品、免费贺卡、免费邮箱、免费即时聊天工具等。如果应用得当，这种病毒性营销手段往往可以以极低的代价取得非常显著的效果。

6. 快捷网址推广

快捷网址推广，即合理利用网络实名、通用网址及其他类似的关键词网站的快捷访问方式来实现网站推广的方法。快捷网址使用自然语言和网站 URL（Uniform Resource Locator，统一资源定位符）建立对应关系，这为习惯于使用中文的用户带来了极大的方便。用户只需输入比英文网址更加容易记忆的快捷网址就可以访问网站，即用自己的母语或者其他简单的词汇为网站"更换"一个更好记忆、更容易体现品牌形象的网址。例如，选择企业名称或者商标、主要产品名称等作为中文网址，这样可以大大弥补英文网址不便于宣传的缺陷，因此快捷网址在网站推广方面有一定的价值。随着企业注册快捷网址数量的增加，这些快捷网址用户数据也相当于一个搜索引擎，这样，当用户利用某个关键词检索时，即使与某网站注册的中文网址不一致，也同样存在被用户发现的可能性。

7. 网络广告推广

网络广告是常用的网络营销策略之一，在网络品牌、产品促销、网站推广等方面均有明显作用。网络广告的常见形式包括 Banner 广告、关键词广告、分类广告、赞助式广告、E-mail 广告等。其中，Banner 广告所依托的媒体是网页，关键词广告属于搜索引擎营销的一种形式，E-mail 广告则是许可 E-mail 营销的一种。可见，网络广告本身并不能独立存在，只有与各种网络工具相结合才能实现信息传递的功能。因此我们可以认为，网络广告存在于各种网络营销工具中，只是具体的表现形式不同。将网络广告用于网站推广具有可选择网络媒体范围广、形式多样、适用性强、投放及时等优点，适用于网站发布初期及运营期的任何阶段。

三、任务实施

步骤一：登录淘宝、京东等平台的御泥坊店铺，记录店铺的资料（店铺名称、信用度、好评率等）。

步骤二：具体分析其采取了哪些营销方法，如价格（折扣、低价、各种价位）、产品（品类、附加价值等）、促销（广告、图片、公告等）、渠道（送货方式、运费等）。

步骤三：对店铺进行评价，提出自己的意见或建议。

四、任务评价

任务评价表如表 6-10 所示。

表6-10 任务评价表

项目	学习态度（20%）	团队合作情况（20%）	步骤完成情况（50%）	其他表现（10%）	小计（100%）	综合评价
小组评分（30%）						
个人评分（30%）						
老师评分（40%）						
综合得分（100%）						

五、知识拓展

网络营销中的新增职业

1. 全媒体运营师

全媒体运营师，是由人力资源和社会保障部、国家市场监督管理总局、国家统计局联合发布且面向社会开展认定的，综合利用各种媒介技术和渠道，采用数据分析、创意策划等方式，从事对信息进行加工、匹配、分发、传播、反馈等工作的人员。

全媒体运营师的主要工作为首先结合历史数据和用户需求制定选题，通过编辑、制图、原创等方式创作出优质的内容，然后分发到各个渠道，最后做内容数据的分析。全媒体运营师不仅要会撰写文案、会编程，还要会制图、拍摄和剪辑视频。在逻辑上，全媒体运营师要会数据分析，会提出解决方案；在视野上，全媒体运营师要会全盘统筹、分发资源，还要知晓各个媒体的价值和联系。

2019年，中国就业培训技术指导中心发布《关于拟发布新职业信息公示的通告》，包括网约配送员、人工智能训练师、全媒体运营师等16个新职业。2020年2月25日，人力资源和社会保障部联合国家市场监督管理总局、国家统计局向社会发布了虚拟现实工程技术人员、人工智能训练师、全媒体运营师等16个新职业。2022年5月17日，国家市场监督管理总局认证认可技术研究中心发布《市场监管总局认研中心关于开展人员能力验证工作（第一批）的通知》，面向社会正式开展人员能力验证工作，其中包含了全媒体运营师人员能力验证。

2. 互联网营销师

互联网营销师，是指在数字化信息平台上，运用网络的交互性与传播公信力，对企业产品进行多平台营销推广的人员。

2020年7月6日，人力资源和社会保障部联合国家市场监督管理总局、国家统计局发布了9个新职业，包括互联网营销师。2023年3月16日，国家市场监督管理总局认证认可技术研究中心发布《市场监管总局认研中心关于开展人员能力验证工作（第三批）的通知》，面向社会正式开展人员能力验证工作，其中包含互联网营销师人员能力验证。2024年7月25日，人力资源和社会保障部发布新增工种信息，其中在互联网营销师职业下新增"生活服务体验员"工种。

互联网营销师的主要工作任务如下：

- 研究数字化平台的用户定位和运营方式；
- 接受企业委托，对企业资质和产品质量等信息进行审核；

- 选定相关产品，设计策划营销方案，制定佣金结算方式；
- 搭建数字化营销场景，通过直播或短视频等形式对产品进行多平台营销推广；
- 提升自身传播影响力，加强用户群体活跃度，促进产品从关注到购买的转化率；
- 签订销售订单，结算销售货款；
- 负责协调产品的售后服务；
- 采集分析销售数据，对企业或产品提出优化性建议。

互联网营销师适用于电商、微商、直播带货、新媒体运营、社群运营、短视频制作、互联网营销、网页设计、网站开发、广告创意、品牌公关、数据分析，以及策划、文案、运营、执行等工作的从业者。

互联网营销师国家职业技能标准的职业守则明确要求：从业者应遵纪守法，诚实守信；恪尽职守，勇于创新；钻研业务，团队协作；严控质量，服务热情。

互联网营销师人员能力验证依据人员能力验证规则。其规则编制参考了《合格评定能力验证的通用要求》《利用实验室间比对进行能力验证的统计方法》中的全部或部分条款，既保证了规则体系的规范化，又对行业从业人员的水平及行业从业人员现状进行了动态分析，可促进行业良性发展，同时也使其具有根据行业发展进行调整的灵活性和实用性，符合人员培养培训和验证的需求。

（资料来源：人力资源和社会保障部官网）

六、同步拓展

选择一个企业网站，分析其主要采用了哪种网站推广方法，该企业最适合采用哪种网站推广方法，哪种网站推广方法对该企业的宣传所起的作用最大。

项目总结

当今的市场竞争日趋激烈，企业为了取得竞争优势必须适应互联网这个大环境。事实上，传统营销已经很难帮助企业在竞争中获胜，企业更加依赖适应营销大环境的、深层次的方法和理念。本项目主要从网络营销和传统营销的区别入手，分析了网络市场调研方法和网络营销方法。企业开展网络营销可以节约大量的店面租金，减少库存商品和库存管理费用，不受经营场地和规模的限制，能够更方便地采集客户信息和对客户信息进行现代化管理，从根本上提高企业的竞争力。企业掌握了网络营销的方法和手段就等于拥有了商场制胜的又一法宝。

项目七

网络客户服务与管理

项目情境

一个普通的工作日,伊丽莎白·莫瑞斯正在梅瑞特饭店的客房服务组值班。傍晚时,伊丽莎白接到一通住在饭店内的一位到城里来出差的女房客的电话,她因为不想到餐厅用餐,所以打电话来点餐。伊丽莎白依言登记下来,并交代其他人处理。过了几分钟,这位女房客又打电话进来了,这次是要取消订餐。一般来说,客户取消订餐是很常见的事情,但是这一次,伊丽莎白总觉得有什么事情不太对劲。

梅瑞特饭店多年来一直致力于文化的改革,主要目的就是鼓励员工在面对问题时能够独当一面,以客为尊。由于受过这种专业的训练,所以在接到这通电话后,伊丽莎白考虑的不仅是商业上的问题,她还担心是不是另有隐情。于是,她立即联络服务生领班来代她的班,然后亲自去拜访这位女房客。敲开门后,她首先简短地介绍了自己,并说明了来这里的目的,然后聆听女房客的回答。结果才发现,原来这位女房客在点完餐后给家里打电话时,得知她母亲患了重病住在医院,恐怕熬不过今晚。在与机场联系后,她沮丧地得知已赶不上最后一班飞机回家了。

伊丽莎白听后立刻着手安排,除了马上打电话到机场,以梅瑞特饭店的名义负担班机延滞费,同时还找来服务生帮这位女房客整理行李,并请门房找来出租车直奔机场。伊丽莎白的机警让这位女房客顺利赶赴母亲身旁,见到了母亲最后一面。

问题:这个案例对我们有什么启示?优质的服务是如何炼成的?

项目任务书

项目七任务书如表 7-1 所示。

表 7-1 项目七任务书

任务编号	分项任务	职业能力目标	职业素养目标	知识要求	参考课时
任务一	认识网络客户服务	具备识别客户、分析客户需求的能力	1. 利用互联网不断学习新知识、新技术,有强烈的服务意识	1. 了解网络客户服务的内涵、意义 2. 掌握网络客户服务的分类	2 课时

续表

任务编号	分项任务	职业能力目标	职业素养目标	知识要求	参考课时
任务二	网络客户服务的主要形式与程序	掌握网络客户服务的技巧	2. 立足本职岗位，明确工作目标，具备良好的客户沟通与管理能力 3. 从企业全局的高度处理客户投诉与异议，培养客户忠诚度	3. 了解网络客户服务的主要形式与程序	4 课时

任务一　认识网络客户服务

一、任务描述

一次电商大促期间，满小饱品牌直播间问鼎抖音平台的"抖音旗舰""食遍天下""方便速食"榜单，拿下三榜第一。电商平台是满小饱的主要销售渠道。每天有大量的客户在各大平台下单购买其产品，前来咨询的客户也非常多，其中不乏提出仅退款服务请求的客户。满小饱非常注重客户的服务体验，即使退货退款服务时效方面在行业中已经做到了非常高的水准，但是为了给客户提供更好的服务，依然严格要求自己。满小饱的客户服务部急需招聘几名网络客户服务人员，想通过进一步提升各项服务时效指标来提升客户购物体验感和品牌信任度，持续赢得客户的好感。电子商务专业的新生小刘很想去应聘。

那么，网络客户服务人员到底是干什么的呢？就是坐在计算机前用聊天工具同客户聊天吗？

二、相关知识

把小事的细节做到优秀和卓越，并持续保持在这一水平，就是高品质的客户服务。

（一）网络客户服务的内涵与特点

1. 客户与客户价值

对企业而言，客户是对企业的产品或服务有特定需要的群体，是企业生产经营活动得以维持的根本保证。有学者认为，客户包括所有本着共同的决策目标参与决策制定并共同承担决策风险的个人和团体，包括使用者、影响者、决策者、批准者、购买者和把关者。随着客户与企业的接触，一般的客户会经历这样的发展阶段：潜在客户→新客户→满意的客户→留住的客户→老客户。客户可以分为内部客户和外部客户。内部客户是指企业内部从业人员，包括基层员工、主管、经理乃至股东；外部客户分为显著型客户和隐蔽型客户（或潜在型客户）两种。显著型客户是具有消费能力，对某产品有购买需求，了解产品信息和购买渠道，能立即为企业带来收入的客户。隐蔽型客户是预算不足或暂时没有购买该产品的需求，缺乏产品信息和购买渠道的客户，但可能随着环境、条件和需要的变化而成为显著型客户。

从全面质量管理（Total Quality Management，TQM）的角度来看，客户其实是全面的。也就是说，除了企业外部的人员是客户，企业内部各部门之间也相互成为客户，即用全面客户的观点可以使客户服务工作贯穿于企业管理的全时空，从而进一步提高客户服务与管理的质量。

现代企业要强烈地关注客户，因为客户已成为企业的衣食父母。"以客户为中心"的管理模式正逐渐受到企业的高度重视。全面质量管理注重客户价值，其主导思想就是"客户的满意和认同是企业长期赢得市场、创造价值的关键"。为此，全面质量管理要求必须把"以客户为中心"的思想贯穿到企业业务流程的管理中，即从市场调查、产品设计、试制、生产、检验、仓储、销售到售后服务的各个环节都应该牢固树立"以客户为中心"的思想，不但要生产物美价廉的产品，而且要为客户做好服务工作，让客户放心、满意。这已经成为众多希望长远发展的企业所推崇的理念。

对于客户价值，我们可从两方面理解。一方面，从企业的角度看，客户价值是客户持续和企业发生关系，从而为企业带来的价值，是企业从与其具有长期稳定关系并愿意为其提供的产品和服务承担合适价格的客户中获得的利润，也就是客户对企业的利润贡献。另一方面，从客户的角度看，客户价值是指客户从企业的产品和服务中得到的对自己需求的满足。肖恩·米汉认为，客户价值是客户从某种产品或服务中所能获得的总利益与在购买和拥有时所付出的总代价的比较，也就是客户从企业为其提供的产品或服务中所得到的满足，即 $V_c=F_c-C_c$（V_c——客户价值，F_c——客户感知利得，C_c——客户感知成本）。

提升客户价值，既是通过企业的行为吸引客户，让客户需求得到更好的满足，也是使客户持续消费、增加消费和发挥口碑效应，从而带来企业价值的持续增长。这是一个双赢的过程。因此，企业的各种行为，包括网络维护、业务和服务、营销和销售，从一线员工到最高领导层，都是以提升客户价值，即提升企业价值为目的的。

2. 服务

服务是具有无形特征却可给人带来某种利益或满足感的可供有偿转让的一种或一系列活动，即"为别人做事，满足别人的需要"。服务是个人或社会组织为客户直接或凭借某种工具、设备、设施和媒体等所做的工作或进行的一种经济活动，是向客户（个人或企业）提供的，旨在满足对方的某种特定需求。其生产可能与物质产品有关，也可能无关，是针对其他经济单位的个人、产品或服务的增加价值，并主要以活动形式表现的使用价值或效用。服务要达到或超越客户的期待，具体如下。

服务要从主观因素和客观因素两方面入手。那么，客户怎样看待这件事情？客户感觉满意还是不满意？这就是一种感觉，是主观因素。满足客户的利益需求是客观因素。

- 达到客户的期待是服务的基本要求，即满足客户的客观需求和心理期待。
- 超越客户的期待是服务追求的目标。服务不仅仅是要达到客户的期待，更是要做到最好，应远远超出客户的期待，令客户难忘。

知识链接

SERVICE 的扩展定义

❖ S——Smile for everyone，对每个人微笑。

- ❖ E——Excellence in everything you do，让自己成为本领域的专家。
- ❖ R——Reaching out to every customer with hospitality，态度亲切友善。
- ❖ V——Viewing every customer as special，每个客户都是特殊的。
- ❖ I——Inviting your customer to return，争取回头客。
- ❖ C——Creating a warm atmosphere，创造温馨的环境。
- ❖ E——Eye contact that shows we care，用眼神传达关心。

3. 客户服务

客户服务，是指一种以客户为导向的价值观，它整合及管理预先设定的最优成本——服务组合中的客户界面的所有要素。从广义上讲，任何能提高客户满意度的内容都属于客户服务的范围。

做客户服务工作不是只接几个电话、在网上回答几个问题那么简单。客户服务工作其实是在管理客户价值，就是企业围绕着促使客户持续增加消费和提高口碑，带动更多人消费这一目标，做好从宣传、产品设计、维护、营销、销售到售后等各环节的服务，且使之系统化、有效化、高效化。各项工作都应统一在提升客户价值（提升企业价值）的目的下，而不能割裂各环节，让其各自为政。客户服务工作本身就是以提升客户价值来提升企业价值为目的的，是企业价值链上很重要的内容，而客户服务部门则是创造企业价值的重要主体。

客户服务可以分为4个层次。

（1）基本的服务，即依托普通的程序、操作系统、工具等为客户提供最简单的辅助。例如，客户在网上书店买一本书，在线支付书款后，离线等待配送部门将书送到，这时客户基本的物质价值利益得到满足，这就是基本的服务。

（2）满意的服务，是指提供服务的企业的网站界面设计友好，使得客户在浏览网站时获得精神方面的满足。比如客户通过网站了解企业的产品，网站的客服人员对客户殷勤问候、热情招待、语气友善、态度礼貌，同时网站能根据客户以往的购买习惯推荐新产品、促销信息等，这就是满意的服务。

（3）超值的服务，是指具有附加值的服务，即那些可提供可不提供，但是提供之后能够使客户更加满意，觉得有更大的收获的服务。比如客户生日时收到一份电子贺卡等。

（4）难忘的服务，是客户根本就没有想得到的而远远超出其预料的服务。比如客户购买某一位作家的书时，网站及时提供该作家所有在版图书及最新作品的信息，或提供与客户研究的某个专题有关的最新著作等信息。

客户服务的服务水准线应该是能使客户满意的服务。优质的服务不但要满足客户物质上的需求，还要满足客户精神上的需求。客户服务的4个层次示意如图7-1所示。

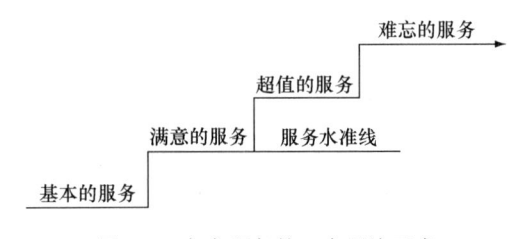

图7-1 客户服务的4个层次示意

被尊称为"经营之神"的中国台湾王永庆是著名的"台塑大王",他一生能够取得如此辉煌的成就,其中的一个重要原因就是他能够提供比别人更多、更卓越的服务。王永庆 15 岁的时候在台南一个小镇上的米店里做伙计,深受掌柜的喜欢,因为只要王永庆送过米的客户都会成为米店的回头客。那么,他是怎样做的呢?到客户的家里,王永庆不是像一般伙计那样把米放下就走,而是找到米缸,先把里面的陈米倒出来,然后把米缸擦干净,把新米倒进去,把陈米放在上面,最后盖上盖子。王永庆还随身携带两大"法宝":第一个"法宝"是一把软尺,当他给客户送米的时候,他就量出米缸的尺寸,计算米缸的体积,从而知道这个米缸能装多少米;第二个"法宝"是一个小本子,他在上面记录了客户的档案,包括人口、地址、生活习惯、对米的需求和喜好等,套用今天的术语就是客户资料档案。到了晚上,其他伙计都已呼呼大睡,只有王永庆一个人在挑灯夜战,整理所有的资料,把客户资料档案转化为服务行动计划。所以,经常有客户打开门看到王永庆笑眯眯地背着一袋米站在门口说:"你们家的米快吃完了,给你们送来了。"这时客户才发现原来自己家真的快没米了。王永庆说:"我在这个本子上记着你们家吃米的情况,这样你们家就不需要亲自跑到米店去买米了,我们店里会提前送到府上,你看好不好?"客户当然说太好了。于是,这个客户就成为米店的忠诚客户。后来,王永庆自己开了一家米店,因为他重视服务,善于经营,所以生意非常好。生意越做越大,他成为著名的企业家。

4. 网络客户服务

电子商务和网络经济的发展使企业间的竞争更加激烈,企业在产品的质量、品种、款式、技术含量等方面的差距逐步缩小,产品本身的竞争优势已经不再对客户产生决定性的影响。这就需要企业加强外延产品的竞争。客户服务是外延产品竞争的重要方面。在电子商务时代,良好的网络客户服务能力将大大提升企业的竞争力。无论是网络公关和礼仪,还是客户服务和管理,最终都要围绕客户需求,想方设法为客户提供满意的服务。网络客户服务就是企业借助网络为客户提供的售前、售中、售后等一系列服务。网络客户服务有很多表现形式,千牛、FAQ 等在线客服系统,QQ、微信等即时通信工具,E-mail、微博、博客、论坛等社交渠道,还有一些专门的网上语音服务系统,如阿里巴巴的智能客服阿里小蜜、中国移动的 5G 智能客服、携程的智能客服等。

5. 网络客户服务的特点

网络客户服务的特点如下。

(1) 客户对服务的感性认识得到增强。

(2) 突破了时空限制。

(3) 客户寻求服务的主动性增强。

(4) 服务效益得到提高。

(二) 网络客户服务的目标

网络客户服务的目标如下。

(1) 以服务创造利润、赢得市场。

(2) 提供卓越的、超值的服务。

（3）通过服务来实施差异化策略，即比竞争对手做得更好、更多。

（4）要比客户更了解客户——提前发现客户的潜在需求，培养忠诚客户群。

（三）网络客户服务的分类

1. 按所处的商业流程分类

网络客户服务按所处的商业流程可分为售前服务、售中服务和售后服务。

1）售前服务

售前服务一般是指企业在销售产品之前为客户提供的一系列服务，如市场调研、产品设计、咨询服务等。售前服务一般分为5个阶段：寻找、沟通、跟进、了解、建立关系。

2）售中服务

售中服务是指在产品交易过程中企业为客户提供的服务，如接待服务、商品包装服务等，旨在给客户制订合理的方案，帮助客户解决实际问题。

3）售后服务

售后服务发生在与客户成交之后，是与产品有关的后续服务。售后服务不仅包括维修、保养等基本服务，还包括附加服务，即超值服务，如送货、安装、产品退换、使用技术培训等方面的服务。凡是与所销售产品有连带关系，并且有益于客户的服务都是售后服务。

2. 按提供服务的时间分类

网络客户服务按提供服务的时间可分为定期服务和非定期服务。

1）定期服务

每隔一段时间或者在某个固定的时间，比如节日、客户的生日、纪念日等，为客户提供的特殊服务即定期服务。定期服务送给客户的不仅是一份礼物，更是一份用心的关怀，是朋友的情谊，因而更容易打动客户。

2）非定期服务

非定期服务包括资讯的提供、不定期的拜访、电话问候、联谊活动、意外的小礼物、手机短信息等。非定期服务具有不确定性，只要有需要，企业都可主动为客户提供。

3. 按所提供服务的内容分类

网络客户服务按所提供服务的内容可分为咨询服务、引导销售服务、投诉处理服务等。

1）咨询服务

咨询服务是指服务人员针对客户对产品价格、特点、功能、技术、使用方法等内容提出的各种问题进行解答，提供参考意见。

2）引导销售服务

引导销售服务主要是通过各种手段引导客户进店下单，完成购买，提升成交率。

3）投诉处理服务

投诉处理服务往往是要求较高、较难做的服务，一般发生在客户和企业接触后对服务或产品不满意且提出投诉时。因为有不满情绪，所以客户会比较难以沟通，这就需要客服人员有更专业的服务能力与处理问题的经验。

4. 按客户服务的表现形式分类

网络客户服务按客户服务的表现形式可分为人工客户服务和电子客户服务。其中电子客户服务又可细分为文字客户服务、视频客户服务和语音客户服务3类。文字客户服务是指主要以打字聊天的形式进行的客户服务，视频客户服务是指主要以视频沟通的形式进行的客户服务，语音客户服务是指主要以移动电话沟通的形式进行的客户服务。

此外，基于微信的迅猛发展，微信客户服务作为一种全新的客户服务形式出现在市场上。微信客户服务依托于微信精湛的技术条件，综合了文字客户服务、视频客户服务和语音客户服务的全部功能，具有无可比拟的优势，因此备受好评。

（四）网络客服人员的职责与素质要求

1. 网络客服人员的职责

一般重视客户服务的企业常会设有专门的客户服务部门与客户服务岗位，客户服务部门与岗位人员往往承担以下职责。

（1）接听各品牌技能话务，能够按照知识库及时准确地回复客户，为客户提供标准服务。

（2）快速了解企业的新政策、新业务，在提供电话服务过程中积极主动地推介企业的新产品，促使客户产生使用新产品的意愿。

（3）受理客户申请的业务电话、客户投诉电话并准确记录投诉内容，及时将需要其他岗位协助受理的业务生成电子工单并传送到后台组。

（4）协助整理班组内培训等资料和辅导初级客户代表；参加各种培训，提高综合素质；参加各种团队活动，支持班组建设。

（5）记录资料库内没有的问题，上交值班经理助理转送业务组；及时准确地收集移动业务信息，努力学习移动业务知识，协助收集客户需求信息，对服务工作提出改进意见。

（6）使用多种方式（如电话、短信、电子邮件等）与客户进行沟通，以达到服务或销售的目的。

（7）做好客户的咨询与投诉处理，做好客户的障碍申告与派单，总结反馈客户的意见与建议。

（8）认真填写交班日记，向下一班交清未完成和待解决的问题；与各部门保持良好的联系与沟通；经常检查计算机运行情况，对于有问题的及时报修。

2. 网络客服人员的素质要求

要很好地履行以上职责，成为一名合格的客服人员，应具备严谨的工作作风、饱满的工作热情和认真的工作态度、熟练的业务知识、积极的学习态度，同时能耐心地向客户解释，虚心地听取客户的意见等。

1）具备饱满的工作热情和认真的工作态度

要做一名合格的客服人员，热爱本职工作是先决条件。因为只有热爱这份工作，才能全身心地投入其中。

2）具备熟练的业务知识

一名合格的客服人员应该有熟练的业务知识，只有熟练掌握了各方面的业务知识，才能准确无误地为客户提供业务咨询、业务办理及投诉建议等各项服务，从而让客户获得更好的服务体验。

3）能耐心地解答问题

判断一名客服人员是否合格，关键就是看其对客户的态度。在工作过程中，客服人员应保持热情诚恳的工作态度，在做好解释工作的同时，要语气缓和、不骄不躁。当遇到客户不懂或解释起来比较困难的问题时，要有耐心，一遍不行再来一遍，直到客户满意为止，始终信守"把微笑融入声音"，把真诚带给客户的诺言。这样才能更好地让自己不断进取。

4）具备良好的沟通能力

沟通能力特别是有效的沟通能力是客服人员的基本素质之一。客户服务是跟客户打交道的工作，倾听客户、了解客户、启发客户、引导客户都是客服人员和客户交流的基本功，只有了解客户需要什么服务和帮助，以及客户的抱怨和不满，才能找出企业存在的问题，进而有针对性地解决客户的问题。

（五）客户管理

客户管理是企业通过有效的沟通，动态地掌握客户的真实需求变化，并对客户需求和消费行为进行合理组织和引导，使其成为企业的忠诚消费群体的过程。其管理流程涉及售前、售中与售后各个环节，管理内容包含客户个人信息、咨询信息、消费信息、投诉或建议、支付习惯、个人信用、消费影响力等方面。

客户关系管理系统及应用

客户管理一般被理解为客户关系管理（Customer Relationship Management，CRM），其含义是企业为提高核心竞争力，利用相应的信息技术及互联网技术来协调企业与客户在销售、营销和服务上的交互，从而改进其管理方式，向客户提供创新式的个性化客户交互和服务的过程。

客户关系管理既是一种崭新的、国际领先的、以客户为中心的企业管理理论、商业理念和商业运作模式，也是一种以信息技术为手段，有效提高企业收益、客户满意度、雇员生产力的具体实现方法。其实施目标就是通过全面提升企业业务流程的管理水平来降低企业成本，通过提供更快速和周到的优质服务来吸引客户。作为一种新型管理机制，客户关系管理实施于市场营销、销售、服务与技术支持等与客户相关的领域，极大地改善了企业与客户之间的关系。

随着 4G 移动网络的部署，客户关系管理进入了移动时代。移动 CRM 系统就是一个集 4G 移动技术、智能移动终端、虚拟专用网、身份认证、地理信息系统、商业智能等技术于一体的移动客户关系管理产品。移动 CRM 系统将原有 CRM 系统上的客户资源管理、销售管理、客户服务管理、日常事务管理等功能迁移到手机上。它既可以像一般的 CRM 产品一样，在企业的局域网进行操作，又可以在员工外出时通过手机进行操作。

作为解决方案的客户关系管理，集合了当今最新的信息技术，它们包括 Internet 和电子商务、多媒体技术、数据仓库和数据挖掘、专家系统和人工智能、呼叫中心等。作为一个应用软件，CRM

软件凝聚了市场营销的管理理念。市场营销、销售管理、客户关怀、服务和支持构成了 CRM 软件的基石。

三、任务实施

步骤一：通过 QQ、微信等进入当当、京东或唯品会等网上商城，以访客身份询问产品情况或近期活动，看看客服人员是怎么回应的，是否有后期跟踪，并总结其服务质量优劣及对你做出消费决策的影响，完成表 7-2。

表 7-2 ××商城客户服务对比

序号	店名	经营产品类别	进店问候	问题回答	后续跟踪	服务特色	结论
1							
2							
3							
4							

步骤二：利用搜索引擎搜索 2024 年"双 11"活动中的冠军品类，通过个人淘宝账号进入其中 4 家淘宝网店或天猫店，点击你所感兴趣的某个单品，询问对方相关问题，感受并分析其所提供的服务是不是优质的服务，完成表 7-3。

表 7-3 "双 11"冠军品类

序号	"双 11"冠军品类	店名与服务特色	你的问题	对方的回答	对方的反应速度	评价	结论
1							
2							
3							
4							

步骤三：通过门户网站与企业网站深入了解 1~2 家本土企业，对其所提供的产品或服务，其对客户服务的重视程度，其客户组成、客户需求与客户对企业服务的满意度情况等进行分析，从而进一步了解客户服务，完成表 7-4。

表 7-4 本土企业对比

企业名称	经营产品	提供的服务	有无专门的客服部门	客户规模与组成	客户需求	客户满意度情况	结论与建议

四、任务评价

任务评价表如表 7-5 所示。

表 7-5　任务评价表

项目	学习态度（20%）	团队合作情况（20%）	步骤完成情况（50%）	其他表现（10%）	小计（100%）	综合评价
小组评分（30%）						
个人评分（30%）						
老师评分（40%）						
综合得分（100%）						

五、知识拓展

全面质量管理

全面质量管理是企业管理现代化、科学化的一项重要内容，于20世纪60年代产生于美国，后来在西欧和日本得到推广与发展。全面质量管理是指在全社会的推动下，企业中所有部门、所有组织、所有人员都以产品质量为核心，把专业技术、管理技术、数理统计技术集合在一起，建立起一套科学、严密、高效的质量保证体系，控制生产过程中影响质量的因素，以优质的工作、最经济的办法提供满足用户需要的产品的全部活动。全面质量管理是一个组织以质量为中心，以全员参与为基础，目的在于通过客户满意和本组织所有成员及社会受益而达到长期成功的管理途径。全面质量管理理念：首先，质量的含义是全面的，不仅包括产品和服务质量，而且包括工作质量，用工作质量保证产品或服务的质量；其次，质量管理是全过程的质量管理，不仅要管理生产制造过程，而且要管理采购、设计及储存、销售、售后服务的全过程。其基本观点的第一条就是以客户为中心，视客户为上帝，以客户需求为核心，为用户服务。

1. 为用户服务的观点

在企业内部，凡接收上道工序的产品进行再生产的下道工序就是上道工序的用户，"为用户服务"和"下道工序就是用户"是全面质量管理的一个基本观点。企业通过对每道工序的质量进行控制，达到提高最终产品质量的目的。

2. 全面管理的观点

所谓全面管理，就是进行全过程的管理、全企业的管理和全员的管理。

1）全过程的管理

全面质量管理要求对产品生产过程进行全面控制。

2）全企业的管理

全企业的管理的一个重要特点是强调质量管理工作不局限于质量管理部门，要求企业下属各单位、各部门都参与质量管理工作，共同对产品质量负责。

3）全员的管理

全面质量管理要求把质量控制工作落实到每一名员工，让每一名员工都关心产品质量。

3. 以预防为主的观点

以预防为主，就是对产品质量进行事前控制，把事故消灭在发生之前，使每一道工序都处于受控状态。

4. 用数据说话的观点

科学的质量管理必须依据正确的数据资料进行加工、分析和处理，先找出规律，再结合专业技术和实际情况，对存在的问题做出正确的判断并采取正确的措施。

六、同步拓展

请对各种类型的电子商务网站进行调研，找出 3 家以上不同类型电子商务网站的客户服务页面，进行截图对比，分析其客户的类型与主要需求，以及客户服务的方式、工具、项目有何不同，并分析其原因。

任务二 网络客户服务的主要形式与程序

一、任务描述

淘宝网是中国最大的在线购物平台之一，也是全球最大的电商平台之一，其在线客服系统是其成功的重要原因。淘宝网提供了多种在线客服工具，包括实时在线聊天、问题反馈系统、客服热线等，为客户提供了全方位的售前咨询和售后服务。根据淘宝网的数据统计，超过 85%的客户在购物过程中会使用在线客服功能进行咨询或解决问题。其中，实时在线聊天是最受客户欢迎的服务之一，客户可以在购物过程中随时与卖家进行沟通，询问商品详情、价格、售后政策等，从而提升客户的购物体验，提高客户的满意度。淘宝网的在线客服系统既提高了购物效率，也增强了客户对淘宝网的信任感。同时，淘宝网通过不断优化和改进在线客服系统，提升了客服效率和服务质量，从而为客户提供更加便捷、高效的购物体验。

请登录淘宝网进行体验。试讨论分析淘宝网怎样与客户进行沟通，以及这种沟通方式具有哪些特点与优势。

二、相关知识

（一）网络客户服务的主要形式

1. 在线客服系统

在线客服系统是以网页为载体，运用最新网络技术为网站访客提供与网站客服即时通信的高科技手段。在线客服系统具备即时交流、主动出击、对话转接、报表统计、常用预存、实施简便、实时查看、队列选择、访客来源追踪、留言功能、客服管理、自动分配、客户关系管理、网页免费回呼电话等功能。以前的在线客户服务中存在一些问题，比如，回应客户询问时间较长甚至不予回复；不愿意为客户开设新的使用或者访问权限；承诺的客户服务难以实现；客户通常需要将投诉意见以文字形式呈现出来；网站"临时性关闭"或者下载速度极慢；客户服务联系方式信息不完善，可能只有一个通用的 E-mail 地址；客服人员不称职或者缺乏责任感。

现在的在线客服系统是对即时通信软件平台的统称。相较于其他即时通信软件，它实现了和网站的无缝结合，为网站提供了和访客对话的平台；网站访客无须安装任何软件，即可通过网页进行对话。在线客服系统除了具备实时的网页聊天功能，还发展出以弹出网页的方式主动邀请访客聊天的功能及文件对传功能，以便网站客服人员主动联系网站访客，从而变流量为销量，抓住每一个潜在客户。

常见的在线客服系统有两种模式：一种是以网站商务通、5107、Live800 为主的，一般为坐席收费，价格偏高，需要安装客服系统，客服端为 C/S 模式（Client/Server，客户端/服务器模式）；另一种是以 51 客服、53 客服、赢客服为主的免安装绿色客服系统，一般为无限坐席收费，客服端为 B/S 模式（Browser/Server，浏览器/服务器模式），访客端所有客服均为 B/S 模式。

比起 QQ 客服，专门的在线客服系统拥有无限坐席功能，可以同时登录多个客服账号；有主动发起功能，可以主动邀请客户，由原来的被动变主动；有咨询量分析功能，可以实时查看当前网站访问的客户是通过搜索什么关键词过来的，浏览了哪些页面，已经停留了多长时间等；可以自定义 Logo、旗帜广告；具备预置常用促销功能，在客户流量大时可以做出快速反应，减少客户等待时间。

在网络营销中，FAQ 被看作一种常用的在线客户服务手段。一个好的 FAQ 系统应该至少可以回答客户 81%的问题，这样不仅方便了客户，也大大减轻了网站客服人员的压力，节省了大量的客户服务成本，并提高了客户满意度。

举例来讲，华为客服系统因为设置了较为丰富、合理的 FAQ 且易于检索，所以能使客户方便地寻找到所提问题的答案。华为 FAQ 页面如图 7-2 所示。

图 7-2　华为 FAQ 页面

2. 网络社区

网络社区是指包括网络论坛、贴吧、群组等形式在内的网上交流空间。同一主题的网络社区集中了具有共同兴趣的访问者。网络社区就是社区网络化、信息化，简而言之，就是一个以成熟社区为内容的大型局域网，涉及金融经贸、大型会展、企业管理、文体娱乐等综合信息服务功能需求，同时与所在地的信息平台在电子商务领域进行全面合作。知乎就是一个成熟的网络社区，其网站首页如图 7-3 所示。

图 7-3 知乎网站首页

在现代社会学中，社区是指地区性的生活共同体。一个社区应包括 5 个基本要素：一定范围的地域空间，一定规模的社区设施，一定数量的社区人口，一定类型的社区活动，一定特征的社区文化。网络社区同样必须具备这 5 个基本要素。传统社会学认为社区与社区之间存在着种种差异，不同社区因结构、功能、人口状况、组织程度等因素体现出不同的分类和层次。

1）一定范围的地域空间

对于网络社区而言，一定范围的地域空间指的是网站的域名、网站的空间，同时还包括到达这个空间的带宽。带宽正如人们去往不同地方的公路，如果到达这个社区的公路宽阔和方便，那么这个社区会更容易凝聚人气。

2）一定规模的社区设施

一定规模的社区设施，对于现实社区而言，指的是人们居住的条件和环境，社区需要为居民提供独立的住所、公共活动场所、娱乐场所、生活服务设施等；对于网络社区而言，指的是网站的功能和服务。人们在网络社区仍然需要独立的个人空间，如博客、社交网站；需要公共的活动和娱乐场所，如论坛、游戏等；需要各种服务，如商城、生活资讯、分类信息、在线咨询等。完善的功能和服务正如优良的小区设施，可以吸引人们来到这里，并做长期居住的打算。

3）一定数量的社区人口

对于网络社区而言，一定数量的社区人口指的是网站的注册用户数。当然，注册用户数并不等于有效用户数。网络社区与现实社区有一个很明显的区别：现实社区中的人口容量是有限的；

网络社区中的人口数量几乎是无限的。网络社区的运营者应该通过一切有效手段让更多的网民到达这个社区,并想办法留住这些网民。关于人口的容量,网络社区具有无可比拟的优势。开发商耗资上亿元建设的现实社区,耗资数百亿元打造的繁华的商业街的空间、商铺和房屋的数量有限。然而,网站运营者只需要建设现实社区的 1/10 甚至 1/100 的成本,就可以打造出繁华的社区和商业街。淘宝网每天的访客量就不亚于北京西单商业街的人流量,交易额也非常可观。

4)一定类型的社区活动

一定类型的社区活动指的是人们在生产过程中参与的各种生活、工作和娱乐活动,以及在这个过程中形成的人与人之间的关系。其在网络社区中具体体现为记录自己的感情和生活,发起和参与各种问题的讨论,表达对某些问题的看法和观点,参与各种主题的活动,通过各种方法表达和满足个性化的诉求,进行倾诉、认同、交友、交易等,以及人们在这些活动中形成的社会网络。

5)一定特征的社区文化

一定特征的社区文化指的是在不同的网络社区,由于社区的功能、结构、人群的组成、组织者的理念和倡导等方面的差异,形成具有一定特征的社区文化和社区认同。只有具备了前面 4 个基本要素,才有可能形成具备一定特征的社区文化。社区文化不是某个人赋予的,而是人们在社区活动中积累和沉淀下来的一种价值认同。社区文化是社区的灵魂,体现了社区成员的共同价值观和行为准则。在网络社区中,社区文化可能通过社区的规则、论坛的版规、用户的交流习惯等方式体现出来。

以上 5 个基本要素构成网络社区。网络社区已成为人们生活的一部分,是人们现实生活的延伸,使人们的生活内涵更丰富,生活方式更加多元化,也更加精彩。在人类历史上,从来没有一项技术如此深刻地影响着人们的工作和生活,在如此短的时间内给人们的生活方式带来如此大的改变,互联网还将继续改变人们的生活。利用社区为已经聚集和即将聚集的客户服务往往能实现快速、精准的效果。

3. 电子邮件

电子邮件服务是目前最常见、应用最广泛的一种互联网服务,用户通过电子邮件可以与互联网上的任何人交换信息。电子邮件因快速、高效、方便及价廉而逐渐得到广泛的应用。目前,上过网的人大多用过电子邮件。目前,全球平均每天有几千万份电子邮件在网上传输。

与传统邮件相比,电子邮件具有传输速度快、内容和形式多样、收发方便、成本低、交流对象多、安全性好等特点。

1)传输速度快

电子邮件通常在数秒钟内即可被送达全球任意位置的收件人信箱中,比电话通信更为高效快捷。如果接收者在收到电子邮件后立即回复,那么往往发送者仍在计算机旁,这样,双方交换一系列信息就非常快捷。

2）内容和形式多样

电子邮件发送的内容除普通文字内容外，还可以是软件、数据，以及录音、视频等信息。

3）收发方便

与电话通信和发送传统信件不同，电子邮件采取的是异步工作方式，即在电子邮件高速传输的同时允许收件人自由决定在什么时候、什么地点接收和回复。发送电子邮件不会因"占线"或收件人不在而影响送达，收件人也无须守候在计算机旁，可以在方便的任意时间、任意地点接收，这样就打破了时间和空间的限制。

4）成本低

电子邮件的一大优点还在于其低廉的通信价格，用户花费极少的上网费用即可将重要的信息发送给世界各地的用户。

5）交流对象多

发件人可以将同一个电子邮件通过网络极快地发送给网上指定的一个或多个收件人。这些收件人可以分布在世界各地，但收件速度与地域无关。可见，使用电子邮件可以与非常多的人员进行通信。

6）安全性好

电子邮件系统是高效可靠的，如果收件人的计算机正好关机或暂时从互联网断开，系统就会每隔一段时间自动重发一次；如果电子邮件在一段时间内无法递交，系统就会自动通知发件人。作为一种高质量的服务，电子邮件系统是安全可靠的高速信件递送机制。

4. 在线表单

在线表单是用户可以通过浏览器向服务器端提交信息的功能，如常用的用户注册、在线联系、在线调查表等都是在线表单的具体应用形式。在网页的 HTML 代码中，在线表单的内容位于标签之间。

在网络营销中，在线表单与电子邮件一样可以作为一种网络客户服务手段。在线表单的作用与电子邮件类似，但客户无须利用自己的电子邮件系统发送信息，只需通过浏览器界面上的表单填写咨询内容并提交，由相应的客服人员处理即可。由于在线表单可以事先设定一些格式化的内容，如客户姓名、单位、地址、问题类别等，通过在线表单提交的信息比一般的电子邮件更容易处理，因此有为数不少的网站采用这种方式。从功能上说，在线表单和电子邮件这两种常用的在线联系方式都可以实现信息传递的目的，但从效果上来说二者有着很大的区别。如果处理不当，在线表单可能会产生很大的问题，因此应该对此给予重视。

5. 即时信息

即时信息是通过计算机网络或移动通信网络进行实时信息传输的一种通信方式。即时信息在社交中的应用非常广泛，如微信、QQ 等平台都提供了即时信息的功能。用户可以使用即时信息和朋友、家人、同事等实时交流，并共享生活照片、视频及其他信息。

即时信息在商业中的应用也越来越广泛。它为商家提供了与客户实时交流的机会，可以通过即时消息为客户提供更好的服务。例如，客户可以通过即时信息预订某项服务，商家也可以通过即时信息提供更多的信息和支持。此外，很多企业利用即时信息来管理内部沟通和项目，以提高工作效率、改善沟通效果。

6. 博客与微博

博客，又被译为网络日志、部落格或部落阁等，是一种通常由个人管理，不定期张贴新的文章的网站。博客上的文章通常根据张贴时间以倒序方式由新到旧排序。许多博客专注于在特定的课题上提供评论或新闻，其他的则专注于张贴个人日记。一个典型的博客结合文字、图像、其他博客或网站的链接及其他与主题相关的媒体，能够让读者以互动的方式留下意见，这是许多博客的重要因素。大部分的博客内容以文字为主，但仍有一些博客专注于艺术、摄影、视频、音乐、播客等各种主题。博客是社交媒体网络的一部分。

微博又叫微博客，是一种基于用户关系的信息分享、传播及获取的通过关注机制分享简短实时信息的广播式的社交媒体。用户可以通过计算机、手机等多种移动终端接入，以文字、图片、视频等多媒体形式，实现信息的即时分享与传播互动。与传统博客相比，其以"短、灵、快"为特点，使用140字左右的文字更新信息，并实现即时分享。埃文·威廉姆斯首创了微博服务。微博可分为两大类市场，一类是定位于个人用户的微博，另一类是定位于企业用户的微博。微博是信息日益碎片化的必然结果。

博客与微博都以自由、开放、共享为文化特征，通过图、文、音像等表现形式，围绕个人网络提供存取读写、组织沟通、评价交换等服务的社会化个人服务模式。企业利用互联网或手机等工具在自己的官方博客或官方微博上发布产品和服务信息，了解客户需求与期望，向客户征集意见与建议，及时为客户答疑解难，加深与客户的沟通交流，增进客户感情，从而牢牢地将客户聚集在自己的周围。

（二）网络客户服务的程序

1. 进行市场细分与定位

网络客户服务的市场细分与定位要解决"我是谁""他是谁"这两个基本问题。客服人员不能坐等客户上门，或等销售人员将客户带过来后只管服务，而应该学会在售前主动出击，即在分析市场宏微观环境、自身优劣势等情况之后对市场进行细分，对企业产品与服务进行定位。

2. 锁定并分析目标客户群

在经过市场细分与定位之后，客服人员知道企业应面向什么类型的客户，利用各种网络渠道与工具有针对性地开发客户，评价企业的客户价值，从而为企业客户群体数量的增加与质量的提升出力。

几个知名企业"以客户为中心"的理念如下。

- 美国所罗门兄弟公司曾经是世界上最大的投资银行之一，其宗旨是"为客户创造价值"。
- 快餐业汉堡王的理念是"任客户称心享用"。
- 曾经是世界最大的手机制造商的诺基亚的理念是"用户至上"。

- 联邦快递认为,"想称霸市场,首先要让客户的心跟着你走,然后让客户的腰包跟着你走"。
- 零售业巨头沃尔玛的理念是"不仅为客户提供最好的服务,而且具有传奇色彩"。

3. 了解客户需求

为了更好地提升客户服务质量,企业必须先从各方面了解客户需求。客户需求有很多种:根据物质形态可分为物质层面的需求和精神层面的需求;根据表现是否明显可分为表现出来的需求与隐藏在表象背后的需求;根据马斯洛需求层次理论可分为生理需求、安全需求、社交需求、尊重需求和自我实现需求等。客服人员必须通过有效的沟通方式了解清楚客户的具体需求是什么,以便使服务更有针对性。

一个优秀的客服人员要有这样一种观念,就是要充分了解客户的购买心理,因为只有这样,才能在服务过程中有的放矢,在最短的时间内实现"AIDA",即引发注意(Attention)、产生兴趣(Interest)、激发欲望(Desire)、促进行动(Action)。

4. 处理客户异议与投诉

不是所有的产品和服务都完美无缺,也不是所有的客户都是"上帝"。市场竞争日益激烈,客户可以选择的机会越来越多,欲望越来越强,客户的需求也会越来越难以满足。在这种情况下,不管是由于产品或服务的客观原因,还是由于其自身的原因,产生异议或投诉都在所难免。既然客户服务难以一帆风顺,那么企业就应该做好应对一切"暴风雨"的准备。有异议或投诉实际上是为解决问题提供了机会。有人说:"有抱怨的客户才是优秀的客户。"客户抱怨实际上是在帮助企业提升服务品质。

5. 培育忠诚客户

客户忠诚是从客户满意概念中引申出的概念,是指因客户满意而产生的对某个品牌或企业的信赖、维护和愿意重复购买的一种心理倾向。客户满意是客户的一种心理感受。具体来讲就是,客户需求被满足后形成的一种愉悦感。此处的"满意"不仅仅是客户对服务质量、服务态度、产品质量和产品价格等方面的满意,更是对企业所提供的产品或服务与自己的期望相吻合的满意。

客户满意度指客户满意程度的高低,为客户体验与客户期望之差。其公式如下:

$$客户满意度 = 客户体验 - 客户期望$$

客户满意的决定模型如图 7-4 所示。

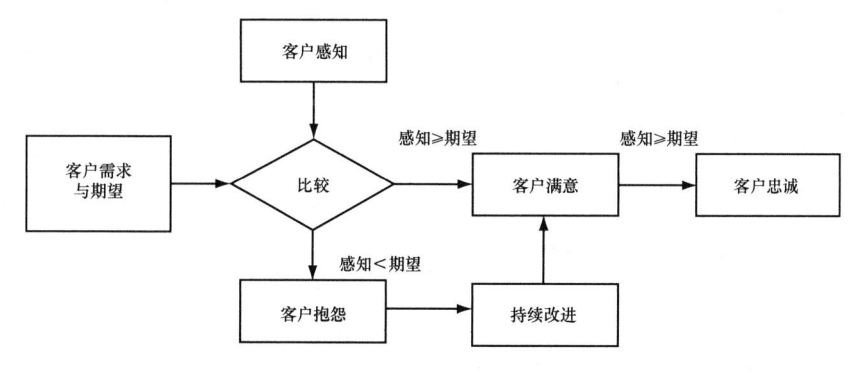

图 7-4 客户满意的决定模型

美国客户事务办公室提供的调查数据表明：平均每个满意的客户会把他满意的购买经历告诉 12 个人，在这 12 个人里面，在没有其他因素干扰的情况下，有超过 10 个人表示一定会光顾；平均每个不满意的客户会把他不满意的购买经历告诉 20 个人，而且这些人都表示不愿接受这种恶劣的服务。另美国汽车业的调查显示，一个满意的客户会向 25 个人进行宣传，并能引发 8 笔潜在生意，其中至少有 1 笔成交，这是著名的 1∶25∶8∶1 定理；而一个不满意的客户也会影响 25 个人的购买意愿。

有学者从研究角度出发，把客户忠诚细分为行为忠诚、意识忠诚和情感忠诚。对于企业来说，其最关心的莫过于行为忠诚，因为只有意识忠诚或者情感忠诚，却没有实际行动，对于企业来说并没有实际意义。

客户忠诚实际上是一种客户行为的持续性表现。不同客户所具有的客户忠诚度的差别较大，不同行业的客户忠诚度也各不相同。那些能为客户提供高水平服务的企业往往会获得较多的忠诚客户。培育忠诚客户应该成为企业客户关系管理战略所追求的根本目标。

国外的一项调查研究表明，一个企业总销售额的 80%来自占企业客户总数 20%的忠诚客户。因此，企业拥有的忠诚客户对于企业的发展十分重要。

培育忠诚客户可以节省企业开发、交易、服务等综合成本，增加企业综合收益，确保企业的长久效益，降低经营风险，产生良好的口碑效应，促进企业良性发展，所以企业应该采取措施去提高客户忠诚度。

企业提高客户忠诚度的措施如下。

（1）想方设法去实现客户完全满意。

第一，努力提供优质的产品和服务、合理的价格，并努力确保客户的利益。

第二，重视来自客户的反馈意见，不断满足客户的合理需求。

（2）通过财物奖励措施为忠诚客户提供特殊优惠。

第一，要让老客户从忠诚中受益，得到更多的实惠。

第二，要奖励重复购买者，制定有利于形成持久合作的价格策略。

第三，可采用多购优惠的办法促进客户长期复购。

例如，有家餐厅将客户每次用餐的账目记录在案（账目金额大的客户必然是该餐厅的常客）。到了年终，餐厅将纯利润的 10%按客户总账目金额的比例向客户发放奖金。这项"利润共享"的策略使得该餐厅几乎天天客满。

（3）采取多种有效措施切实提高客户的转移成本。

第一，加强与客户的结构性联系。经验表明，客户购买一家企业的产品越多，对这家企业的依赖性就越强，客户流失的可能性就越小。企业要不断地让客户有这样的感觉，即只有购买该企业的产品，客户才会获得额外的价值，而其他企业是办不到的。

第二，提高客户服务的独特性与不可替代性。企业必须不断创新，不断利用高新科技手段开发出独特的产品或服务，不断提供竞争对手难以模仿的产品或服务，比如提供个性化信息、个性化售后服务和技术支持，以及个性化的解决方案。企业只有想方设法比竞争对手做得更多、更快、更好，才能给客户留下深刻的印象，从而提高客户忠诚度。

第三，设法增加客户的转移成本。一般来讲，如果企业能使客户在更换品牌或企业时意识到转移成本太大，或者原来所获得的利益会因为更换品牌或企业而损失，或者将面临新的风险和负担，就可以提高客户的忠诚度。个性化的产品或服务在可能提高客户满意度的同时，也增加了客户的特定投入，如时间、精力等，即增加了转移成本，因而能够通过提高退出壁垒有效地阻止客户的"叛离"。

例如，微软公司就是凭借其功能强大的 Windows 系列产品几乎垄断了个人计算机操作系统软件市场；再如，功能实用、性能良好的 AutoCAD 在计算机辅助设计软件领域，SPSS 和 SAS 软件在科学统计与数据处理软件领域占有很高的市场份额，它们都是凭借不可替代的产品或服务赢得客户信任的。

（4）加强客户对企业的信任感与双方的情感交流。一系列的客户满意必然会产生客户信任，而长期的客户信任会形成客户忠诚。企业要建立高水平的客户忠诚就必须聚焦于赢得客户信任上，而不能仅仅是聚焦于客户满意上，并且要持续不断地增强客户对企业的信任感，这样才能获得客户对企业的长久忠诚。

第一，企业要与客户积极沟通，密切交往。

例如，汽车销售大王吉拉德在他经销汽车的十多年里，每个月都给客户寄一张不同款式的、像工艺品一样的精美卡片，为此他每月寄出 1 万～3 万张卡片，而客户会将这些卡片长期保存，并视吉拉德为亲密朋友。

第二，企业要学会"雪中送炭"，并能超出客户的期待。

（5）加强企业内部管理，为赢得客户忠诚提供基础保障。

第一，提高企业员工的满意度。研究发现，企业员工的满意度提高 5%，客户的满意度就会提高 10%。

第二，通过制定严格的制度来避免企业员工流失造成的客户流失。

（6）建立不同类型的客户组织，从而有效稳定客户队伍。企业运用某种形式将分散的客户组织起来，建立客户组织，如会员制或客户俱乐部制，并向客户提供价格或非价格的刺激，从而将一系列与客户相对独立的交易变为具有密切联系的交易。另外，客户组织还使企业与客户之间由短期联系变成长期联系，由松散联系变成紧密联系，由偶然联系变成必然联系。这样有利于企业保持现有客户和培养忠诚客户，确保企业有一个基本忠诚客户群。

三、任务实施

步骤一：以你的淘宝网店或某个品牌的旗舰店为背景，对产品或促销信息进行市场细分与客户定位，完成表 7-6。

表 7-6 市场细分与客户定位

序号	产品或服务内容	目标客户群体	发布时间	发布渠道选择	选择原因	结论
1						
2						
3						

步骤二：收集客户反应，了解客户需求，进行效果分析，完成表 7-7。

表 7-7 效果分析

序号	产品或服务内容	预期效果	客户反应	客户需求	你的对策	实际效果	结论
1							
2							
3							

步骤三：为你的网店或所选品牌的旗舰店设计节日（可选法定节假日，或者对企业有特殊意义、对客户有特殊意义的时间）客户关怀方案。

要求：必须明确活动主题、活动背景、活动目的、基本思路、时间、地点、面向对象、收益规模、活动形式、具体内容与流程、宣传渠道、负责人员等内容，可以文字或表格形式呈现，完成表 7-8。

表 7-8 活动方案

项目	方案 A	方案 B（备用）
1. 活动主题		
2. 活动背景		
3. 活动目的		
4. 基本思路		
5. 时间		
6. 地点		
7. 面向对象		
8. 收益规模		
9. 活动形式		
10. 具体内容与流程		
11. 宣传渠道		
12. 负责人员		
13. 物料准备		
14. 所需其他支持		
15. 预算		
16. 效果评价		

四、任务评价

任务评价表如表 7-9 所示。

表7-9 任务评价表

项目	学习态度（20%）	团队合作情况（20%）	步骤完成情况（50%）	其他表现（10%）	小计（100%）	综合评价
小组评分（30%）						
个人评分（30%）						
老师评分（40%）						
综合得分（100%）						

五、知识拓展

🔍 阅读材料

天猫客服技巧

1. 帮客户做选择

销售过程中经常有这种情况：客户对两件或多件产品进行对比，难以取舍。那么，如何帮助客户挑选，从而尽快让客户做决定呢？

作为一名客服人员，其实不是在卖产品，更多的时候是在帮客户做选择，当客户对两件或多件产品都很感兴趣，但是又不想全买时，客户势必会让客服人员来帮其做选择。客服人员该如何做呢？首先，要了解客户真正的需求；其次，通过自己的专业知识，站在客户的角度帮其选择最适合的产品；最后，给出做出如此选择的原因。这时，客户一定会觉得客服人员很棒，一定会按照客服人员的选择去购买，而且能很快确定购买。

总结：在销售过程中，一名优秀的客服人员要善于抓住主动权，让客户跟随自己的思路，这样就成功了一大半。同时，客服人员要善于给客户出选择题，并告诉客户最佳答案，之后让客户去选择就可以了。

2. 如何应对客户的讨价还价

这是目前网络销售中最为普遍的一种现象，也是客服人员最大的痛点——如果不降价，客户可能就流失了，但如果降价，自己就亏了。本来大部分网络销售的产品价格就比线下市场价格要低。根据多年的经验，客户讨价还价一般有两种情况。一种是找心理平衡。对于找心理平衡的，一般是因怕商家给别人优惠却没有给自己优惠而产生的一种心理反抗。另一种是爱占小便宜。爱占小便宜的客户并非自己买不起，而是占小便宜已经成习惯了。

针对第一种情况，客服人员有一个统一的标准和原则，就是坚决不降价，而且要和客户说，这是原则，给他私下降价对其他客户很不公平，以此来获得客户的理解。例如，"非常抱歉！我们的产品实行一口价原则，不议价"。

针对第二种情况，客服人员一般从其他活动或赠品的角度上来引导客户，价格肯定降不了，但可以给他免邮费，或者送赠品。

总结：善于引导客户，获得客户的认同，同时也让客户在购买中获得一些小惊喜，这样双方就可以皆大欢喜、各取所需了。

3. 帮客户辨别产品的真伪

这个问题一直是客户网购时问得最多的，毕竟是看不到实物的，因此这方面的担心也是可以理解的。那么，如何让客户放心购买呢？方式如下。

（1）硬件证明。如果经营的产品是通过正规渠道进货的，就可以出具这方面的证明。这样客户就没有疑问了。

（2）如果产品确实是正品，但是没有相关硬件证明，就可以采用一些软性的方式。比如，拿自己的产品和市场上的同类产品进行对比分析，再拿出产品的历史销售记录给客户看，告诉客户自己有这么多的客户，有问题的话早就在淘宝上消失了。同时给客户一个承诺："我们是保证正品的，接受专柜验货，假1罚10，有质量问题包退换。"

总结：只要拿出最有说服力的证据证明自己的产品，客户就一定会相信。当然，如果你经营的产品确实是假冒伪劣产品，也就别拿到市场上来坑人了。

4. 产品效果好不好

这个问题也是客户非常关心的问题。化妆品真的有网上说的那么好吗？这件衣服真的很适合我吗？对于这类问题，客户比较困惑，客服人员回答起来也比较纠结。再好的产品也不可能适合每个人，再好的产品也不会用了马上就有效果，或者用一次就有效果。面对这样无法承诺的问题，客服人员最好的解决方式就是让客户认清事实。首先，告诉客户很多人反馈这个产品的效果很好，但是不能保证对所有的人都有很好的效果。其次，提醒使用人需要注意自身的一些问题，比如，化妆品是否长期使用，是否注意日常保养；再如，衣服是否很恰当地和其他的衣服进行搭配了。如果这些基本的事情客户自己都没做好，那么再好的化妆品、再好的衣服也达不到客户的期望。

客服人员可以这样说：美丽的容颜、好的皮肤都是靠长期保养的哦！但是皮肤的吸收和适应能力是因人而异的，需要坚持使用一段时间才会看到明显的效果哦！

总结：面对这样的问题，让客户认清事实最重要。客服人员要让客户理性消费，尤其不要盲目夸大产品的功效，因为如果没有达到承诺的效果，就会失去这个客户，同时失去这个客户所认识的潜在客户。客观地告诉客户产品的功效反而更能获得客户的信赖。

5. 如何实现连带销售

做客服工作久了经常会看到这样的情况，有的客服人员很努力，但是她接的订单永远都是单价最低的，而有的客服人员却总能接到上万元的订单。根本原因并不是两个客服人员的能力问题，而是在于客服人员在销售过程中有没有做一个有心人。

在一般情况下，客服人员接待一个客户，如果客户咨询后购买了，那么这次交易就结束了。但是，还有一些有心的客服人员，他们在了解清楚客户的需求后会根据客户确定购买的产品去分析该客户购买的这些产品里面有没有缺什么，而且是客户自己没有想到的。首先他们会去询问客户，然后说觉得客户还需要配某产品，一起购买的话还能省邮费……一般90%的客户都会再去选择一些周边的产品。

拿护肤产品举例，当客户购买一套护肤品后，有心的客服人员会看客户下的订单里的产品是否齐全，搭配方式如何，当都了解了这些以后，会去问客户一些问题，比如现在正使用什么护肤类的产品。假如客户这次买的化妆品都是护肤的，而没有卸妆的，那么其平常可能也没有卸妆意识，此时可推荐其使用一些卸妆的产品，告诉其卸妆的好处，而且是非常必要的，关键是告诉其最近什么卸妆产品最火等。当客户觉得客服人员懂的比自己多的时候，就会很愿意听客服人员的话，这样就会实现连带销售。

总结：多问、多推荐一定能接大单。

6. 发货问题

每个客户都关心这个问题，下订单后就想尽快拿到产品。所以，当客户付款后，会不停地询问是否发货了，为什么还不发货。如果这样的问题没有处理好，那么前面所有的努力都有可能付之东流，最终让客户非常不满意。一般面对这样的问题有以下两种处理方式。

（1）在客户付款后要清楚地告诉客户发货的具体时间。比如，邮局一般是上午发货，快递是下午发货，所以对于发邮局的，一般是当天付款隔天发货；对于发快递的，上午付款的尽量当天发，下午付款的一般来不及打包，会隔天发货。

（2）如果客户来查物流，应先确定客户订单的物流情况，如果已经发货了，那么直接和客户说并附上具体物流信息就可以了；如果还没发货，那么找出具体原因，正面回答客户，并真诚道歉，让客户感受到客服人员的真诚，从而提高客户体验感。

总结：找出原因，正面回答，真诚道歉，以提高客户体验感。

六、同步拓展

从纷享销客、金蝶 CRM、Zoho CRM、浪潮 CRM、Agile CRM 等客户关系管理软件中选取两种，登录其官网，了解其主要功能、软件优势、适用场景、标杆案例，尝试分析所选软件是如何帮助企业进行客户关系管理的，同时思考我国零售企业是如何利用客户关系管理理念与技术培育客户忠诚度的。

项目总结

本项目主要介绍网络客户服务与管理的相关内容，包括网络客户服务的主要形式与程序等内容，重点提醒电子商务相关专业的学生与从事电子商务相关工作的朋友，一定要培养客户服务意识，并且将其提升到企业管理和企业长远发展的高度来重视。

项目八

电子商务法律

项目情境

随着互联网的迅速发展,小到一本书、一个发夹,大到一台计算机、一辆汽车,人们都可以舒舒服服地在家通过计算机或手机等轻松完成购买。但是,人们在享受网上交易的自由与便捷的同时,屡屡受到图片欺诈、隐私泄露、被随意违约等问题的困扰。

问题:作为电子商务活动的参与者,在电子商务活动中你发现了哪些触犯法律规定的问题呢?你能有效地分析和解决这些问题吗?

项目任务书

项目八任务书如表 8-1 所示。

表 8-1 项目八任务书

任务编号	分项任务	职业能力目标	职业素养目标	知识要求	参考课时
任务一	认识电子商务法律及其意义	能认识电子商务活动中存在的法律问题并树立遵守电子商务法律的意识	1. 利用互联网不断学习新知识、新技术,有一定的创新意识 2. 具有电子商务行业敏感度,善于捕捉相关电商行业企业的最新信息 3. 初步树立电子商务依法从业意识,有一定的法律维权精神,注重电子商务活动的合法性、规范性	1. 了解电子商务活动中常见的法律问题及对传统法律的挑战 2. 认识电子商务法律的概念和特征 3. 理解电子商务法律的作用	2 课时
任务二	电子商务中的法律问题解析	能对现实的电子商务法律问题进行分析并提出解决方案		1. 掌握电子商务对合同、知识产权保护、隐私权、消费者权益等的影响 2. 了解与电子商务有关的电子合同、电子签名与电子认证、网络广告、知识产权保护、隐私权保护、消费者权益保护相关的法律规定	4 课时

任务一　认识电子商务法律及其意义

一、任务描述

小李是某大学电子商务专业毕业生，和朋友开了一家电子商务公司，开始自己的创业之路。为了避免在公司设立和经营的过程中产生不必要的法律纠纷成本，小李对现在电子商务活动中经常出现的法律问题做了一些调查和了解。由于功课做得足，小李的公司被评为当地诚信守法企业。

请思考：小李通过对电子商务活动中经常出现的法律问题的调查和了解发现了哪些新的法律问题？了解这些问题对小李有哪些好处？

二、相关知识

（一）电子商务活动中常见的法律问题

自20世纪90年代以来，以互联网为基础的电子商务迅猛发展，利用计算机技术、网络技术和远程通信技术实现整个商务（买卖）过程的电子化、数字化和网络化逐渐盛行。

与传统商务相比，电子商务具有以下3个特点。

（1）无国界化。互联网是开放的，易于访问，没有出入境限制，因此缩短了供需双方的距离。

（2）虚拟化。在电子商务活动中，企业经营使用的场所、机构、交易环境都可"虚拟化"。企业在创建网站或搭建网店、直播间、小程序后，就可以利用它们来宣传自己的产品，接受订货了。

（3）无纸化。商务活动中的信息及其载体被数字化了。人们被赋予识别号、识别名或识别文件，并将其作为自己在网上活动的标识。手写签名、图章等被电子签名代替，纸质凭证、记录被电子表单、记录、文件等代替。

电子商务的这些特点在给经营者带来巨大商机和给消费者带来空前便利的同时，也引发了一系列法律问题。

1. 电子合同问题

合同是交易的核心内容，传统的合同多为书面形式的，可以通过签名和印章来识别，电子商务中的合同有了新的形式和新的特点。我国以往的合同法虽然承认电子合同的法律效力，但对于电子合同、企业电子账本及其他电子文档的格式、操作规范等没有明确规定。电子合同目前应着重解决4个问题：书面形式问题，电子签名可靠性问题，电子合同成立的时间、地点问题，证据问题。随着近年来新的法律法规出台，这些问题有了相关依据。

2. 网络安全问题

在网络运营过程中经常会遇到一些障碍（包括技术操作方面的问题、互联网上的病毒带来的问题，以及其他不可预测又一时无法排除的问题），从而导致交易的中止，给买卖双方带来损失。

上述原因导致的损失该由谁来负责呢？是网络服务提供者还是买卖双方中的一方？对此，至今没有明确的法律规定。虽然有一些网络服务提供者提供保障网络安全的服务，但是绝不可能杜绝电子商务中的网络故障及人为的黑入破坏。如果没有相关的法律规定，一旦在电子商务交易中出现由上述原因引发的法律诉讼，就会因没有相关的法律规定而给法院审理带来极大的困难。

3. 商业信用问题

在传统商务中，商业信用问题始终是大问题。从历史上看，商业主体信用低下使三角债问题严重，而严重的三角债问题使商业信用更加低下，甚至影响到了银行的信用。对比传统商务，电子商务虽然在多方面有所改进，但是在商业信用问题上仍然没有做到彻底改变。所以，商业信用问题既是制约电子商务发展的一大因素，也是电子商务中始终应该被重视的核心问题。

4. 税收问题

税收作为国家财政收入的主要来源，是实现国家职能的基本条件，取之于民，用之于民。电子商务作为一种新型的商业运营模式，在促进经济发展、拓展税源的同时，其本身具有的交易双方的隐蔽性、交易地点的不确定性及交易对象的复杂性等特征，也为我国税收制度带来了许多难题。比如，新的交易形式使传统税收制度中的纳税环节、纳税地点、国际税收管辖权等无法适用新的环境；课税凭证的电子化加大了税收征管和稽查的难度。尤其在 B2C、C2C 电子商务交易中，大量不开具发票的现象、涉税信息还不够完善等，为税收征管带来了障碍。对于有形产品的离线商务，由于有形通关过程的存在，现行增值税税收政策依然适用。而对于数字化产品，消费者通过下载就可在线取货，不存在有形的通关过程，这就导致由海关征收关税，以及代征进口环节增值税和消费税的基础不复存在，对这部分关税及进口环节增值税和消费税的征收将变得比较困难。

电子商务的无国界化、虚拟化、无纸化特点在给商家带来巨大商机和给消费者带来便利的同时，也引发了一些国家税收方面的新问题。

比如，常设机构的概念和范围界定遇到了困难。电子商务突破了原来以固定地点为依托的物理形态，而是以虚拟、无形的方式进行经营，商家没有固定的销售场所，也无法确定其代理人，这样就不能依照传统的常设机构标准进行征税。

5. 著作权问题

网上发表的声乐作品、文章等产品的著作权（又称版权）和商标权如何得到保护？是否需要支付使用费，怎样支付？对于他人恶意地将受保护的知识产权作品在网上散布，又该如何补救？新技术的发展必然影响到法律，特别是与技术联系密切的知识产权法，而在知识产权法中，著作权法又是受影响最明显的。在网络环境下，之前的著作权制度不再适用——创作者无法对自己的作品进行有效的控制。任何人都可以轻而易举地把创作者的作品上传到互联网上，而创作者对此却可能毫不知情。互联网的跨时空性使跨国性的侵权行为变得很容易。法律在这个领域的相对空白致使网上侵权行为十分严重，这对电子商务的发展造成了一定的影响。

6. 网络广告问题

网络广告经营中的问题层出不穷。对于广告主、广告经营者、广告发布者三者的利益关系，只有《中华人民共和国广告法》可以提供法律依据。随着网络给人们行为方式带来的变化，已大大有别于传统广告的网络广告形式与广告行为充斥着人们的生活，虽然《中华人民共和国广告法》已于 2015 年 9 月开始施行，后又于 2018 年、2021 年做了两次修正，其中对广告主、广告经营者、广告发布者、广告代言人等做了界定，对广告内容准则、广告行为规范、监督管理、法律责任等做了明确的规定，但其仍然不能适应网络环境和网络广告行为的迅速变化。因此，应尽快对相关从业人员开展广告法的普及与培训工作。与此同时，各类电商平台、新媒体平台或相关应用 App 需加强对广告内容的审核，并与主管部门联手，加大对违法违规广告的监管和处罚力度，对申请开展广告业务的互联网企业要进行规范，符合条件的核发广告经营许可证，不符合的则不准进行广告经营，一旦发现违规者，将以超范围经营予以查处。

7. 消费者权益保护问题

传统商务交易双方，一方为商家，另一方为消费者。商家的市场准入主要由工商部门调整，消费者不需要市场准入。而电子商务交易过程不但把商家和金融机构联系在一起，而且把数字认证机构、支付网关及以技术为支撑的互联网接入服务商等完全地融合在一起。在交易过程中，需要通过法律规范予以市场准入的对象有商家、金融机构、数字认证机构、支付网关及互联网接入服务商等，而消费者则以自愿的形式，通过数字认证来保障自身消费行为。这就需要变更单一主体制度，制定出相应法律法规，对以上各方的权利和义务进行统一调整。

在电子商务活动中，商家往往采用格式合同。商家规定的格式条款中往往还有许多"霸王条款"，在发生纠纷时，仅靠《中华人民共和国消费者权益保护法》等原有的法律去保护消费者已显乏力。另外，商家可以轻易获取消费者的个人资料，这就导致消费者的隐私权难以得到保障。因此，今后制定的法律法规在进一步确保消费者的合法权益、明确各方义务的同时，还应明确商家在收集资料时应当向消费者履行告知义务，并取得消费者的认可，这样消费者就享有了选择权，从而避免不必要的纠纷。

电子商务活动的正常进行需要一个透明、和谐的商业法律环境。我国自 2009 年 3 月 31 日开始实施的《电子认证服务管理办法》可以说是一部真正意义上的电子商务法，它的颁布和实施极大地改善了我国电子商务的法制环境，推动了我国电子商务的发展。但是，该法篇幅有限，不可能解决所有的电子商务问题，只能说是我国电子商务法制建设的一个开始。

总之，电子商务是未来商务活动的主流方式，它的推广将会引发一系列的立法需求。相关部门面对新情况、新问题，应正确运用法律手段来保证电子商务的有序发展。

（二）电子商务活动对传统法律的挑战

1. 传统民商事法律对电子商务的发展构成的障碍

1）法律规则缺位

传统民商事法律规则缺位体现在基于纸介质的传统法律规则对合同和其他文件的书面形式、签名，以及原件、保存等的要求，数据电文的合法性及其效力没有法律上的依据。

2）法律规则模糊

传统民商事法律规则模糊体现在传统的程序法及证据规则对待数据电文的证据力及其可执行

力的不确定性。比如电子合同是作为书面证据还是其他类型的证据，如果作为书面证据，是否承认其作为"原件"的性质等，这些都没有明确的界定。

3）法律规则不协调

传统民商事法律规则不协调体现在合同成立的时间、地点上的不同规定。在传统商务环境中，这种不协调可以通过冲突规则等予以缓解或在某种程度上予以解决；而在电子数据的发送、传输情况下，规则不协调的冲突与矛盾又一次显现出来。

这样一些法律障碍使人们难以建立起对电子商务的信心，而信心的缺乏严重制约了电子商务的发展。

2. 制定电子商务法律的必然性

电子商务交易具有不同于传统商务交易的法律上的表象。为了保证其规范和有序进行，相关法律必须做出相应的调整，从而消除传统民商事法律对电子商务运作构成的障碍。

然而，就电子商务交易形式的法律制度而言，数据电文在商事交易中的运用，特别是互联网这一开放性商事交易平台的建立，为商事法律关系带来了一系列新问题。为解决这些新问题而形成的电子商务法律制度，都是区别于传统商事交易制度的特有制度：一是数据电文法律制度；二是电子签名的法律效力制度；三是电子认证法律制度。这些法律制度所解决的问题，实际上就是如何在互联网上建立起商事交易的法律平台。

总之，在当时的情况下，电子商务立法已成为我国立法机关和法学理论界共同面临的亟待解决的问题。

为了保障电子商务各方主体的合法权益，规范电子商务行为，维护市场秩序，促进电子商务持续健康发展，《中华人民共和国电子商务法》已由中华人民共和国第十三届全国人民代表大会常务委员会第五次会议于 2018 年 8 月 31 日通过，中华人民共和国主席令（第七号）公布，自 2019 年 1 月 1 日起施行。

（三）电子商务法律的概念和特征

1. 电子商务法律的概念

广义的电子商务法律，是与广义的电子商务概念相对应的，它包括了所有调整以数据电文方式进行的商事活动的法律规范。其内容极其丰富，至少可分为调整以电子商务为交易形式的和调整以电子信息为交易内容的两大类规范。

狭义的电子商务法律，是调整以数据电文为交易手段而形成的因交易形式所引起的商事关系的规范体系。

2. 电子商务法律的特征

1）商法性

商法是规范商事主体和商事行为的法律规范。电子商务法律主要属于行为法，如数据电文制度、电子签名及其认证制度、电子合同制度、电子信息交易制度、电子支付制度等。但是，电子商务法律也含有组织法的内容，如认证机构的设立条件、管理、责任等就具有组织法的特点。

2）技术性

在电子商务法律中,许多法律规范都是直接或间接地由技术规范演变而成的。例如,一些国家和地区已经将基于公开密钥体系生成的数字签名规定为安全的电子签名,这样就将有关公开密钥的技术规范转化为法律规范,对当事人之间的交易形式和权利义务的行使都有极其重要的影响。另外,对于网络协议的技术标准,当事人若不遵守,就不可能在开放的环境下进行电子商务交易。

3）开放性和兼容性

所谓开放性,是指电子商务法律要对世界各地区、各种技术网络开放;所谓兼容性,是指电子商务法律应适应与多种技术手段、多种传输媒介的对接与融合。只有坚持这个原则,才能实现世界网络信息资源的共享,保证各种先进技术在电子商务中的及时应用。

4）国际性

电子商务固有的开放性、跨国性要求全球范围内的电子商务规则应该是协调和基本一致的。电子商务法律应当且可以通过多国的共同努力得以发展。通过研究有关国家的电子商务法律规范,我们发现其原则和规则(包括建立的相关制度),在很大程度上是协调一致的。联合国国际贸易法委员会制定的《电子商务示范法》为这种协调性奠定了基础。

(四) 电子商务法律的作用

1. 为电子商务的发展创造良好的法律环境

随着互联网技术的迅速普及,电子邮件和电子数据交换等现代化通信手段在商务交易中的使用正在急剧增加。然而,以数据电文形式来传递具有法律意义的信息可能会因使用这种电文而遇到法律障碍,也可能使这种电文的法律效力或有效性受到影响。起草电子商务法律的目的是要向电子商务的各类参与者提供一套在虚拟环境下进行交易的规则,说明怎样去消除法律障碍,如何为电子商务创造一种比较可靠的法律环境。

2. 保障电子商务交易的安全

电子商务法律涉及两方面:一方面,电子商务是一种交易活动,其安全问题应当通过民商法加以保护;另一方面,电子商务交易是通过计算机及网络实现的,其安全依赖于计算机及网络安全的相关法律。

3. 弥补传统商务法律的不足和缺陷

之所以提及电子商务单独立法,是因为国家有关传递和存储信息的法规不够完备或已经过时——那些文件起草时还没有预见到电子商务的发展。在某些情况下,传统商务法律通过规定要使用"书面"、"经签字的"或"原始"文件等,对现代通信手段的使用施加了某些限制或包含有限制的含义。尽管国家就信息的某些方面颁布了具体规定,但仍然没有全面涉及电子商务的立法,这种情况可能使人们无法准确地把握并非以传统的书面文件形式提供的信息的有效性,也无法完全相信电子支付的安全性。此外,在迅速发展的网络信息化的背景下,对新型通信技术及其行为方式进行相应的法律规范也很有必要。

电子商务法律还有助于弥补传统商务法律的缺陷。因为国家一级立法的不完备会对商务活动造成障碍，特别是在国际贸易中，相当大的一部分是与使用现代信息技术有关的。如果我国对使用现代信息技术的法律规范与国际法律规范有较大差异和不明确性，就会使企业失去进入国际市场的机会。

4. 促进现代信息技术的应用和发展

制定电子商务法律的目标包括促进电子商务的发展或为其发展创造便利条件，平等对待基于书面文件的用户和基于数据电文的用户，充分发挥高科技手段在商务活动中的作用。这些目标都是促进经济增长和提高国际贸易、国内贸易效率的关键所在。就这一点讲，制定电子商务法律的目的不是要从技术角度来处理电子商务关系，而是要创立尽可能安全的法律环境，从而有助于交易各方高效率地进行电子商务交易。

电子商务法律是商法的组成部分，按组织法与行为法划分，电子商务法律在性质上应属于行为法或交易行为法的范畴，它同原有的商事法律相配合，以调整具体的电子商务法律关系。

自2019年《中华人民共和国电子商务法》（后称《电子商务法》）实施以来，我国电子商务营商环境不断优化，电子商务已经成为数字经济中发展规模最大、覆盖范围最广、创业创新最为活跃的重要组成部分，在服务构建新发展格局中发挥了积极作用。我国的《电子商务法》和互联网司法被列入亚太经合组织公共政策案例库的中国实践，为全球数字治理贡献了中国智慧。

中央网络安全和信息化委员会办公室网络法治局表示，《电子商务法》是数字经济领域制度规范的引领者。自实施以来，《电子商务法》在解决电子商务交易纠纷、保障电子商务各方主体权利、规范电子商务行为、促进电子商务活动健康有序进行、护航数字经济高质量发展等方面发挥了重要作用。《电子商务法》也是数字经济发展腾飞的助推器。以它为依托，中国数字市场和互联网产业运行制度不断清晰，数字规划持续健全，有力维护了公平竞争的市场环境，促进了数字经济与实体经济的深度融合。

三、任务实施

步骤一：通过网络、书籍或调研查找电子商务纠纷的典型案例。

步骤二：对收集的这些典型案例进行分类与归纳，总结出当前电子商务活动中常见的法律问题。

步骤三：分析这些常见法律问题可能出现在电子商务活动的哪个环节，具体的表现形式有哪些，以及具有哪些特点，完成表8-2。

表8-2 常见的电子商务法律问题

问题类型	典型案例 （每类3个以上）	可能出现的环节	特点

步骤四：分析这些法律问题对电子商务活动带来哪些影响，以及对这些问题进行法律规范有什么意义。

四、任务评价

任务评价表如表 8-3 所示。

表 8-3　任务评价表

项目	学习态度（20%）	团队合作情况（20%）	步骤完成情况（50%）	其他表现（10%）	小计（100%）	综合评价
小组评分（30%）						
个人评分（30%）						
老师评分（40%）						
综合得分（100%）						

注：其中"步骤完成情况"可从案例收集是否充分，法律问题归纳是否合理，问题特点总结是否科学，以及对电子商务法重要性的认识是否正确等方面进行评价。

五、知识拓展

🔍 阅读材料

管窥国际电子商务相关法律法规

1. 欧盟

德国在 1997 年制定了《信息服务与通信服务法》，亦称《多媒体法》，是世界上第一部对网络应用与行为规范提出法律架构的成文法规，目的在于在联邦立法权限内创设一个可信赖的秩序空间，同时也将新的信息与通信技术融入日常交易与商业往来中。德国颁布的新消费者权益法案于 2016 年 6 月开始生效，旨在平衡消费者保护和企业公平竞争环境，统一适用规则，去除差异化，消除不必要的贸易鸿沟，也给更多线上零售商带来无限商机。

1997 年 4 月 15 日，欧盟委员会也提出了"欧盟电子商务协议"，建立起消费者和企业对电子商务的信任和信心，保证电子商务充分进入单一市场。

1997 年欧盟委员会制定的《欧洲电子商务行动方案》的四项原则是，根据实际需要立法；确保单一市场的自由原则；立法必须考虑经营现实；有效地满足公共利益目标。欧盟委员会还颁布了一系列指令，1997 年颁布《远程销售指令》；1998 年颁布《关于信息社会服务的透明度机制的指令》；1999 年颁布《关于建立有关电子签名共同法律框架的指令》；2000 年颁布《关于内部市场中与信息社会的服务，特别是与电子商务有关的若干法律问题的指令》。

2023 年 5 月 23 日，欧盟委员会正式出台《通用产品安全法规》。该法规不仅约束了产品制造商、进口商、分销商、授权代表和履行服务提供商等运营者，还特别针对在线市场提供商提出了产品安全义务要求。

2023 年 8 月 25 日，欧盟颁布的《数字服务法》正式实施。该法规涵盖社交媒体审核、电商广告推送及打击假冒商品等多个方面，旨在确保用户在使用过程中的安全，阻止非法或违反平台服务条款的有害内容传播，并希望保护用户隐私等。违反《数字服务法》的公司可能会被处以其全球营业额 6% 的罚款，罚款或将高达数十亿欧元。如果屡次严重违规，那么涉事公司将可能被禁止在欧盟市场内运营。

2. 北美

1995 年，美国犹他州制定了世界上第一部《数字签名法》；1996 年 12 月 11 日，美国政府发布《全球电子商务政策框架》；1998 年 8 月，美国伊利诺伊州通过了世界上第一部关于电子商务安全的法律——《电子商务安全法》；1999 年 12 月，美国有关部门公布了世界上第一个《互联网商务标准》；2000 年颁布《国际与国内电子签章法》。2020 年 1 月，美国白宫新闻秘书办公室公布《美国关于电子商务保护的行政令》，确保美国消费者、企业、政府供应链、知识产权所有人在开展电子商务活动时受到美国法律的保护。为了应对日益复杂的在线零售市场环境，特别是针对假货、欺诈等问题的频发，美国国会于 2022 年 12 月发布《消费者在线零售市场诚信、通知和公平法案》，并于 2023 年 6 月 27 日正式生效。

3. 亚洲部分国家和经济体

马来西亚：《电子签名法》（1997 年）——亚洲最早的电子商务法律。

新加坡：《电子交易法》（1998 年）明确了数字签名问题上的两个特点，即技术中立与技术特定化结合，政府监管与市场自由结合；另外还有《电子交易（认证机构）规则》《认证机构安全方针》（1999 年）。

日本：出台了《数字化日本之启动——行动纲领》，而后出台了《与电子签名和认证有关的法律条款》，以促进电子商务发展并为基于网络的社会和经济活动奠定基础；于 2001 年 4 月颁布了《电子签名与认证服务法》。日本海关宣布，自 2023 年 10 月 1 日起，《日本海关法》对以电子商务方式进口的货物条款进行调整，以确保货物进入日本时顺利清关。

日本《消费税法基本通达修正案》于 2024 年 10 月 1 日生效。该修正案修订了对包含电子商务企业在内的企业享受消费税豁免政策的认定标准，如对注册资本不足 1000 万日元，且连续两个会计年度应税销售收入在 1000 万日元以下的企业，免除消费税纳税义务；对于新设立企业（经营不足两个会计年度的企业），同时满足注册资本不足 1000 万日元、国内外销售收入总额合计不超过 50 亿日元或者控股该企业的个人国内外总收入不超过 50 亿日元的，可免除消费税纳税义务。同时规定，自 2025 年 4 月 1 日起，所有通过数字平台（如 App Store、Google Play、Amazon 等）提供电子服务的非居民企业，必须在通过这些平台向消费者提供服务时由平台运营商代收并代缴消费税。这一规定旨在加强跨境电商和电子服务的消费税合规，确保所有进入日本市场的数字产品和服务都能遵守消费税法规。

东盟：1999 年，建立东盟电子信息区；1999 年 11 月，东盟首脑第三次非正式会议，建立东盟信息科技自由贸易区；2000 年，签署《电子东盟》。为指导东盟成员方 AMS 实现各自监管框架和工具的现代化，以便有效审查电子商务中的欺骗性、滥用性和不公平的商业行为，2023 年 4 月，东盟消费者保护委员会（ACCP）与东盟电子商务与数字经济协调委员会（ACCED）联合发布《东盟电子商务消费者保护指南》，以推动电子商务和数字经济领域的地区消费者保护活动。该指南包括共同原则和当前最佳实践，以及全面和基于原则的框架，以制定和规范电子商务中的法规和消费者保护机制。

4. 联合国

联合国国际贸易法委员会在电子数据交换原则研究与发展的基础上，于1996年6月通过了《电子商务示范法》。《电子商务示范法》的颁布为逐步解决电子商务的立法问题奠定了基础，为各国制定本国电子商务法律法规提供了框架和示范文本。联合国国际贸易法委员会主持制定的一系列调整国际电子商务活动的法律法规还包括《电子资金传输示范法》《电子商务示范法实施指南》《电子签名统一规则》等。

（资料来源：根据商务部、国家税务总局、中国国际电子商务中心、网经社、亿邦动力网等网站资料整理）

六、同步拓展

登录北京互联网法院官网或杭州互联网法院官网，查找典型案例专栏，了解最近的电子商务典型法律问题主要集中在电子商务活动的哪些方面，其法律依据是什么。

任务二　电子商务中的法律问题解析

一、任务描述

M 在 A 地读书，她准备到 B 地旅行。因此，她于 5 月 25 日在一个网站上订购了一家旅馆的房间，那家旅馆的订购合同上声明"房间是不能退订的，而且在订购当天旅馆会扣除房间费用"。但实际上，在订购当天，那家旅馆并没有扣除房间费用。此外，那个订购网站的记录上显示已经给 M 发了确认邮件，可是 M 并没有收到任何邮件。在既没有收到确认邮件，又没有被扣除任何费用的情况下，M 认为自己并没有成功地订到房间。

5 月 29 日，M 就要到达 B 地了，并且又订了其他旅馆的房间。但在她结束旅行回到 A 地的时候发现之前订的那家旅馆在 5 月 30 日扣除了她的房间费用，M 觉得那家旅馆没有在当天及时扣除她的费用造成了她的损失，所以她想要回被扣除的钱。但是那家旅馆拒绝退钱，因为他们觉得迟些收费是合理的，而且 M 退款理由也不够充分。

请思考：M 此时该怎么办？之前订的旅馆是否应退还房间费用？为什么？

二、相关知识

（一）电子合同

1. 电子合同的概念和特点

1）电子合同的概念

电子合同，又称电子商务合同，是双方或多方当事人之间通过网络以电子形式达成的设立、

电子合同的概念与特点

变更、终止财产性民事权利义务关系的协议。

电子合同与传统商务合同有区别。电子合同与传统商务合同的实质是相同的，都是对签订合同的各方当事人权利和义务做出明确约定的文件，但因电子合同的缔约方式和载体不同于传统的书面合同和口头合同，故具有其特有特征。

传统商务合同成立有 4 个基本要素，如下所示。
- 合同内容：没有合同内容就不能反映各方当事人的意思。
- 合同的载体：通常将纸张作为合同的载体。
- 签名或盖章：签名或盖章表示合同签署者对合同条款达成合意。
- 合同文本的交换方式：经常使用当面传递或邮寄的方式交换合同文本。

在网络环境下，4 个基本要素的形式都发生了变化，如下所示。
- 在合同内容方面，电子合同与传统商务合同没有区别，但电子合同应注意合同内容的完整性和不可更改性。
- 在合同的载体方面，电子合同使用数据电文作为合同的载体。
- 在签名或盖章方面，电子合同的签名或盖章可以使用电子签名或电子盖章。
- 在合同文本的交换方式方面，电子合同使用电子通信交换合同文本。

2）电子合同的特点

（1）电子合同的合同内容等信息被记录在计算机或磁盘等载体中，修改、流转、存储等过程均在计算机上进行。

（2）电子合同的生效具有不同的特点。

（3）电子合同的双方或多方当事人在网络上运作，可不见面。

（4）电子合同所依赖的电子数据具有易消失性和易改动性。

2. 电子合同的主要类型

电子合同的主要类型如下。
- 以 EDI 方式订立的合同。
- 以电子邮件方式订立的合同。
- 电子格式合同。

在我国，有的学者称格式合同为标准合同，有的则称之为附从合同或定式合同。

《中华人民共和国民法典》（后称《民法典》）对格式合同的定义和基本原则做了全面规定，具体如下。

《民法典》第四百九十六条，格式条款是当事人为了重复使用而预先拟定，并在订立合同时未与对方协商的条款。

采用格式条款订立合同的，提供格式条款的一方应当遵循公平原则确定当事人之间的权利和义务，并采取合理的方式提示对方注意免除或者减轻其责任等与对方有重大利害关系的条款，按照对方的要求，对该条款予以说明。提供格式条款的一方未履行提示或者说明义务，致使对方没有注意或者理解与其有重大利害关系的条款的，对方可以主张该条款不成为合同的内容。

3. 电子合同的订立程序

1）电子合同的要约与要约邀请

（1）要约，是希望和他人订立合同的意思表示。该意思表示应当符合两个条件：内容具体明确；要表明经受要约人承诺，要约人即受该意思表示约束。

要约的构成要件：以订立合同为目的，由特定主体做出；内容必须具体、明确；原则上应向特定的人发出；必须被送达受要约人。

（2）要约邀请，是希望他人向自己发出要约的意思表示。其最终目的是订立合同，旨在邀请对方向自己发出要约。

2）电子合同的承诺

承诺，是受要约人同意接受要约的全部条件的缔结合同的意思表示。在商务交易中，承诺又称接受或还盘。

承诺的构成要件：承诺必须由受要约人做出；承诺必须向要约人发出；承诺的内容应当与要约的内容一致；承诺须在要约的存续期间内做出。

我国《电子商务法》第四十九条明确规定：电子商务经营者发布的商品或者服务信息符合要约条件的，用户选择该商品或者服务并提交订单成功，合同成立。当事人另有约定的，从其约定。

电子商务经营者不得以格式条款等方式约定消费者支付价款后合同不成立；格式条款等含有该内容的，其内容无效。

4. 电子合同的成立时间与成立地点

电子合同的成立与生效规则与传统商务合同的相同。以数据电文等形式订立合同，要求签订确认书的，则签订确认书时合同成立；通过网络发布要约的，则对方接受要约并提交订单成功时合同成立。依法成立的合同一般为自成立时生效。电子合同的成立与生效需要注意一些特殊规则和要求，比如数据电文的证明效力、电子签名的有效性等。在实践中，各方当事人需要注意遵守相关法律法规，以确保电子合同的合法性和有效性。

（1）《民法典》第四百九十一条，当事人采用信件、数据电文等形式订立合同要求签订确认书的，签订确认书时合同成立。

当事人一方通过互联网等信息网络发布的商品或者服务信息符合要约条件的，对方选择该商品或者服务并提交订单成功时合同成立，但是当事人另有约定的除外。

第五百零二条，依法成立的合同，自成立时生效，但是法律另有规定或者当事人另有约定的除外。

依照法律、行政法规的规定，合同应当办理批准等手续的，依照其规定。未办理批准等手续影响合同生效的，不影响合同中履行报批等义务条款以及相关条款的效力。应当办理申请批准等手续的当事人未履行义务的，对方可以请求其承担违反该义务的责任。

（2）《电子商务法》第五十一条规定：合同标的为交付商品并采用快递物流方式交付的，收货人签收时间为交付时间。合同标的为提供服务的，生成的电子凭证或者实物凭证中载明的时间为交付时间；前述凭证没有载明时间或者载明时间与实际提供服务时间不一致的，实际提供服务

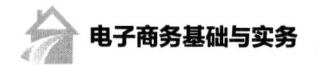

时间为交付时间。

合同标的为采用在线传输方式交付的,合同标的进入对方当事人指定的特定系统并且能够检索识别的时间为交付时间。

合同当事人对交付方式、交付时间另有约定的,从其约定。

(二)电子签名与电子认证服务

1. 电子签名

1)电子签名的概念

2002年1月24日,联合国第56届大会正式通过《联合国国际贸易法委员会电子签名示范法》(以下简称《电子签名示范法》),从而使电子签名的概念被确定下来。该法给出了电子签名及其相关概念:电子签名是指在数据电文中,以电子形式所含、所附或在逻辑上与数据电文有联系的数据,它可用于鉴别与数据电文相关的签名人和表明签名人认可数据电文所含信息。

《中华人民共和国电子签名法》第二条规定如下。

本法所称电子签名,是指数据电文中以电子形式所含、所附用于识别签名人身份并表明签名人认可其中内容的数据。

本法所称数据电文,是指以电子、光学、磁或者类似手段生成、发送、接收或者储存的信息。

2)电子签名的功能

为了确保须经过核证的电文不会仅仅由于未按照纸张文件特有的方式加以核证而否认其法律价值,联合国《电子商务示范法》确定了在何种情况下数据电文可被视为经过了具有足够可信度的核证,而且可以生效执行,视之达到了签名要求。《电子商务示范法》第七条规定如下。

① 如果法律要求要有一个人签名,则对于一项数据电文而言,倘若情况如下,即满足了该项要求。

第一,使用了一种方法,鉴定了该人的身份,并且表明该人认可了数据电文内含的信息。

第二,从各种情况看来,包括根据任何相关协议,所用方法是可靠的,对生成或传递数据电文的目的来说也是适当的。

② 无论本条第①款所述要求是否采取一项义务的形式,也无论法律是不是仅仅规定了无签名时的后果,该款均将适用。

3)电子签名立法

第一阶段从1995年到1997年,为电子签名法的立法探索时期。

第二阶段从1998年到1999年,为电子签名法的逐渐成熟时期。

第三阶段从2000年开始至今,为电子签名法的全面传播时期。这一时期各国普遍感到电子签名法意义重大,在经过数年的立法准备后纷纷正式出台了法律,通过电子签名立法的国家数量急剧增多,立法的深度与质量也有了更缜密的保证。签名认证技术的国际性使得各国法律的基本框架具有较大的相似性。

1998年,联合国启动了《电子签名示范法》的起草工作。我国于1999年开始跟踪联合国电子签名的立法工作。2002 年 1 月 24 日，联合国《电子签名示范法》正式通过。我国学者在更大范围内对电子签名问题展开了深入研究。经过多年跟踪和深入研究，电子签名在现代社会政务和商务活动中的重要作用逐步被各界人士所认识。经过多方论证，2004 年 8 月 28 日，第十届全国人大常委会第十一次会议表决通过《中华人民共和国电子签名法》（后称《电子签名法》），自 2005 年 4 月 1 日起正式实施。

我国《电子签名法》的起草经历了征求意见稿、草案和最终稿 3 个阶段。整个起草过程也是对电子签名这一新型认证技术的认识逐步深化的过程。

我国《电子签名法》的实施确定了电子签名的法律地位，有力地推动了我国电子商务和电子政务的发展，促进了现代信息技术在社会各领域中的应用。

2. 电子认证服务

1）电子认证服务的概念

电子认证服务，是指电子认证服务机构利用电子认证技术为电子签名各相关方提供真实性、可靠性验证的公众服务活动。电子认证技术是保证电子商务交易安全的一项重要技术，主要包括用户身份认证和信息认证。前者用于鉴别用户身份，保证通信双方身份的真实性；后者用于保证通信双方的不可抵赖性和信息的完整性。

电子认证服务体系包括两大部分，即符合 SET 标准的 SET CA 体系（又叫金融 CA 体系）和基于 X.509 的 PKI CA 体系（又叫非金融 CA 体系）。

2）电子认证服务业务许可

对电子认证服务提供者资质进行管理是政府监控认证活动的重要手段。只有具有较高经营条件的组织才可承担电子认证服务业务。为此，我国《电子签名法》及工业和信息化部《电子认证服务管理办法》做出了相应规定。

我国政府对电子认证业务经营实行许可制度，电子认证服务提供者从事电子认证服务活动必须取得工业和信息化部颁发的《电子认证服务许可证》，未取得《电子认证服务许可证》的任何组织或者个人不得从事相应的经营活动。

电子认证服务机构应当具备下列条件。

① 具有独立的企业法人资格。

② 具有与提供电子认证服务相适应的人员。从事电子认证服务的专业技术人员、运营管理人员、安全管理人员和客户服务人员不少于 30 名，并且应当符合相应岗位技能要求。

③ 注册资本不低于人民币 3000 万元。

④ 具有固定的经营场所和满足电子认证服务要求的物理环境。

⑤ 具有符合国家有关安全标准的技术和设备。

⑥ 具有国家密码管理机构同意使用密码的证明文件。

⑦ 法律、行政法规规定的其他条件。

工业和信息化部应当自接到申请之日起 45 日内作出准予许可或者不予许可的书面决定。不予许可的，应当书面通知申请人并说明理由；准予许可的，颁发《电子认证服务许可证》，并公布下列信息：

① 《电子认证服务许可证》编号。

② 电子认证服务机构名称。

③ 发证机关和发证日期。

电子认证服务许可相关信息发生变更的，工业和信息化部应当及时公布。《电子认证服务许可证》的有效期为 5 年。

取得电子认证服务许可的，应当持《电子认证服务许可证》到工商行政管理机关办理相关手续。

（三）网络广告

1. 网络广告的概念

从法律上看，广告是指商品经营者或者服务提供者承担费用，通过一定媒介和形式直接或者间接地介绍自己所推销的商品或所提供的服务的商业广告。网络广告是指利用互联网、移动网等通信平台发布的信息广告。

2. 网络广告的法律规制

1）传统法律仍适用于网络广告行为

与传统媒体上的广告相比，网络广告只是载体改变了，因此，网络广告仍然要遵守传统法律框架下对广告内容的管理。

在网上发布广告应当遵守《中华人民共和国广告法》（后称《广告法》）、《中华人民共和国产品质量法》、《中华人民共和国反不正当竞争法》（后称《反不正当竞争法》）等法律。另外，我国对于药品、医疗器械、烟酒、食品、化妆品等产品广告实行特殊管制，国家工商管理局和其他相关部门为此发布了相应的规章。

2）利用电子邮件发布广告的行为规范

根据 2006 年《互联网电子邮件服务管理办法》，通过电子邮件发布网络广告的任何组织或者个人不得有下列行为：

① 未经授权利用他人的计算机系统发送互联网电子邮件。

② 将采用在线自动收集、字母或者数字任意组合等手段获得的他人的互联网电子邮件地址用于出售、共享、交换或者向通过上述方式获得的电子邮件地址发送互联网电子邮件。

任何组织或者个人不得有下列发送或者委托发送互联网电子邮件的行为：

① 故意隐匿或者伪造互联网电子邮件信封信息。

② 未经互联网电子邮件接收者明确同意，向其发送包含商业广告内容的互联网电子邮件。

③ 发送包含商业广告内容的互联网电子邮件时，未在互联网电子邮件标题信息前部注明"广告"或者"AD"字样。

3. 网络虚假广告的法律规制

1）虚假广告的认定

《广告法》第三条和第四条规定：广告应当真实、合法，以健康的表现形式表达广告内容，符合社会主义精神文明建设和弘扬中华民族优秀传统文化的要求；广告不得含有虚假或者引人误解的内容，不得欺骗、误导消费者。

虚假内容包含与事实不符和夸大事实两个方面。虚假内容可能是所宣传的商品或服务本身的性能、质量、技术标准等，也可能是政府批文、权威机构检验证明、荣誉证书等，还可能是不能兑现的允诺。

如果网络广告宣传构成了虚假宣传自己的商品或服务的行为，或含有贬低他人商品或服务的内容，那么，这种行为即可能构成网络广告引起的不正当竞争行为。

2）广告发布者的责任

发布虚假广告，欺骗和误导消费者，使购买商品或者接受服务的消费者的合法权益受到损害的，由广告主（委托人或厂商）依法承担民事责任。广告经营者、广告发布者明知或者应知广告虚假仍设计、制作、发布的，应当承担连带责任。广告经营者、广告发布者不能提供广告主的真实名称、地址的，应当承担全部民事责任。

《广告法》第六十八条，广告主、广告经营者、广告发布者违反本法，有下列侵权行为之一的，依法承担民事责任：

① 在广告中损害未成年人或者残疾人的身心健康的。
② 假冒他人专利的。
③ 贬低其他生产经营者的商品、服务的。
④ 在广告中未经同意使用他人名义或者形象的。
⑤ 其他侵犯他人合法民事权益的。

3）网络服务提供者在广告发布中的责任

现行《广告法》将广告法律关系的当事人分为 4 种：广告主、广告经营者、广告发布者和广告代言人。其中，广告经营者是指受委托提供广告设计、制作、代理服务的自然人、法人或者其他组织。在电子商务的广告活动中，网络服务提供者因其在广告业务中扮演的角色不同而有着不同的身份。在网络服务提供者为自己的商品或服务在自己的网站进行广告宣传的情形下，网络服务提供者集广告主、广告经营者、广告发布者于一身；而在为他人发布广告的情形下，网络服务提供者既可能为广告发布者，也可能同时兼为广告经营者。应当说，在前一种情形下，虚假广告和广告引起的侵权责任的承担变得简单了，均由网络服务提供者自己来承担。现在有争议的是网络服务提供者在网络广告中扮演什么角色。

判断网络服务提供者在网络广告中的法律地位，主要看其是否参与了广告的设计、制作和发布。在这里，可以援用互联网内容服务商（Internet Content Provider，ICP）和网络服务提供者区分的原则，即主要看网络服务提供者是否直接介入了广告的制作与发布。如果受托从事设计、制作和发布，那么网络服务提供者为广告经营者和广告发布者；如果未受托从事设计、制作，那么其仅为广告发布者。在这两种情形下，网络服务提供者均承担类似于 ICP 在信息传播中的责任，即对所制作和发布的广告内容的真实性、合法性负责。但对于只提供基础接入服务的网络服务提供者，各国法律大都未明确其是否负有对广告内容的主动审查义务。根据我国《民法典》相关规定，互联网服务提供者仅在其能够识别出特定直接侵权的存在而仍提供服务时，方构成间接侵权，其中，第1197条规定，网络服务提供者知道或者应当知道网络用户利用其网络服务侵害他人民事权益，未采取必要措施的，网络服务提供者与该网络用户承担连带责任。

4. 网络广告与不正当竞争

在现代商品经济社会中，商品生产者和服务提供者非常多，尽管商品的质量、价格、服务等是决定消费者进行选择的根本因素，但宣传对于引起消费者的注意、选择、购买具有不可低估的意义。而且由于消费者与生产者之间的信息不对称，因此更不可能寄希望于消费者对于所有的商品或服务具有足够的识别能力。于是商品上的标注、生产者或服务提供者的广告和宣传成为影响消费者选择商品或服务的重要依据。

我国《反不正当竞争法》第九条第一款规定：经营者不得利用广告或者其他方法，对商品的质量、制作成分、性能、用途、生产者、有效期限、产地等作引人误解的虚假宣传。

不正当竞争是指经营者违反相关法律规定，损害其他经营者的合法权益，扰乱社会经济秩序的行为，其本质的特征是采用违反商业道德、商业惯例的手段进行竞争。不正当竞争行为是在市场竞争中违背诚实信用的商业原则，损害其他经营者和消费者利益的行为。可见，网络不正当竞争行为是指在网络环境下违背诚实信用的商业原则，损害其他经营者和消费者利益，破坏公正经营秩序的行为。

我国《反不正当竞争法》第八条规定：经营者不得对其商品的性能、功能、质量、销售状况、用户评价、曾获荣誉等作虚假或者引人误解的商业宣传，欺骗、误导消费者。经营者不得通过组织虚假交易等方式，帮助其他经营者进行虚假或者引人误解的商业宣传。

不正当竞争行为在网络广告领域的体现主要有以下几种：

- 通过广告损害或间接地贬低他人商品与服务形象；
- 利用网络发布虚假、夸大的广告信息，诱导消费者；
- 滥用广告发布标准，非法获取他方商业机密和广告作品版权；
- 有奖网络广告的不正当促销行为。

（四）电子商务知识产权保护

1. 域名保护

1）域名及其注册

域名，是由一串用点分隔的名字组成的互联网上某一台计算机或计算机组的名称，用于在数据传输时标识计算机的电子方位（有时也指地理位置）。目前，域名已经成为互联网品牌和商标保护的必备工具之一。通俗地说，域名就相当于一个家庭的门牌号码，别人通过这个号码可以很容易地找到你。

域名地址的意义在于为网站提供了易记的标识。相比于使用IP地址（如10.168.1.8），域名地址更容易被人们记住和输入。域名通常由字母、数字和连字符组成，可以反映网站的名称、品牌或者内容。例如，baidu.com是百度搜索引擎的域名地址，facebook.com是脸书社交平台的域名地址。易记的域名地址使网站更易于被用户记住和访问，有助于提高品牌知名度和用户忠诚度。

为了提高网站的访问率，通用网址技术开始推广。这是一种网络名称访问技术，是一种通过建立通用网址与网站地址 URL 的对应关系实现浏览器访问的便捷方式。要注册一个通用网址，就必须先注册域名。

（1）在中国注册英文域名。

在中国注册英文域名的步骤如下。

① 填写注册申请表并递交（由申请者完成）。

② 系统语法检查（由 CNNIC 完成）。

③ 检查申请者申请的域名是否已经被注册，递交申请材料（由 CNNIC 和申请者完成）。如果申请者申请的域名没有被其他单位注册或预注册，那么 CNNIC 将通知申请者"预注册成功"，并要求申请者将域名注册所需的全部材料邮寄或面交给 CNNIC。

④ 审核申请材料（由 CNNIC 完成）。CNNIC 审核申请者的申请材料，如果审核通过，申请者就会收到"域名已可以使用"的通知。

⑤ 缴纳域名注册费用（由申请者完成）。申请者收到通知后应缴纳域名注册费用。收到费用后，CNNIC 将为申请者开通域名。如果申请者未及时缴纳域名注册费用，那么，CNNIC 将在 20 天后发出暂停通知，30 天后再次发出暂停通知，60 天后发出撤销通知。

⑥ 发出"域名注册证"（由 CNNIC 完成）。CNNIC 会给缴费成功的申请者发出"域名注册证"和发票。

至此，域名注册完成。

（2）在中国注册中文域名。

CNNIC 中文域名的注册与英文域名的注册类似，所有操作完全可以在网上完成。

① 申请者在注册系统提示下可以同时注册带有 cn 的中文域名和纯中文域名。例如，可以同时注册"中文域名.cn"和"中文域名.中国"。其中，注册".中国"的用户将自动获得".cn"的中文域名，如注册"清华大学.中国"，将自动获得"清华大学.cn"。

② 申请者可以同时注册简体中文域名和繁体中文域名。这样注册后既可以用中文简体访问网站，也可以用中文繁体访问网站，注册系统同时支持 GB（GBK）、Big5、UTF-8 等在华人地区常用的编码格式。

③ 在中文域名注册体制中，CNNIC 划分中文域名注册机构为域名系统管理者和域名注册服务商。CNNIC 作为中文域名注册管理者，负责维护中文域名注册数据库，以确保互联网的稳定运作。域名注册服务商直接面向广大申请者，依靠自己的力量和自身的优势更好地为申请者提供包括中文域名注册的服务及其他与中文域名相关的服务。

2）申请域名的注意事项

（1）中国互联网域名的申请者必须是法人单位。

（2）在选择域名时，申请者不能违反下列规定。

① 未经国家有关部门的正式批准，不得使用含有"China""Chinese""National"等字样的域名。

② 不得使用公众知晓的其他国家或者地区名称、国际组织名称。

③ 未经各级地方政府批准,不得使用县级以上(含县级)行政区划名称的全称或者缩写。

④ 不得使用行业名称或者商品的通用名称。

⑤ 不得使用他人已在中国注册过的企业名称或者商标名称。

⑥ 不得使用对国家、社会或者公共利益有损害的名称。

⑦ 中文域名的汉字长度限制在 20 个以内,首尾不能有非法字符,如-、+、@、&等。

⑧ 中文域名不能是纯英文或数字域名。

3)域名纠纷的处理

(1)主要法律。

美国已于 1999 年制定并通过了《反域名抢注消费者保护法》,这是世界上第一部专门规范域名的法案,为各国制定专门法提供了很好的借鉴和参考。我国较早的法律依据为《最高人民法院关于审理涉及计算机网络域名民事纠纷案件适用法律若干问题的解释》,于 2001 年 6 月 26 日由最高人民法院审判委员会第 1182 次会议通过,2001 年 7 月 17 日公布,自 2001 年 7 月 24 日起施行,最近一次修正在 2020 年。之后,《中国互联网络域名管理办法》自 2002 年 9 月 30 日起施行,可以算是我国第一部专门针对域名管理的文件,后修订为《互联网域名管理办法》,由工业和信息化部审议通过并公布,自 2017 年 11 月 1 日起施行。

(2)纠纷的管辖。

涉及域名的侵权纠纷案件,由侵权行为地或者被告住所地的中级人民法院管辖。对难以确定侵权行为地和被告住所地的,原告发现该域名的计算机终端等设备所在地可以被视为侵权行为地。

(3)域名侵权的归责条件。

人民法院审理域名纠纷案件,对符合以下各项条件的,应当认定被告注册、使用域名等行为构成侵权或者不正当竞争。

① 原告请求保护的民事权益合法有效。

② 被告域名或其主要部分构成对原告驰名商标的复制、模仿、翻译或音译;或者与原告的注册商标、域名等相同或近似,足以造成相关公众的误认。

③ 被告对该域名或其主要部分不享有权益,也无注册、使用该域名的正当理由。

④ 被告对该域名的注册、使用具有恶意。

被告的行为被证明具有下列情形之一的,人民法院应当认定其具有恶意。

① 出于商业目的将他人驰名商标注册为域名的。

② 出于商业目的注册、使用与原告的注册商标、域名等相同或近似的域名,故意造成与原告提供的产品、服务或者原告网站混淆,误导网络用户访问其网站或者其他在线站点的。

③ 曾要约高价出售、出租或者以其他方式转让该域名获取不正当利益的。

④ 注册域名后自己并不使用也未准备使用,而有意阻止权利人注册该域名的。

⑤ 具有其他恶意情形的。

被告举证证明在纠纷发生前其所持有的域名已经获得一定的知名度,且能与原告的注册商标、域名等相区别，或者具有其他情形足以证明其不具有恶意的，人民法院可以不认定被告具有恶意。

（4）域名侵权的责任形式。

人民法院认定域名注册、使用等行为构成侵权或者不正当竞争的，可以判令被告停止侵权、注销域名，或者依原告的请求判令由原告注册使用该域名；给权利人造成实际损害的，可以判令被告赔偿损失。

2. 网络作品的传播权保护

1）网络作品的概念

所谓作品，是指文学、艺术和科学领域内具有独创性并能以一定形式表现的智力成果。根据《中华人民共和国著作权法》（后称《著作权法》）的规定，作品包括文字作品；口述作品；音乐、戏剧、曲艺、舞蹈、杂技艺术作品；美术、建筑作品；摄影作品；视听作品；工程设计图、产品设计图、地图、示意图等图形作品和模型作品；计算机软件；符合作品特征的其他智力成果。什么是网络作品呢？在计算机网络上出现并传播，属于文学、艺术或科学领域，以一定形式或载体表现出来或固定下来，具有独创性且不违反相关法律规定等条件的作品，即网络作品。计算机网络是融合了报纸、邮件、电话、传真、影视广播等传统媒介优点的新媒体，具有交互平等、覆盖面广泛、快捷方便、信息量大的特点。

当前网络上传输的主要为文字表现形式的作品，也有计算机程序，以及较为特殊的声、图、文等并茂的多媒体作品。网络作品及其著作权的保护并不神秘，不能因其出现在计算机网络上，又具有一些高科技的特性，就认为其著作权法律问题找不到渊源和归宿；也不能因为这些作品在网络中传输、在计算机屏幕上呈现，就否定了它们的性质。根据《著作权法》第3条的规定，文字作品、音乐美术视听作品、计算机软件等均属于受法律保护的作品的范围，那么，新型的网络媒体上出现的这些作品所涉及的文字、视频、摄影、音乐等各种形式也应当属受保护的范围。

2）信息网络传播权

信息网络传播权，是指以有线或者无线方式向公众提供作品，使公众可以在其个人选定的时间和地点获得作品的权利。

无论以何种形式发表的作品，无论作品是不是利用网络第一次发表，只要是受《著作权法》保护的，其著作权人均享有信息网络传播权。任何组织或者个人不得故意避开或者破坏技术措施，不得故意制造、进口或者向公众提供主要用于避开或者破坏技术措施的装置或者部件，不得故意为他人避开或者破坏技术措施提供技术服务。法律、行政法规规定可以避开的除外。

2006年5月10日国务院第135次常务会议通过我国有关信息网络传播权的法律规范《信息网络传播权保护条例》，自2013年3月1日起施行修订版。

《信息网络传播权保护条例》规定，未经权利人许可，任何组织或者个人不得进行下列行为：

① 故意删除或者改变通过信息网络向公众提供的作品、表演、录音录像制品的权利管理电子信息，但由于技术上的原因无法避免删除或者改变的除外；

② 通过信息网络向公众提供明知或者应知未经权利人许可被删除或者改变权利管理电子信息的作品、表演、录音录像制品。

3. 权利管理信息的保护

著作权保护的网络技术措施就是著作权人为了防止未经授权不法访问和使用作品，以技术手段主动采取措施，保护和管理自己的著作权，防范他人的侵权行为。

《世界知识产权组织版权条约》（WCT）和《世界知识产权组织表演和录音制品条约》（WPPT）的相关规定如下。

（1）权利管理信息。

权利管理信息，指附加于作品的每件复制品上或作品向公众进行传播时出现的，用以识别作品、作品的作者、对作品拥有任何权利的所有人的信息，或者有关作品使用的条款和条件的信息及代表此种信息的任何数字或代码。

（2）汇编作品。

汇编若干作品、作品的片段或者不构成作品的数据或其他材料，对其内容的选择或编排体现独创性的作品，为汇编作品。

（3）辛勤收集原则。

英美法系所谓"辛勤收集原则"认为，只要是独立完成的作品即具有独创性；对汇编作品来说，只要编者在搜集、选择信息的过程中付出了辛勤劳动，作品就应该获得著作权保护。

4. 计算机软件的法律保护

1）计算机软件的著作权保护

（1）计算机软件著作权与传统作品著作权内容的区别如下。

① 计算机软件著作权人没有展览权、表演权、摄制权等权利，这是因为计算机软件不是文学艺术作品，它的使用不以展览、表演等方式进行。

② 《计算机软件保护条例》没有规定计算机软件著作权人的保护作品完整权和改编权，这是因为计算机软件是一种技术作品，为了推动技术的进步，不应限制他人在已有计算机软件的基础上开发新的软件。

③ 复制权对传统作品和计算机软件来讲都是最重要的权利，但计算机软件的复制形式与传统作品的复制形式不尽相同。

④ 2013年修订的《计算机软件保护条例》大幅缩小了软件合理使用的范围，并加大了对复制或者部分复制著作权人的软件、故意避开或者破坏著作权人为保护其软件著作权而采取的技术措施、故意删除或者改变软件权利管理信息的处罚力度。

（2）世界各国之所以选择用著作权方式来保护计算机软件，是因为计算机软件以文字、符号编写，表现形式与文字作品相似，也具有传统作品可复制、传播和演绎的特征。实际上，用著作权保护计算机软件存在优缺点，具体如下。

优点：著作权的取得方便快捷，大多数国家均规定作品一旦完成即自动取得著作权；软件开发者最主要的利益在于软件的复制发行，而著作权保护的重点正是著作权人的复制发行权；计算机软件的著作权保护方式已为世界上大多数国家所接受，也已成为《伯尔尼公约》等主要知识产权公约的正式规定，因此各国采用此方式与国际接轨。

缺点：传统作品的著作权所指向的客体主要是文学艺术作品，其主要功能是学习、欣赏，没有直接的实用功能；而计算机软件是一种技术产品，实用性是其重要特征，因而软件的内容——解决问题的思想、方法和步骤，是其核心价值所在，而著作权保护的恰恰是作品的表现形式而不是内容。

2）计算机软件的专利权保护

专利权保护的重点正是成果的技术内容，就这一点说，专利权似乎是保护计算机软件知识产权更恰当的方式。然而，用专利权保护计算机软件存在重要障碍，具体如下。

（1）计算机软件的核心内容是算法，更接近于一种"智力活动的规则和方法"，而根据专利权的传统，智力活动的规则和方法是不受专利权保护的。

（2）计算机软件的新颖性、创造性和实用性标准很难确定。以创造性为例来讲，专利权的授予一般要求新的技术方案对同一技术领域一般水平的技术人员具有"非显而易见性"，而计算机程序一经编写，对多数技术人员来说就是显而易见的。

（3）专利权的授予程序复杂，耗时较长，而计算机软件的发展日新月异且数量巨大，冗长的等待时间将使计算机软件不能得到及时的保护，从而失去宝贵的商业时机。

3）计算机软件的商业秘密保护

商业秘密，即不为公众所知悉、具有商业价值并经权利人采取相应保密措施的技术信息、经营信息等商业信息。我国对软件的商业秘密保护实际上是采取了一种以《著作权法》保护为主，并辅以《反不正当竞争法》等其他手段的交叉保护方式。

软件与信息服务业已经成为我国经济发展的重要组成部分，软件企业的商业秘密保护工作已经成为软件企业提升竞争力的有效手段。为了让软件企业能对研发、生产、经营活动中的商业秘密进行有效管理和运用，中国软件行业协会知识产权保护分会组织在软件商业秘密保护中具有丰富实践经验的律师、专家编制了《软件企业商业秘密保护指南》，并于2024年9月正式发布。《软件企业商业秘密保护指南》的编制与发布，旨在指导软件企业构建完善的商业秘密保护体系，有效防御侵权行为，进而推动技术创新与成果的高效转化，其意义深远而重大。

（五）电子商务中隐私权的保护

1. 隐私权保护

1）隐私权的概念

隐私权可以说是公民私生活上的权利，因此它是一个私法上的权利，但隐私权又不单纯是一个私法上的权利，这是因为隐私权的保护涉及公法，特别是宪法。2011年1月8日，国务院发布的《计算机信息网络国际联网安全保护管理办法》也只是从通信自由和通信秘密的角度涉及个人资料的保护：用户的通信自由和通信秘密受法律保护。任何单位和个人不得违反法律规定，利用国际互联网侵犯用户的通信自由和通信秘密。

2）网络环境下隐私权的保护

个人隐私权主要涉及以下3类权利的侵犯问题。

① 不当收集和利用了个人信息，侵害了个人的隐私权、个人信息的享用权。

② 利用现代信息技术不当地搜集、窥视、公开他人私事（私生活）即构成对他人隐私的侵犯。

③ 个人自主、独立生活的权利或独处的权利的侵犯。

在网络环境下，我们主要研究第①类隐私及其侵权行为。

我国《电子商务法》第二十五条规定，有关主管部门依照法律、行政法规的规定要求电子商务经营者提供有关电子商务数据信息的，电子商务经营者应当提供。有关主管部门应当采取必要措施保护电子商务经营者提供的数据信息的安全，并对其中的个人信息、隐私和商业秘密严格保密，不得泄露、出售或者非法向他人提供。同时，第八十七条规定，依法负有电子商务监督管理职责的部门的工作人员，玩忽职守、滥用职权、徇私舞弊，或者泄露、出售或者非法向他人提供在履行职责中所知悉的个人信息、隐私和商业秘密的，依法追究法律责任。

2. 个人信息的法律保护

公民个人信息，是指以电子或者其他方式记录的能够单独或者与其他信息结合识别特定自然人身份或者反映特定自然人活动情况的各种信息，包括姓名、身份证件号码、联系方式、住址、账号密码、财产状况、行踪轨迹等。

个人信息属于个人所有，这是个人隐私权自然推导出来的一个结论，也就意味着个人对于个人信息拥有民法上的权利。这些权利大致包括以下几方面。

① 网络个人信息收集的知情权。

② 网络个人信息收集的选择权。

③ 网络个人信息的控制权。

④ 网络个人信息的安全请求权。

⑤ 网络个人信息的利用限制权。

⑥ 请求司法救济权。

上述6种权利既是法律对个人信息保护而赋予的个人权利，也是个人隐私权的主要内容。

1）个人信息的不当利用

现代社会越来越强调对人格权的保护，但同时，社会各项活动（公务活动或营利性活动）的开展都离不开个人信息。于是，个人信息的公开和利用是一件非常普遍的事情。问题在于这种利用应当在一个合理范围之内。任何组织、个人不得非法收集、使用、加工、传输他人个人信息，不得非法买卖、提供或者公开他人个人信息；不得从事危害国家安全、公共利益的个人信息处理活动。

应当说，保护公民的隐私权一直是法律，特别是现代文明社会法律的一项重要任务和内容。在网络环境下，这一问题变得更为突出。这主要是因为计算机技术、网络技术等现代通信技术的发展为电子商务企业合法或非法收集、复制个人信息及将收集来的个人信息加以商业化利用提供了非常便利的条件。唯有民众的个人隐私与交易信息能够在网络环境中得到保护，才能促进电子商务的发展。

2）电子商务企业收集和使用个人信息的规则

对于一般从事在线交易或网上经营活动的企业而言，收集和使用个人信息应当遵循下列规则。

① 目的特定化原则。

② 公告或告知原则。

③ 当事人事先同意原则。

④ 合理、合法使用原则。

3）信息收集者与信息提供者的权利义务关系

信息收集者与信息提供者之间并不完全是一种合同或契约关系。个人信息作为隐私权的组成部分，个人对其享有排他支配权利，任何他人都不能侵犯或使用，否则将承担侵权责任。但是，如果信息收集者基于法定的理由或当事人的事先同意而收集、使用，那么在信息收集者与信息提供者之间会产生一些因使用个人信息而产生的权利义务。由于个人信息关系人格尊严及隐私权，因此为保护信息提供者（消费者）的利益，往往法律直接规定信息收集者与信息提供者之间的权利义务。比如早在1995年10月欧盟颁布的《欧盟个人数据保护指令》有如下规定。

（1）信息收集者对资料本身的权利义务。信息收集者对于所收集的信息只有管理权，即在法律上应当承认信息收集者对于资料的排他支配权。这种权利的设置主要目的在于保护信息资源的利用秩序。因此，个人信息的管制者对于信息的利用行为必须得到规范，主要包括信息合法处理义务、安全保管或保存义务。

凡收集个人信息营业者，必须健全其个人信息安全维护计划，包括信息安全方面、信息稽核方面、计算机设备管理方面及其他安全维护事项。

（2）信息收集者在使用期间对信息提供者的告知义务。

（3）信息提供者被赋予权利：查询的权利，更正、删除或封存个人信息，拒绝的权利。

4）个人信息的转让

在网络环境下，将已经收集的个人信息转让给他人用于商业时，一般需遵守以下要求或规则。

① 事先征得个人信息所有人的同意或进行必要的提示，告知个人信息被租借、销售或交换的可能性。在出现被确定的人使用时，应当告知使用人的名称、地址、用途等。

② 个人信息所有人应当有能力限制公开那些因某一目的而获得，却要因别的非相关目的而公开的信息。或者说，在个人信息被转用的情况下，个人信息所有者有机会退出市场。

2015年《刑法修正案（九）》在《刑法》第二百八十六条后增加一条，作为第二百八十六条之一，具体如下。

网络服务提供者不履行法律、行政法规规定的信息网络安全管理义务，经监管部门责令采取改正措施而拒不改正，有下列情形之一的，处三年以下有期徒刑、拘役或者管制，并处或者单处罚金：

① 致使违法信息大量传播的；
② 致使用户信息泄露，造成严重后果的；
③ 致使刑事案件证据灭失，情节严重的；
④ 有其他严重情节的。

单位犯前款罪的，对单位判处罚金，并对其直接负责的主管人员和其他直接责任人员，依照前款的规定处罚。

有前两款行为，同时构成其他犯罪的，依照处罚较重的规定定罪处罚。

新规定中的四种情节都可以用刑事责任来制裁网络服务提供者。此外，上述情形可以构成单位犯罪，既可以制裁个人，也可以制裁单位。这是在网络服务提供者法律责任方面的重大突破，这会对中国互联网信息内容管理、个人信息保护、刑事技术侦查等方面的工作产生重要影响。

《电子商务法》第五条、第二十三条中均有相关规定。其中，第五条规定：电子商务经营者从事经营活动，应当遵循自愿、平等、公平、诚信的原则，遵守法律和商业道德，公平参与市场竞争，履行消费者权益保护、环境保护、知识产权保护、网络安全与个人信息保护等方面的义务，承担产品和服务质量责任，接受政府和社会的监督。第二十三条规定：电子商务经营者收集、使用其用户的个人信息，应当遵守法律、行政法规有关个人信息保护的规定。

（六）消费者权益保护

1. 在线交易消费者权益保护

1）消费者权益保护概述

电子商务消费者权益保护

电子商务市场是建立在消费者信赖和认可的基础上的，因而消费者权益保护在电子商务发展中占有重要地位。在网络环境下，消费者权益保护涉及两个问题：一个是消费者在接受电子商务服务、在线购物过程中的权益保护问题；另一个是消费者个人信息的保护问题。前一个问题与现实中的消费者权益保护的范围是一致的；后一个问题实质上是消费者隐私保护问题，其在传统商务交易中也存在，但在网络环境下这一问题更加突出，法律只有解决了这一问题才能使消费者信赖电子商务。

电子商务消费者权益保护首先适用于已有的消费者保护法，也就是说，电子商务消费者应当与普通消费者得到同样的保护。因此，传统商务的消费者保护法仍然适用于电子商务消费者。但是，电子商务的特殊性决定必须存在一些特殊规则，使电子商务消费者得到保护。这些规则需要结合电子商务的特点来进行设计。

（1）消费者知情权。

由于不是专门用于规范远距离交易的，因此《中华人民共和国消费者权益保护法》（以下简称《消保法》）只规定了消费者知情权，而没有规定在缔约前经营者应当尽告知和提示义务。《消保法》第八条规定：消费者享有知悉其购买、使用的商品或者接受的服务的真实情况的权利。消费者有权根据商品或者服务的不同情况，要求经营者提供商品的价格、产地、生产者、用途、性能、规格、等级、主要成分、生产日期、有效期限、检验合格证明、使用方法说明书、售后服务，或者服务的内容、规格、费用等有关情况。

消费者的这些知情权的实施,是与传统购物方式中的看货、验货或一手交钱一手交货的即时买卖相配套的。应当说,消费者这种权利同样适用于电子商务消费者。但是,由于电子商务消费者是通过网络远距离订货的,没有真实地查验货物的机会,也没有询问经营者的机会,因此,在经营者不提供信息或不提供完整真实信息的情况下,消费者的知情权就很难得到保障。所以,2024年2月23日国务院第26次常务会议通过,自2024年7月1日起施行的《中华人民共和国消费者权益保护法实施条例》第九条规定:经营者应当采用通俗易懂的方式,真实、全面地向消费者提供商品或者服务相关信息,不得通过虚构经营者资质、资格或者所获荣誉,虚构商品或者服务交易信息、经营数据,篡改、编造、隐匿用户评价等方式,进行虚假或者引人误解的宣传,欺骗、误导消费者。经营者不得在消费者不知情的情况下,对同一商品或者服务在同等交易条件下设置不同的价格或者收费标准。

(2)消费者退货权。

①《消保法》对网络购物、霸王条款、消费者个人信息保护、惩罚性赔偿等方面都有较完善的规定。比如,《消保法》第二十四条规定:经营者提供的商品或者服务不符合质量要求的,消费者可以依照国家规定、当事人约定退货,或者要求经营者履行更换、修理等义务。没有国家规定和当事人约定的,消费者可以自收到商品之日起七日内退货;七日后符合法定解除合同条件的,消费者可以及时退货,不符合法定解除合同条件的,可以要求经营者履行更换、修理等义务。

其中,最受关注的是网络购物的七日内无理由退货,以及对造成消费者人身伤害的惩罚性赔偿。这一规定保护远距离或邮寄买卖情形下消费者保护中的退货权或解除合同权利,即在法定期限(七天)内消费者可以无条件地解除合同或退货,经营者必须履行退货义务。

②《电子商务法》第五条明确规定:电子商务经营者从事经营活动,应当遵循自愿、平等、公平、诚信的原则,遵守法律和商业道德,公平参与市场竞争,履行消费者权益保护、环境保护、知识产权保护、网络安全与个人信息保护等方面的义务,承担产品和服务质量责任,接受政府和社会的监督。

第三十二条规定:电子商务平台经营者应当遵循公开、公平、公正的原则,制定平台服务协议和交易规则,明确进入和退出平台、商品和服务质量保障、消费者权益保护、个人信息保护等方面的权利和义务。

第五十八条规定:国家鼓励电子商务平台经营者建立有利于电子商务发展和消费者权益保护的商品、服务质量担保机制。

电子商务平台经营者与平台内经营者协议设立消费者权益保证金的,双方应当就消费者权益保证金的提取数额、管理、使用和退还办法等作出明确约定。

消费者要求电子商务平台经营者承担先行赔偿责任以及电子商务平台经营者赔偿后向平台内经营者的追偿,适用《中华人民共和国消费者权益保护法》的有关规定。

2)消费者行使权利应当合法

消费者维护自己的合法权益的手段必须正当、合法,不能侵害其他人的权益。比如,消费者在行使七天无理由退货权时,依法律规定,并非所有商品都适用,消费者自己定做的;鲜活易腐的；在线下载或者消费者拆封的音像制品、计算机软件等数字化商品；交付的报纸、期刊等商品就除外。此外，若为合法退货的正常商品，消费者也应当在退货时保证其完好，不影响商品原有的品质、功能和外观。《中华人民共和国消费者权益保护法实施条例》在第十九条中规定，消费者无理由退货应当遵循诚实信用原则，不得利用无理由退货规则损害经营者和其他消费者的合法权益。

2. 网上格式条款的法律规制

就 B2C 交易而言，几乎所有的交易条款都是电子商务经营者事先拟定好的，消费者一般只能选择接受或拒绝，最多有一些可供消费者选择的条款。另外，几乎所有的格式合同都存在一些不公平、不利于消费者的条款。因此，如果网上的格式条款得不到合理的控制，那么消费者权益受到侵害的可能性就会增加，从而最终导致消费者拒绝这种交易方式。可见，网上格式合同的规制也是保护消费者权益、促进电子商务健康发展的重要问题。

1）无效格式条款

并不是所有的格式条款都不合理，也并不是所有的不合理的格式条款都无效，甚至也并不是所有的免责条款都无效。

根据我国《民法典》，格式条款无效时，不影响合同其他部分的效力。

第一百五十六条，民事法律行为部分无效，不影响其他部分效力的，其他部分仍然有效。

第四百九十七条，有下列情形之一的，该格式条款无效：

① 具有本法第一编第六章第三节和本法第五百零六条规定的无效情形；

② 提供格式条款一方不合理地免除或者减轻其责任、加重对方责任、限制对方主要权利；

③ 提供格式条款一方排除对方主要权利。

2）不合理格式条款

对于所有的格式合同而言，最为麻烦的是虽然格式条款不违反法律的强制规定，但是不合理、不公平。这些不合理的情形举例如下。

（1）限制或剥夺相对人的权利，如规定买受人在标的物有瑕疵时，只能要求更换标的物，不得解除合同或减少价金，也不得请求损害赔偿。

（2）不合理地分配合同风险，如限定不可抗力的因素减免格式合同提供方的责任情形。

（3）转移法定的举证责任。

（4）缩短法定瑕疵担保期间。

（5）约定有利于己方的管辖法院或约定仲裁条款。

3）不合理格式条款的规制

不合理的格式条款并不是违反法律的无效条款，因此，立法不可能完全禁止，只能进行必要的规制。规制的方式通常有 3 种。

（1）以合理的方式提示。

含有格式条款的合同的订立与普通合同的订立的最重要的不同点在于，前者不存在谈判或商谈过程，消费者只能接受或拒绝；网上购物合同更是如此，一旦点击"确认"，合同即告成立。因此，让消费者在接受或确认之前充分地了解格式合同的内容就显得尤其重要了，而这一点正是靠法律强加给格式条款的提供方合理的提示义务实现的。这种提示义务也可以说是电子商务经营者缔约前的义务范畴的东西。

就格式合同的内容而言，提示义务指法律强制经营者（或格式条款的提供方）向消费者提供相关信息，以使消费者在知情的情况下做出真实意思表示（选择）。至于提示的内容，应当根据合同的类型或内容来定，法律也可以做出一般的规定。就提示的合理方式而言，法律一方面应当规定提示的方式，另一方面应当规定提示的程序。在提示的方式方面，可以要求经营者以醒目的标识或字框提示网站交易的标准条款；在提示的程序方面，可以要求设置"关口"，只有消费者阅读了全部或关键性的格式条款，才能继续下一步或缔结合同。

（2）免责条款限制。

除了法律已有规定的无效条款，一般还可以认定以下违反诚信原则和公平原则的情形无效。

① 违反平等互利原则的格式条款无效。这主要表现在给付与对待给付间违反平等原则、欠缺等值性和不合理分配合同风险等显失公平的情形。

② 违背合同目的的格式条款无效。如果格式条款使合同目的落空，那么此类条款应当被认定为无效。目的落空表现为相关法律已经规定的对合同当事人所享有的主要权利或应承担的主要义务做出了实质性的限制，或者表现为格式条款导致合同目的难以达成。

（3）网上格式条款的行政规制。

一般格式条款的行政规制大致有以下几种方式。

① 条款使用人在使用格式条款之前，先提交至相关行政机关进行审核，经核准之后才被允许作为与相对人之间缔约的基础，否则不得根据该条款出售商品或者提供服务。

② 由行政机关主动草拟合同范本，或者指导公正中立之第三人拟订合同范本，供企业在制订格式条款时参考。

③ 由行政机关公告各种格式合同中的应记载事项或者不得记载的事项，作为企业制订格式条款时应当遵守的准则。

④ 行政机关行使监督检查权，在发现有不符合诚信原则的事情时，要求改正或者要求消费者保护机构提起诉讼要求禁止该条款的使用。

⑤ 要求企业将其格式条款在行政机关进行登记备案。

三、任务实施

步骤一：分析案例中各主体的法律地位。
步骤二：明确各主体之间的法律关系及相互之间的权利、义务。
步骤三：结合案情分析案例中存在的法律问题，找出相关的法律依据。
步骤四：根据法律规定分析案例中存在的问题，并按照有关程序的要求提出相关的解决方案。
步骤五：反思如何在电子商务实际工作中避免这种法律风险，完成表8-4。

表 8-4　问题分析

所属电子商务法律问题类型	
分析过程与思路	
运用的法律依据	
工作中的风险防范建议	

四、任务评价

任务评价表如表 8-5 所示。

表 8-5　任务评价表

评价内容	分值/分	评分/分
分析思路是否清晰	30	
运用法律是否准确	30	
语言表述是否到位	10	
防范建议是否科学	30	

五、知识拓展

点击合同

1. 点击合同的概念

所谓点击合同，就是一方当事人预设格式合同，另一方当事人只需点击"接受"或"拒绝"按钮就可以缔结或拒绝的合同。

根据我国相关法律的规定，点击合同是指在电子商务中由销售商或其他经营者通过互联网发出要约，点击方以其点击行为表示承诺从而达成意思表示一致的合同。这类合同的条款是定型化的，相对人的意思具有附和性。在电子商务中，点击合同是一种常见的合同形式，点击方在购买商品或服务时通常需要点击"确认"按钮以完成交易。需要注意的是，在签署点击合同时，点击方应当仔细阅读合同条款，确保自己的权益得到保障。

2. 点击合同的效力

点击合同本身有效，但后续条款不一定有效，因为点击方在点击时不知道有后续条款的存在，根据意思自治和诚实信用原则，当事人不对其所不知的事情负责，因此后续条款就不能自动构成合同内容，后续条款的效力处于不确定的状态，点击方享有撤销权，这样可以更有力地保护格式合同相对人（一般表现为消费者）的权利。

根据《民法典》第四百九十六条，格式条款是当事人为了重复使用而预先拟定，并在订立合同时未与对方协商的条款。采用格式条款订立合同的，提供格式条款的一方应当遵循公平原则确定当事人之间的权利和义务，并采取合理的方式提示对方注意免除或者减轻其责任等与对方有重大利害关系的条款，按照对方的要求，对该条款予以说明。提供格式条款的一方未履行提示或者说明义务，致使对方没有注意或者理解与其有重大利害关系的条款的，对方可以主张该条款不成为合同的内容。

根据上述规定，在电子商务的交易环境下，一个以电子邮件方式收到的要约应当以电子邮件的方式承诺，当事人可约定将数据电文作为承诺方式。以行为做出承诺，应以要约人在要约中同意或当事人之间存在这样的交易习惯为前提。例如，当一个网络使用者阅读了某一网页上所展现的合同条款，并依照该网页的要求点击某个超级文本链接或某个标有"同意"字样的按钮时，该网络使用者的行为完全可以构成一个有效的承诺。这种依要约要求点击某个特殊按钮的行为，与现实交易中依要约要求以发货行为做出承诺的行为在性质上是完全相同的。

在上述情况下，做出一个承诺十分简单，网站运营者很有可能故意利用这一点诱使不经意的网络使用者落入一个精心布置的"合同陷阱"，所以这类合同又叫作点击合同。因此，每个网上要约都应当给予受要约人充分、明确的机会来考虑接受或拒绝要约，而要约中任何不常见的、可能对承诺人不利的条款均应特别提醒承诺人注意。网站运营者应当在其网站上加入一个法律性的告知页面，在该页面中特别提醒网络使用者对该网址的任何使用行为将构成其对该网页所列条款的承诺。否则，误入"合同陷阱"的网络使用者可以以欺诈或重大误解为由要求撤销合同或认定合同无效。

（资料来源：电子商务法律求助服务平台——由网经社电子商务研究中心主办，携手多位电商知名律师提供电商相关的法律问题的咨询，以及电商立法、法律法规、报告、会议、案例、论文、维权链接等最新最全的动态信息展示平台）

六、同步拓展

（1）请登录中国人大网"立法"专栏，了解关于电子商务各领域相关立法与实践的最新动态。

（2）登录中国互联网协会互联网信息服务投诉平台或中央网信办违法和不良信息举报中心网站，了解网上不良信息的类别，特别是电子商务领域相关违法、维权案例。

项目总结

本项目通过学生的积极行为，帮助学生了解网络时代经济全球化背景下电子商务发展的特点及电子商务立法的重要性，熟悉电子商务法律的概念、特征，特别是我国电子商务立法的相关情况，同时也补充了世界各国电子商务法立法的情况，旨在提高学生在电子商务活动中依法从业的能力。

项目九

电子商务发展的热点应用

项目情境

2024年8月2日,国新办举行"推动高质量发展"系列主题新闻发布会。商务部对外贸易司负责人表示,上半年,我国跨境电商进出口继续保持稳定增长势头。跨境电商进出口增速达到10.5%,高于全国外贸整体增速4.4个百分点。从市场看,我国对法国、比利时、西班牙、马来西亚这些国家的进出口增长比较快。从商品看,消费品是主要的出口产品,同时一些高附加值的产品增长势头也非常好,比如办公设备的出口增长了50.7%,摄影机的出口增长了30.7%。从海外进口的产品也很受国内消费者欢迎,像食品的进口增长了22.8%,箱包的进口增长了70.8%,红酒的进口增长了55.4%。从地区来看,广东、浙江等沿海地区是跨境电商进出口的主力,占全国跨境电商进出口的比重接近90%。从企业预期看,近期商务部做了问卷调查,数据显示接近八成跨境电商企业看好下半年的增长势头。

(资料来源:中国新闻网)

问题:近八成跨境电商企业看好跨境电商的增长,足以见得跨境电商对我国乃至世界经济产生的巨大影响。那么,什么是跨境电商?近年来电子商务的发展还有哪些新趋势影响着我们的生活呢?

项目任务书

项目九任务书如表9-1所示。

表9-1 项目九任务书

任务编号	分项任务	职业能力目标	职业素养目标	知识要求	参考课时
任务一	移动电子商务	具备移动电子商务的应用能力	1. 利用互联网不断学习新知识、新技术,有一定创新意识 2. 具有电子商务行业敏感度,善于捕捉相关电子商务行业的最新信息	1. 认识移动电子商务的定义和特点 2. 了解移动电子商务和传统电子商务的区别 3. 掌握移动电子商务的应用	2课时

续表

任务编号	分项任务	职业能力目标	职业素养目标	知识要求	参考课时
任务二	跨境电子商务	具备使用跨境电子商务平台的能力	3. 有一定的团队合作精神，初步树立电子商务创业意识	1. 认识跨境电子商务的定义和特点 2. 了解跨境电子商务和传统外贸的区别 3. 熟悉跨境电子商务平台	2~4 课时
任务三	农村电子商务	具备将电子商务相关技能应用于农村发展的能力	4. 培养家国情怀，树立勇担民族复兴、乡村振兴责任的意识	1. 认识农村电子商务的相关概念、分类和特点 2. 了解农村电子商务的典型模式 3. 熟悉农村电子商务平台 4. 了解农村电子商务的发展现状与趋势	2 课时

任务一　移动电子商务

一、任务描述

京东相关信息显示，"6·18"当天，京东移动端下单量占比达到85%。相信京东PC端的运营团队看到这组数据后的心情不会太好——加班加点做出来的无数创意输出终究抵不过电子商务的发展趋势。按照过去的认知，我们往往认为使用App下单是一种"不得已而为之"的行为。在快节奏的工作日，那些公司网络受限的"剁手党"们才会拿出手机"指指点点"。6月18日，星期六，这个休息日，京东的订单逻辑颠覆了我们的旧有观念，移动电子商务正在快速刷新着时代，线上购物的决策过程也将因为移动设备的崛起而更加随意、感性，这意味着冲动消费也将逐步成为电子商务的红利。

随着移动设备的普及，各种型号的手机、掌上电脑、笔记本电脑已经进入了大多数人的生活，但与此同时，用户的使用轨迹却又让人匪夷所思。想象一下这几个曾经再熟悉不过的场景：办公室里，有人在无监管状态下一边使用笔记本电脑办公，一边用手机刷微信；卧室里，有人在用掌上电脑刷美剧的同时还在用手机逛淘宝。似乎唯有在交通外出、等待客户的间隙，以及身边只有一个移动设备的时候，人们才会想起，其实只需要一个设备就能完成上述所有操作。

请思考：为什么越来越多的买家选择移动设备购物？移动电子商务是怎样影响我们生活的呢？

二、相关知识

（一）移动电子商务的定义

自2012年以来，伴随着电子商务的迅速发展，大数据、O2O模式、互联网金融、移动支付等概念不断拓展和完善，移动电子商务（简称移动电商）也发展得越来越快速、深入，逐步成为目前主流的消费方式之一。Statista 数据显示，移动端购物占 2021 年总电商销量的 72.9%，换句话说，如今网上购物花费的四分之三是通过移动设备完成的。2024 年，全球零售移动商务销售额预计将为近 4.5 万亿美元，占零售电子商务总销售额的 69.9%。不仅移动用户的数量在增加，用户花在移动设备上的总时间也在增加。以美国为例，美国消费者移动设备的使用时长从 2016 年的 188 分钟增加到了 2021 年的 234 分钟。

移动电子商务的概念是由电子商务的概念衍生出来的，就是利用移动设备开展电子商务的活动，即利用手机等移动终端进行的 B2B、B2C 和 C2C 的电子商务活动。它将互联网技术、移动通信技术、短距离通信技术和其他相关技术完美结合，使消费者可以在任何时间、任何地点进行各种商贸活动。

有人认为，移动电子商务只是电子商务的简单拓展，两者的区别仅仅在技术层面上，应用层面上并没有区别；也有人认为，移动电子商务的典型应用是随时随地利用互联网浏览网页，所以只是简单地将两个元素（移动通信和互联网）捆绑在一起。然而，事实并非如此简单，移动电子商务的出现是对有线电子商务的发展和延伸。传统的商务模式和现有的电子商务模式在移动电子商务时代能找到很好的契合点，电子商务时代的发展会从 B2B 和 B2C 等传统模式向 P2P（Peer to Peer，点对点）的移动商务模式发展。

（二）移动电子商务的特点

1. 便捷性

移动电子商务所依托的手机等移动终端已经不仅仅是一个通信工具，其功能在不断丰富，如具备移动 POS 机等功能，这使得用户可以在任何时间和地点随心所欲地进行各种电子商务交易活动。

2. 不受时空限制

移动电子商务是从有线通信到无线通信，从固定时间和固定地点到随时随地的商务形式的延伸，因此，用户最大的优势就是可以随时随地获取自己所需要的商品、服务、信息等。

3. 广泛性

根据工业和信息化部发布的数据，截至 2023 年年底，全国电话用户总数达到 19 亿户，其中移动电话用户总数 17.27 亿户，全年净增 4315 万户，普及率为 122.5 部/百人，比上年年末提高 3.3 部/百人。其中，5G 移动电话用户达到 8.05 亿户，占移动电话用户的 46.6%，比上年年末提高 13.3 个百分点。固定电话用户总数 1.73 亿户，全年净减 608.8 万户，普及率为 12.3 部/百人，比上年年末下降 0.4 部/百人。而移动电话用户中基本包含了大量中高端消费能力的用户。由此可见，以移动电话为载体的移动电子商务不论在用户规模上，还是在用户消费能力上，都优于传统电子商务，具有更广泛的用户基础。

4. 开放性

移动电子商务因为终端无线化的接入方式，使得任何用户都能轻易地进入互联网，从而使网络更开放、范围更广阔。这一结果也使得网络的虚拟功能更具有现实性。

5. 安全性

移动电子商务活动可以在非常安全的环境下展开,互联网的诸多技术可以保障交易的安全性。例如,使用手机银行应用的客户可以使用银行提供的网络密钥,对商务活动的相关信息传输进行加密,在整个传输过程中全部进行密文交易,从而最大限度地确保移动电子商务活动的安全可靠。但是,无线网络所具有的更广泛的开放性也带来了一些安全隐患。

6. 内容丰富性

移动互联网的信息是丰富的,以互联网为主要信息来源渠道的移动电子商务拥有传统电子商务无法比拟的资源丰富性。

(三) 移动电子商务与传统电子商务的区别

移动电子商务是移动信息服务和电子商务融合的产物。与传统电子商务相比,移动电子商务体现出下列优势。

1. 随时随地上网

由于移动终端的便携性等特性和普及率的提高,用户可以在任何时间和地点根据自身需求使用移动终端接入移动互联网,进而进行网上购物、网上支付等一系列活动。

2. 个性化服务

移动终端可以根据用户自身的需求装载各种应用,这样移动电子商务的运营商、服务商就可以更有针对性地对用户的兴趣、爱好、消费习惯等进行分析,进而在大数据背景下为用户提供更加个性化的服务。

3. 用户规模大

从目前计算机和移动电话的普及程度数据来看,移动电话的用户量远远超过计算机用户量。

4. 基于位置提供信息和服务

移动终端的便捷性使其位置会随着用户移动而变化,从而可准确定位用户的地理位置信息。基于此,移动电子商务可以根据用户当前所处位置提供相关的各种信息和服务,从而极大地方便用户的电子商务活动。

5. 信息获取更及时

移动终端可以做到7×24小时接入互联网,基于此,用户通过移动互联网技术可以及时获取各方面的实用信息。例如,由移动互联网技术的应用衍生出来的本地化生活服务、地理位置服务等都是及时获取信息的一种技术体现。

6. 移动支付更加便捷

移动支付发展迅速,出现了短信支付、NFC支付、语音支付、二维码扫描支付、手机银行支付、刷脸支付等多种移动支付方式。这些支付方式革命性地改变了用户的支付习惯,也促使商业和金融等领域发生了深刻变革。

（四）移动电子商务的应用

移动电子商务的终端性和终端多样性，允许用户访问移动网络覆盖范围内任何地方服务的无线系统，而移动终端在人群中的广泛应用，为移动电子商务应用的快速发展打下了坚实的基础。移动电子商务的应用范围较广，如图9-1所示。

图9-1 常见的移动电子商务应用

1. 应用市场

移动电子商务的应用市场主要可以分为个人应用和企业应用。个人应用是指以个人为单位接入互联网，以获取所需的各种服务，如定位服务、即时通信服务和娱乐服务等。企业应用则是指信息数据服务、营销服务和广告服务等与企业管理相关的方面。

2. 应用层次

移动电子商务的应用层次包括核心交易层、包装服务层和交易支持层。其中，核心交易层是商家向终端用户提供的核心服务，如购票、银行交易、交互性游戏等；包装服务层是提供商业活动的环境，包括广告、营销、内容整合和搜索服务等；交易支持层是交易活动所必需的业务流程，如安全认证、支付和配送等。

3. 在各行各业的应用

随着移动电子商务的快速发展，其应用范围更加广泛，主要集中在娱乐、零售、物流等领域。

1）移动娱乐

移动终端以手机为例，当手机发展为智能手机，从通信工具转变为功能全面的工具时，不管是基于iOS系统的App，还是基于Android系统的App，最先涉及的一方面功能都体现出对市场娱乐需求的捕捉，如移动游戏、移动音乐和移动视频等。就个人而言，移动电子商务在娱乐领域的应用范围是最广的。

2）移动零售

移动电子商务的发展不仅影响了各种线上服务，还向传统的线下零售业延伸，线上与线下的融合展现出传统零售业所不具备的优势。例如，唯品会采用限时限量的零售模式，每场特卖活动都极具特色。此外，移动电子商务在零售行业的优势还体现在日常工作、库存管理、数据查询等方面。

3）移动银行

移动银行是以手机、PDA 等移动终端为移动业务平台中的客户端来完成某些银行业务的。移动银行是典型的移动电子商务在金融领域的应用，它的开通大大加强了移动通信公司和银行的竞争力。移动银行的优势主要体现在功能便利、使用区域广泛和收费低廉等方面。

4）移动医疗

移动医疗是指通过移动互联网技术，以遥感、遥测和遥控技术为依托，充分发挥大医院或专科医疗中心的医疗技术和医疗设备优势，进行远距离诊断、治疗和咨询。目前，移动医疗已经在我国的城市和农村逐渐发展起来，并且在心脏科、脑科、精神病科等专业领域的治疗中发挥了积极的作用。

5）移动办公

移动办公的应用主要体现在移动终端的信息化软件和使其与计算机互联互通的企业软件应用系统。用户借助它们可以摆脱传统办公对时间和场所的限制，提高办公效率。

6）移动教育

在线教育的用户需求旺盛，发展空间大。移动教育正逐步成为在线教育的主流。与 PC 端教育相比，移动教育能提供个性化的学习场景，借助移动设备的触感、语音输出等功能，构建出更具个性化的人机交互场景，提升学习本身的趣味性。尤其是题库类、数字阅读类、音频类在线教育产品更适合从移动端切入。从长远来看，基于移动终端，拥有优质教学内容且能寓教于乐的教育产品在市场上更有优势，如网易公开课。

三、任务实施

步骤一：通过手机应用商城查找移动电子商务在社交方面的应用有哪些。

步骤二：对查找结果进行分类归纳，总结出主要的社交类型。

步骤三：观察每种类型中最常见的应用并进行评价，并完成表 9-2。

表 9-2　移动电子商务在社交方面的应用

类型	相关 App	最常用的 App	最常用 App 的优点	最常用 App 的缺点

四、任务评价

任务评价表如表 9-3 所示。

表 9-3 任务评价表

项目	学习态度（20%）	团队合作情况（20%）	步骤完成情况（50%）	其他表现（10%）	小计（100%）	综合评价
小组评分（30%）						
个人评分（30%）						
老师评分（40%）						
综合得分（100%）						

五、知识拓展

移动电商的经典案例

随着智能手机的普及和互联网技术的发展，移动电商已成为一种新的商业模式，改变了消费者的购物习惯和企业的运营方式。有关移动电商的经典案例很多，下面主要介绍现阶段比较成功的几个案例。

1. 拼多多

作为一家以"社交电商"为定位的移动电商平台，拼多多通过创新的商业模式、强大的供应链管理和用户体验优化等策略取得了显著的成功。拼多多的商业模式将传统零售的"人找货"模式转变为"货找人"模式，通过社交网络和移动应用程序将商品推荐给消费者，满足了用户的个性化需求。此外，拼多多与大量品牌和供应商建立合作关系，通过批量采购和预售模式，实现了商品的低价销售，同时保障了货源的稳定。平台还提供简单易用的购物流程、便捷的支付方式和快速的物流配送，从而为用户创造良好的购物体验。

2. 唯品会

唯品会是一家专门进行折扣销售的移动电商平台，通过精选商品、目标市场定位和精准营销等策略实现了业务的快速增长。唯品会与品牌和供应商紧密合作，精选优质商品，以较低的价格进行销售，同时保持较高的商品品质和售后服务水平。通过数据分析和精准营销策略，唯品会将商品信息准确地推送给目标消费者，提高了销售转化率。唯品会将目标市场定位于中高收入群体，提供专业的品牌购物体验，满足消费者对高品质生活的追求。

3. 闲鱼

闲鱼作为一家 C2C 二手商品交易平台，通过以下策略实现了快速发展。

（1）构建信任体系。闲鱼建立了卖家信用评价体系和商品质量保障机制，使得买家可以在信任的基础上购买二手商品，提高了交易的透明度和可信赖性。

（2）提供丰富的商品种类。闲鱼提供了丰富的二手商品种类，从日常用品到高价值商品，满足了消费者的多元化需求。

（3）优化交易流程。闲鱼简化了交易流程，提供了便捷的支付方式和快速的物流配送服务，从而使购物更加方便快捷。

从以上成功案例中，我们可以学到以下内容。

（1）明确的战略定位。在移动电商市场竞争激烈的环境下，企业需要明确自身的战略定位，找准目标市场和消费群体，制定有针对性的运营策略。

（2）创新商业模式。成功的移动电商平台需要关注用户需求，创新商业模式，以差异化的方式提供商品和服务，从而吸引用户并保持竞争优势。

（3）优化购物体验。移动电商企业需要关注用户体验，优化购物流程、支付方式和物流配送等，以提高用户满意度和忠诚度。

（4）数据驱动的运营。运用大数据技术分析用户行为和消费习惯可以更精准地向用户推送商品信息和服务，提高销售转化率和用户黏性。

（5）建立信任体系。在二手商品交易平台中，建立卖家信用评价体系和商品质量保障机制至关重要，可以增加用户的信任度和交易的透明度。

（资料来源：根据爱企查、360doc 个人图书馆等的相关内容整理）

六、同步拓展

选择一种或几种商品，通过微信进行营销，并记录其过程。

任务二　跨境电子商务

一、任务描述

小林是一名"80后"白领，作为爱美的女性，她很喜欢在淘宝购物，基本每天都有她的快递。最近，她听说同样品牌的化妆品、护肤品在产地国的价格要比国内便宜 1/3 以上，而且可以通过跨境电子商务平台进行购买，这样到手价格仍然要便宜很多，过程和在国内淘宝上购物一样。她对此十分感兴趣，很想尝试一下这种品质有保障又实惠的购物方式。可是，她对跨境电子商务一窍不通，不知道该如何下手。作为电子商务专业的同学，请你给小林出出主意。

二、相关知识

（一）跨境电子商务的定义

狭义的跨境电子商务（简称跨境电商）即跨境零售，是指分属不同关境的交易主体，借助计算机网络达成交易、进行支付结算，并通过国际物流的方式将产品送达消费者手中的一种国际商业活动。广义的跨境电子商务即外贸电商，是指分属不同关境的交易主体，借助电子商务的手段将传统进出口贸易中的展示、洽谈和成交环节电子化，并通过跨境物流送达产品、完成交易的一种国际商业活动。

作为新型高效的交易环境和手段，电子商务正在从某一区域或经济体内部向跨境域的全球化交易服务延伸，跨境电子商务成为全球产品与服务的重要流通方式。这种新的贸易形式的兴起是在全球化、国际贸易和电子商务发展到新阶段后各主体共同推动下形成的。目前我国跨境电子商务已呈现蓬勃发展之势，一方面，国内对跨境电子商务政策的不断开放、优化，为跨境电商企业提供了更好的成长环境；另一方面，国内居民消费水平整体升级，消费者更追求生活品质，对跨境电子商务的需求不断增强。

（二）跨境电子商务的特点

跨境电子商务是基于全球互联网络发展起来的。网络空间相对于物理空间来说是一个新空间，是一个由网址和密码组成的虚拟但客观存在的世界。网络空间独特的价值标准和行为模式深刻地影响着跨境电子商务，使其不同于传统交易方式而呈现出如下特点。

1. 全球性

网络是一个没有国界的媒介，依附于网络开展的跨境电子商务具有全球性的特点。世界各地的用户不需要跨越国界就可以把产品尤其是高附加值产品和服务发布到市场上。只要具备了一定的技术手段，任何人在任何时候、任何地点都可以让信息进入网络，从而相互联系并进行交易。

2. 无形性

传统商务以实物交易为主，而网络的发展使得数字化产品和服务盛行。数字化产品和服务以计算机数据代码的形式，借助网络媒介进行传播和交付，所以呈现出无形性。以书籍为例，传统的纸质书籍的排版、印刷、销售和购买被看作产品的生产、销售过程。然而在电子商务中，用户只要购买网上的数据权便可以使用书中的知识，书籍从有形的产品变成了无形的产品。

3. 即时性

在传统交易方式中，信息传送会因距离远近不同而出现时间差。而在网络上进行信息交流，无论实际距离远近，信息传送几乎可以同时完成，如同面对面交谈。一些数字化的产品可以在瞬间传送完成，从而免去传统商务中的中介环节。

4. 匿名性

由于跨境电子商务具有全球性的特点，因此很难识别出用户的具体身份。参与交易的用户可以选择不显示自己的真实身份和地理位置，这丝毫不会影响交易的进行。在虚拟世界里，隐匿身份的便利迅即导致自由与责任的不对称。人们在这里可以享受极大的自由，却只需承担很小的责任，甚至干脆逃避责任，从而给相关机构带来了一定的执法难度。

5. 无纸化

无纸化带来的积极影响是使信息传递摆脱了纸张的限制，由电子计算机通信记录取代了一系列的纸面交易文件。当用户发送或接收电子信息时，由于电子信息以数据的形式存在和传送，因此信息发送和接收过程实现了无纸化。电子商务以电子合同、数字时间戳取代了传统商务中的书面合同、结算票据。

（三）跨境电子商务与传统外贸的区别

跨境电子商务的崛起改变了外贸产业链的布局，对传统外贸造成严峻挑战。相对于传统外贸，跨境电子商务有以下优势。

1. 提升利润空间

跨境电子商务具有去中间商的作用，可越过一些国外渠道直接面对当地消费者，从而使传统外贸模式中利润多被国外渠道攫取的状况大大改观。据估算，跨境电子商务国内企业的外贸净利润率可以从传统外贸的5%提高到50%。

2. 不受时空限制

跨境电子商务不受地理空间的制约，受贸易保护的影响也较小，因此企业可以减少海外分支机构的设立，从而大大降低企业进行海外市场扩张的成本。这样，企业的海外市场规模较之过去可进一步扩大，即使小企业也有机会开展国际贸易。

3. 降低交易成本

跨境电子商务可以减免出国谈判磋商的频次，大幅降低成交的代价。以网络营销手段取代传统的境外营销手段，不仅可以节约营销成本，而且借助网络营销的丰富手段和精准定位可以取得更好的营销效果。此外，网络营销还可以绕过当地政府对传统广告营销规定的相关流程，从而简化营销活动的手续。

4. 个性化客户服务

通过跨境电子商务，企业可以直接获取境外市场的信息和用户反馈，优化海外客户关系管理，开展个性化定制服务，提高对境外市场反应的灵敏度。

（四）跨境电子商务平台

跨境电子商务通过电子商务平台达成交易并进行支付结算。跨境电子商务平台主要包含出口跨境电子商务平台，如全球速卖通、敦煌网、亚马逊等，以及进口跨境电子商务平台，如天猫国际、洋码头、考拉海购、友阿云商等。下面主要介绍几个出口跨境电子商务平台。

1. 全球速卖通

全球速卖通是阿里巴巴面向全球市场打造的在线交易平台，被广大卖家称为"国际版淘宝"。它通过支付宝国际账户进行担保交易，并使用国际物流渠道运输发货，是全球第三大、中国最大的跨境零售电商平台。卖家可以像在淘宝上一样，将产品编辑成在线信息并通过全球速卖通平台发布。与国内的发货流程类似，卖家可以通过国际物流渠道将产品运送到买家手中，从而与世界多个国家或地区的买家达成交易。全球速卖通于2010年4月上线，目前已经覆盖200多个国家和地区的海外买家，涵盖服装服饰、家居、饰品等近30个一级行业类目，其中优势行业主要有服装服饰、手机通信、鞋包、美容健康、珠宝手表、消费电子、计算机网络、家居、汽车摩托车配件、灯具等。截至2024年3月，全球速卖通手机App用户为818万人，同比增长130%，创下自2016年开始相关统计以来的最高纪录。

2. 敦煌网

敦煌网是全球领先的在线外贸交易平台，也是国内首个为中小企业提供B2B网上交易的网站。作为中小额B2B海外电子商务的创新者，敦煌网采用电子邮件营销的模式，以低成本、高效率的方式拓展海外市场。其自建平台为海外用户提供了高质量的商品信息，使得用户可以自由订阅英文电子邮件营销商品信息，第一时间了解市场最新供应情况。敦煌网致力于帮助中国中小企业通过跨境电子商务平台走向全球市场，开辟了一条全新的国际贸易通道，让在线交易变得更加简单、安全和高效。

3. 兰亭集势

兰亭集势是以技术驱动，以大数据为贯穿点，整合供应链生态圈服务的在线 B2C 跨境电商企业。兰亭集势成立于 2007 年，已于 2013 年 6 月 6 日在美国纽交所挂牌上市，成为中国跨境电商第一股。2023 年，兰亭集势的全年营收突破 6.29 亿美元。

兰亭集势的网站用户来自 200 多个国家和地区，注册用户数千万人，支持 26 种语言，累计发货目的地国家超 200 个，遍布北美洲、亚洲、西欧、中东、南美洲、非洲和东南亚。兰亭集势提供多个种类、超过 50 万个独立商品，其中核心品类包括婚纱礼服、男女服装、家居、户外运动、鞋靴箱包、3C 电子产品、各类配件等。

4. 大龙网

大龙网中国有限公司成立于 2010 年，是一家全球性跨境电商服务公司，其总部位于香港，行政总部设在北京，运营和研发基地位于重庆，并在多个国家设立分支机构。目前，大龙网已成为中国最大的数字贸易时代下实业互联服务平台，以及中国最大的跨境 M2M（Manufacturer to Market，供应商对采购商）全球本土化服务平台。

公司致力于在移动互联网时代通过移动跨境 O2O 的方式开展跨境 B2B 贸易。它通过线上移动商务社交工具 OSell App 与遍布全球的产品及品牌线下体验馆联动，帮助出口供应商及进口采购商实现在线无缝连接与本地化商务往来。2016 年，基于"两国双园"的创新理念，大龙网提出利用互联网技术打造共享型资源整合平台，致力于帮助中国 1500 万家生产商升级为全球品牌商、全球供应商、全球跨境电商，主张通过建设全球新型商业联合体网络，推动 1500 万家中国制造企业沿"一带一路""走出去"，使中国制造惠及全球。

三、任务实施

步骤一：用自己的淘宝账号登录天猫。

步骤二：进入天猫国际，观察天猫国际有哪些国家的产品，并将相关信息填入表 9-4。

表 9-4　天猫国际的产品

国家/地区馆	主要种类/产品	你喜欢的产品

步骤三：访问考拉海购网站，并将相关信息填入表 9-5。

表 9-5　考拉海购产品

产品种类	国家馆	代表产品	你喜欢的产品

步骤四：对比天猫国际和考拉海购的产品，并将相关信息填入表 9-6。

表 9-6　两个平台的产品对比

平台	国家馆数量	产品种类	荐买机制	价格评价	综合评价
天猫国际					
考拉海购					

四、任务评价

任务评价表如表 9-7 所示。

表 9-7　任务评价表

项目	学习态度（20%）	团队合作情况（20%）	步骤完成情况（50%）	其他表现（10%）	小计（100%）	综合评价
小组评分（30%）						
个人评分（30%）						
老师评分（40%）						
综合得分（100%）						

五、知识拓展

阅读材料

三大类跨境电商服务平台

随着国家对跨境电商的政策越来越明朗，跨境电商的"冰山"逐渐浮出水面。海关总署等监管部门逐年推出跨境电商通关服务等各种平台，方便电商企业或个人进行分送集报、结汇退税。"跨境电商服务平台"一词开始受到业内广泛关注。下面将对业内出现的几种跨境电商服务平台的概念解读、服务对象、监管部门等进行梳理，并对平台建设意义进行解读。

1. 跨境电商通关服务平台

【概念解读】跨境电商通关服务平台，顾名思义，是为外贸企业进出口通关提供便利服务的系统平台。89号文发布后，地方海关为鼓励跨境电商发展各出其政，但政策分散导致通关流程各不相同。海关总署建设全国统一的通关服务平台，意在统一报关流程。该平台所上传的数据可直接对接海关总署内部系统，节省报关时间，提升通关效率。

【服务对象】传统中小外贸企业、跨境进出口电商企业。

【监管部门】海关总署、地方海关。

【注意事项】货物通关采用"三单对比"的方式进行监管，"三单"指电商企业提供的报关单、支付企业提供的支付清单、物流企业提供的物流运单。"三单"数据确认无误后即可放行。

【建设意义】跨境电商通关服务平台是海关总署为应对当前外贸订单碎片化趋势明显，小包裹、小订单急剧增多，政策空缺和监管缺失的对策之一。该平台将企业数据与海关数据进行匹配，从而达到监管统计目的。

从目前的统一版通关服务平台来看，服务对象主要还集中在小包裹的出口领域。但从实际操作上看，小包裹主要是个人或小卖家习惯使用的进出口方式，这类卖家大多存在"捞一票就走"的心理。使用通关服务平台会在短时间内增加成本，而对其起到的作用微乎其微。通关服务平台真正服务的对象应该是进出口规模较大的外贸企业小订单业务。外贸企业拥有常态化发展的需求，小订单较小包裹也更易于监管统计。

2. 跨境电商公共服务平台

【概念解读】"公共服务"的含义具有双向性，一方面为各地政府的职能部门之间搭建公共信息平台，另一方面是服务于大众（主要是指外贸企业）。阳光化的外贸环节多，涉及负责检验检疫、纳税退税、支付结汇、企业备案、数据统计等的政府职能部门及银行结汇等，传统外贸企业需一一对接。跨境电商行业因其订单碎片化的特殊性，若每笔订单都重复与政府职能部门对接将成为双方极其繁重的工作。另外，政府职能部门之间也需要一个公共区域共享企业上传的数据，并进行数据采集、交换对比、监管等工作。于是，由政府投资兴建的公共服务平台成了解决这些问题的根本手段。

【服务对象】传统中小外贸企业、跨境进出口电商企业。

【监管部门】国家税务总局、国家外汇管理局等政府职能部门。

【注意事项】与通关服务平台相同，地方性公共服务平台也普遍采用"三单对比"的方式进行监管，"三单"手续齐全并经监管部门认可，才可享受正常的结汇退税。

目前，公共服务平台均由各地政府自行建设，并无全国统一版本，服务内容有所差异，界面操作也不同。需留意所在地区的系统，仔细钻研，确保正确上传数据。

【建设意义】跨境电商公共服务平台作为政府层面建设的平台，其作用除沟通政府职能部门外，一些地方平台还能直接对接海关的通关服务平台。公共服务平台是在政府各职能部门之间形成的一个交集圈，也是在政府与外贸之间搭建的一座沟通的桥梁，还是政府职能部门面向外贸企业开设的一扇服务窗口。

从目前各地出现的公共服务平台来看，其与通关服务平台存在相同的问题，就是服务对象主要集中在小包裹的进出口领域,使用价值不大。其真正的服务对象同样应该是进出口规模较大的跨境电商小订单业务。

3. 跨境电商综合服务平台

【概念解读】其"综合"的含义囊括了金融、通关、物流、退税、外汇等代理服务。跨境贸易的链条很长,涉及的操作环节多,传统中小外贸企业和个人卖家难以吃透,且工作量极其繁重。综合服务平台的出现可以一站式解决这部分人遇到的外贸问题,是真正服务于基层的平台。

【服务对象】传统中小外贸企业、中小跨境电商企业、跨境电商平台卖家。

【注意事项】综合服务平台一般由企业投资建设,因此应注意选择具有品牌公信力的大型跨境电商企业建设的平台。这些平台的功能更齐全,解决问题的能力更强。最重要的是服务更有保障,可以避免不必要的风险。

【建设意义】跨境电商综合服务平台是企业层面建设的平台,以"为中小外贸企业和个人卖家提供一站式服务"为基础,催生出的一个新兴的代理服务行业,在降低外贸门槛、处理外贸问题、降低外贸风险等问题上提供了便利和解决方案。目前该平台适用于小包裹、小订单等多种业态。随着跨境电商行业发展,该平台也将随之拓展出更深层次、更专业的服务,发展潜力极大。

从以上分析可以看出,跨境电商通关服务平台、跨境电商公共服务平台、跨境电商综合服务平台是从3个不同层面出发建设的平台(通关服务平台对应的是海关,公共服务平台对应的是政府,综合服务平台对应的是企业)。3种平台之间相互联系,形成信息数据之间的统一交换和层层传递。就目前行业发展趋势看,无论是跨境企业还是个人卖家,都需要对这些平台进行了解,也许未来会成为跨境电商新监管时代的生存法宝。

各大平台间的关系如图9-2所示。

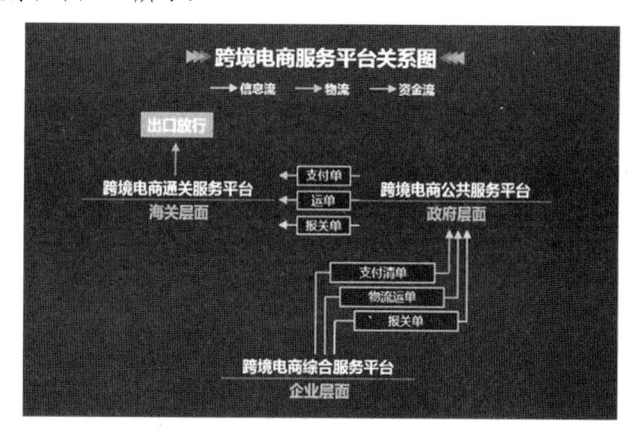

图9-2 各大平台间的关系

(资料来源:雨果跨境)

六、同步拓展

国外的跨境电子商务平台有哪些典型代表?各自的特点是什么?

任务三 农村电子商务

一、任务描述

2023年12月5日至6日，第七届中国农村电子商务大会暨2023农村直播电商案例成果发布会在浙江丽水举行，大会对参加2023农村直播电商案例赛事的优秀案例进行颁奖，江永县"人+货+链"三有农村直播电商模式获得全国县域案例冠军，被收录到全国农村直播电商案例库，并在全国复制推广。

江永县隶属于湖南省永州市，是中国香柚之乡、中国香芋之乡，"江永五香"——香柚、香芋、香姜、香米、香菇久负盛名。作为湖南省第一批"数商兴农示范县"，这座"中国最美小城"因电商而变得更美。近年来，江永县紧抓"直播电商"的风口，引入惠农网共建"人+货+链"三有农村直播电商模式，培育直播人才，打造网货精品，升级数字化供应链，共同推动本地直播经济的发展。

依托县级直播电商孵化中心，江永县推行"百村百红"计划，共培训2650人，培育出本土网红30余人，打造了"古宅土娃""卢大妈""江永电商"等一系列本土网红IP，实现直播有"人"。江永县依托江永县传统产业，建立全县"直播选品中心"，建设"1+1+N"的网货矩阵，实现直播有"货"，同时，通过与餐饮企业、交警等跨界联动，以及本土主播和头部主播同步探店打卡、直播带货等潮流方式，让"乡货"变成了"香货"。江永县升级运营"2个中心、10个基地、15个直播小站"，进一步疏通集运配、包装物流等环节，实现直播有"链"，为产品出村、出圈夯实配套基础。2024年1—2月，江永县农特产品实现线上线下交易额达3亿元，其中网络零售额达0.94亿元。

请思考：什么是农村电子商务？如何利用农村电子商务提升农村特色产品的销量？如何着手利用农村电子商务进行创业？

二、相关知识

（一）农村电子商务的相关概念

农村电子商务（简称农村电商），通过网络平台嫁接各种服务于农村的资源，拓展农村信息服务业务、服务领域，使之成为遍布县、镇、村的"三农"信息服务站。作为农村电子商务平台的实体终端直接扎根于农村，服务于"三农"，真正使"三农"服务落地，使农民成为平台的最大受益者。

我国农村电商的发展，从最初的快递下乡起步，历经农产品上行、数字化发展阶段，如今已迈入高质量发展的新阶段。农村电商的发展模式愈加多元，政策指导也在逐步完善。2014年，中央一号文件《中共中央 国务院关于全面深化农村改革加快推进农业现代化的若干意见》就提及"加强农产品电子商务平台建设"。2015年，"农村电商"被正式写入中央一号文件，成为推动农业农村经济发展新引擎,以及帮助贫困地区实现跨越式发展重要手段的角色。

2024年2月3日,《中共中央 国务院关于学习运用"千村示范、万村整治"工程经验有力有效推进乡村全面振兴的意见》(2024年中央一号文件)正式发布。其中,首次提出"实施农村电商高质量发展工程",明确推进县域电商直播基地建设,发展乡村土特产网络销售。2024年3月,商务部等9部门发布《商务部等9部门关于推动农村电商高质量发展的实施意见》,指出发展农村电商,是创新商业模式、建设农村现代流通体系的重要举措,是转变农业发展方式、带动农民增收的有效抓手,是促进农村消费、满足人民对美好生活向往的有力支撑。农村电商在乡村振兴战略背景下更加焕发蓬勃生机,同时也为乡村振兴创造了新的活力,在销售农产品、振兴乡村产业、加快城乡一体化发展方面具有重要作用。要想大力发展农村电商,就要认识农村电商,了解农村电商的相关概念。业界对农村电商的提法,主要集中在三个方面:农产品电商、农业电商、农村电商。

1. 农产品电商

农产品电商主要指的是通过电子商务平台对农产品进行在线销售的活动。这种模式将农产品从产地直接销售给消费者,包括采购、销售、物流渠道等电商的完整闭环。农产品电商的核心是产品流通,即将农产品从生产者手中直接或间接地送达消费者手中,减少了中间环节,提高了效率。

2. 农业电商

农业电商是一个更为宽泛的概念,它不仅包括农产品的销售,还包括农业生产资料的采购、农业技术的推广、农业信息的发布等与农业相关的电子商务活动。农业电商的目的是通过电子商务手段提高整个农业产业链的效率和效益。

3. 农村电商

农村电商有狭义与广义之分。狭义的农村电商一般是指利用互联网技术,通过计算机、手机等设备,为涉农领域的生产经营主体提供农产品或服务的网上销售、购买和电子支付等服务,涵盖了对接电商平台、建立电商基础设施、提供电商知识培训、搭建电商服务体系等。广义的农村电商还包括其外延部分,强调电商在农村地区的推进与应用,以互联网为媒介,将农村和城市连接起来,不仅能促进农产品上行,扩大农产品销售市场,还能促进工业品下行,激发农村市场的需求活力。县域电商可以说是农村电商非常重要的一种形式。

总的来说,农产品电商关注产品销售,农村电商关注农村整体的商业活动,而农业电商则涵盖了农业全产业链的电子商务应用。这三个概念虽然各有侧重,但又相互关联,都是利用现代信息技术,特别是互联网技术,来促进农业和农村经济发展,提高农民收入,以及改善农村的生活条件。

(二)农村电子商务的分类与特点

近年来,我国农村电商蓬勃发展,为全面脱贫、农民增收、全面推动乡村振兴提供了新的路径。深入了解农村电商的分类与特点能让不同地区、不同领域的从业者和相关人士更好地发掘本地区、本行业的特色，助力农业生产和农产品销售，助力地方经济发展。

1. 农村电子商务的分类

1）根据产品流通方向分类，分为输出式农村电商和输入式农村电商

（1）输出式农村电商是指将农产品、手工产品、加工产品、特色文旅资源等从农村向外部市场输出的电商模式，亦称上行式农村电商。该模式是当前主要的农村电商模式，其依托当地特有的农业资源，走标准化、品牌化的发展路线，以提高产品附加值和市场竞争力为重点，最终解决农产品滞销的问题，实现农民收入的增加。

（2）输入式农村电商是指将产品、服务等向农村输入的电商模式，亦称下行式农村电商。采用这种模式一般会在县域设立县级服务中心，在乡镇建立服务站点，通过完善的服务网络向农村输入生活用品、服务项目等，让互联网发展成果惠及广大农民群体。

2）根据商业模式分类，分为B2C模式、B2B模式、C2C模式、O2O模式

（1）B2C模式：直接连接农产品的生产者与消费者，通过电商平台将农产品销售给消费者。

（2）B2B模式：主要面向批发商、餐饮企业或其他商业实体，批量销售农产品。比如网库集团、"832平台"（脱贫地区农副产品网络销售平台）、惠农网、中国邮政、一亩田等探索数字农产品电商的B2B模式发展路径。

特别是"832平台"，其加快了由扶贫电商平台向乡村全面振兴转型，自2020年1月1日上线运行以来，秉持帮扶属性、公益属性。截至2024年2月9日，脱贫地区农副产品网络销售平台累计销售额突破510亿元，其中，2023年"832平台"农产品交易额达到169.9亿元。

惠农网是由湖南惠农科技有限公司推出的B2B电子商务网站，于2013年9月上线，该网站主要以B2B模式为"三农"提供电商平台服务、信息服务、物流服务等，为农产品交易提供了一个安全可靠的环境，提高了农产品的流通效率，包含种植果蔬、养殖水产、园林园艺、副食特产、农资供应、中药材等十九大类目，涵盖了2万多种常规农产品。截至2024年3月，惠农网PC端、App、小程序三端线上交易平台已覆盖全国2821个县级行政区，用户超4500万人。

成立于2011年的北京一亩田新农网络科技有限公司搭建的农业互联网综合服务平台一亩田，定位于推动"农产品进城"，致力于"让每一亩田更有价值"。截至2023年6月，一亩田的农产品及食品B2B数字化流通服务平台累计服务农业生意人近5000万人，覆盖全国2800多个县域，农产品品类超1.5万种，年带动农产品交易撮合规模超3000亿元。

（3）C2C模式：农民之间或农民与消费者之间交易的模式。

（4）O2O模式：结合线上销售和线下体验，提供从线上下单到线下自提或体验的服务。

这些模式展示了农村电商在促进农产品销售、提高农民收入及推动乡村振兴方面的积极作用。

2. 农村电子商务的特点

（1）战略性：农村电商不仅是经济活动，而且是实现数字乡村、促进脱贫攻坚和经济发展的重要战略。

（2）多样化：农村电商模式多样，从早期的淘宝村到综合性平台，满足了不同需求。

（3）个性化与品牌化：农村消费者越来越注重个性化和品牌化的购物体验。

（4）区域差异性：东部地区是农村电商的主体市场，而中西部地区和东北地区增速较快。

（5）电子化与数字化：传统的商务流程转化为电子化和数字化形式。

总体来说，随着技术的不断进步和政策的支持，农村电商正在逐步克服其发展中的难点，扩大其影响力和覆盖范围。

（三）农村电子商务的典型模式

农村电子商务能促进县域农业、制造业的优化升级，促进服务业的创新发展，调整县域经济结构。遂昌、丽水、通榆、清河、武功等地依托当地县域经济的优势和特点，发展出不同的农村电商典型模式。

1. 遂昌模式

浙江省遂昌县以其独特的自然环境造就了当地优质的特色农产品。自2005年开始，遂昌县当地就有农民自发开设淘宝网店经营山茶油、菊米等农产品。后来，遂昌县设立网店协会和网店服务中心，整合政府、电商、金融机构、农业合作社、农民等多方资源，助力电商快速发展，逐步形成遂昌模式。遂昌模式就是以本地化综合服务商为驱动，带动县域电商发展，促进地方传统产业，尤其是农业及农产品加工业的发展。

2. 丽水模式

丽水模式，通过建立区域电商服务中心和电商创业园，鼓励农村青年创业，团委帮扶提供信贷支持。近年来，浙江省丽水市以政策引领催生电商发展引力，连续出台促进传统电商、跨境电商、直播电商发展的一揽子政策。具体来讲，以专项奖励、综合运营补贴等措施鼓励企业开发适合电商销售的产品，鼓励电商产业园、电商企业做大做强；督促引导各县（市、区）迭代升级电商促进政策，推动形成"1+3+N"（市区政策引领+传统、跨境、直播全业态促进+各县联动跟进）的全市域电商业态全覆盖的政策体系。2022年，丽水市实现网络零售额725.7亿元，同比增长22.8%，增速全省第一。全市各类电商主体突破1万家，其中重点平台活跃网店7000多家、直播主体1300多家、跨境电商主体1759家，解决就业岗位7万个。当地还重视电商人才队伍建设，年培训近万人次，精准制定电商人才政策。截至2022年年底，全市已有20万粉丝以上、以乡村振兴为核心标识度的新农人账号150多个，百万粉丝账号35个。

3. 通榆模式

通榆模式，政府整合当地农产品资源，委托给大企业进行包装、营销和线上运营，共同创造并分享价值。近年来，吉林省通榆县在出台《通榆县商业网点发展规划（2021—2025年）》《通榆县"十四五"电子商务发展规划》《通榆县关于加快电子商务融合发展的实施意见》等若干政策的基础上，制定了《通榆县新电商产业三年行动计划（2023—2025年）》，连续5年将电商工作纳入乡镇年度绩效考核，不断完善政策支持和考核激励机制。

当地坚持以服务乡村产业振兴、聚焦农产品上行为目标，不断优化电商产品供应"自生态"，多措并举打造直播电商引领、联农带农紧密、产业优化有效的农产品上行模式，有效带动了产业增效和群众增收；发挥本地国有电商企业市场引导和服务推动作用，开通全网营销平台，建设"印象通榆特产超市"，搭建线上线下产销对接渠道；支持重点企业做大做强，比如2022年新洋丰公司"832平台"销售额居全国第一，9家企业与多所高校建立长期稳定的产销关系。

2023年上半年，通榆电商交易额14.11亿元，同比增长24.63%，网络零售额3.86亿元，同比增长45.89%。

4. 清河模式

河北省清河县结合强大的传统产业和专业市场，紧盯把电商产业打造成全县第五大产业这一目标，通过电商平台提升行业竞争力。2024年，河北省清河县实施成立电商产业发展服务中心、加大政策资金支持、丰富并优化供应链体系建设等11项行动，推动电商提质升级，全县电商年销售额有望再有所突破。

清河县现有羊绒及制品、汽车及零部件、稀有金属、耐火材料四大产业集群，已具备将电商产业打造成第五大产业的良好基础。近年来，该县依托羊绒产业优势，加大政策倾斜力度，大力发展电商经济，电商成为助推县域经济发展的新引擎。清河县共有网店3.5万家，连续7年荣膺"全国电子商务百佳县"称号。

5. 武功模式

武功模式，以园区为载体，吸引外地电商企业注册经营，聚集农产品生产、加工、仓储、物流和销售等各类企业。

近年来，陕西省武功县突出发展以农产品精深加工为重点的电商物流"首位产业"，不断改革和摸索，走出了一条独具武功特色的蜕变发展之路，实现了量质齐升，创造了符合电商发展的"武功生态"。目前，武功县已经成为集农产品分拣、检测、仓储物流等于一体的电商生产及加工基地。经过10来年的探索和发展，武功县电商汇聚了西域美农、陕西初农、兄弟供应链等电商企业390家，培育个体网店1200多家，引进快递物流及配套企业50多家，助推武功县电商迅猛发展。2023年，武功县电商企业总发单量1.37亿单、销售额61.56亿元。

6. 宜良花卉苗木电商模式

云南省宜良县利用其丰富的花卉苗木资源，探索出一条花卉苗木与电商融合发展的新路径。通过电商平台，宜良县的花卉苗木能够远销全国各地，提升了当地的经济效益。

宜良县地处云贵高原腹地、珠江源头，辖区面积为1913.53平方千米，是云南省昆明市的重要功能拓展区。据2024年3月宜良县人民政府官网信息，宜良县作为花卉苗木种植大县，现有花卉苗木种植面积约16.62万亩，花卉企业及个人经营户4000余户，总产值38亿余元，从业人员6万余人，是与浙江萧山、江苏夏溪、河南鄢陵、四川温江齐名的全国五大花卉苗木产地之一，荣获"中国花卉苗木之城"的荣誉称号，被云南省委、省政府确定为"花卉产业重点县"和"绿化观赏苗木核心发展县"。

为了将花卉苗木产业做大做强，宜良县以农业部门、商务部门等为核心部门成立了宜良花卉苗木园区指挥部，出台系列支持花卉苗木产业转型发展的具体政策和措施，特别是鼓励和支持花卉苗木企业开辟电商销售渠道，利用互联网提质升级花卉苗木产业。宜良县政府安排配套资金将"互联网+创业园"打造成电商聚集区，让花卉苗木企业免费入驻，鼓励这些企业抱团式发展、集聚式增长。同时，电子商务进农村综合示范项目从花卉苗木的人才培训、物流补贴、营销推广等方面予以资金扶持，形成政策合力，加快线上线下融合。

宜良县以节会品牌打造为目标，凭借"百年花街节"被列入云南省非物质文化遗产名录这一契机，将端午赶花街打造成宜良县民间传统习俗和当地群众广泛参与的民俗盛会，近年来，每年吸引两三千万个海内外游客到宜良县观光游览。此外，宜良县借助抖音、快手、微博、微信等媒介，创新推出"网上花街节"，以网络直播方式推介宜良县花卉苗木产业，大幅提升了产业的形象和知名度。

在宜良县委、县政府的扶持引导下，宜良县本土的云南树多多苗木科技有限公司自主开发了"树多多"花卉苗木网络销售平台。自平台上线以来，每年线上交易额达 1300 万元，线下撮合交易额达 1.5 亿元。宜良县积极推动多肉、小盆花、鲜切花、三角梅和苗木等利用淘宝、京东、抖音、快手等平台开展网络交易。

（四）农村电子商务平台

随着我国互联网的快速发展，尤其是国家实施乡村振兴计划以来，我国农村电商发展迅速。近年来，农村大力推进农村电商平台建设，通过农村电商平台向外输出农村资源，使得更多的农产品走出农村，帮助越来越多的农民致富。农村电商平台主要服务于农村资源，拓展农村信息服务业务和服务领域，服务于"三农"。其受益者主要是农民。根据平台品类的多少及运营的特点，目前农村电商平台主要有综合型农村电商平台、垂直型农村电商平台、新媒体农村电商平台及其他电商平台。

1. 综合型农村电商平台

综合型农村电商平台是指具备与农业或农产品相关的板块，或者开辟了与农业相关的服务的综合性农村电商平台，如淘宝、京东、拼多多等。综合型农村电商平台都在农村电商领域进行了大量的投资，也吸引了很多农村电商从业人员入驻，直接面向消费者并提供与农产品相关的服务。这类平台知名度高、流量大，具有天然的优势，但平台内竞争激烈，尤其新开设的网店需要商家耗费大量精力和投入大量资金来获得流量。

2. 垂直型农村电商平台

垂直型农村电商平台主要指专注于农产品的批发或零售的电商平台，如一亩田、惠农网、农商通等。这类平台汇集了全国各地有关农产品的海量的供需资源，能提供各种蔬菜水果等农产品的市场行情、产地等信息，且注册登记、开店入驻、发布产品都比较简单，对新进入农村电商领域的农村电商从业人员比较友好。其主要消费群体是各地农产品批发商和农产品种养大户，现在也在拓展零售市场。

3. 新媒体农村电商平台

新媒体与农村电商的融合，不仅让农村电商有了更多的营销方式，还为农村电商品牌塑造提供了机会。更重要的是，很多新媒体进入农村电商领域后，通过直接建设自己的农村电商平台连接消费者与农产品商家，带给消费者更多的消费渠道，实现了农产品上行目标，并在推进乡村全面振兴中发挥着越来越重要的作用。

4. 其他电商平台

农村电商平台不仅包括销售农产品的电商平台，还包括为拓展涉农领域的生产经营主体提供网上销售、购买和电子支付等业务的平台。党的二十大报告指出，"加快建设农业强国，扎实推动乡村产业、人才、文化、生态、组织振兴"。乡村振兴涉及农业的各个方面，农村电商的建设和发展需要细化不同的领域，所以一些更加细化的电商平台也能够帮助农村电商实现生产和经营的目标。这些更加细化的电商平台具体如下。

1）专注生鲜市场的电商平台

专注生鲜市场的电商平台指主要销售新鲜水果、蔬菜、生鲜肉类等的电商平台，比如顺丰优选、中粮我买网、天天果园等。

2）专注农村市场的电商平台

专注农村市场的电商平台指主要以农村居民为消费对象的电商平台，比如乐村淘、日日顺乐农等。

3）传统农资企业的电商平台

农资企业是以化肥、农药、种子、农机具等为销售对象，集生产、流通、服务于一体的企业。传统农资企业具有成熟的物流系统、营销系统、服务体系，以及长期扎根基层对消费者需求比较了解等优势。这些传统农资企业在建设自己的电商平台后，升级和拓展了自己的销售渠道，也带给消费者更多的优惠和好处。传统农资企业的电商平台主要有世纪农药网、农信商城等。

4）农业服务型电商平台

农业服务型电商平台指以提供服务为主的信息服务先导型农村电商平台。这类电商平台整合了技术服务、商务服务和平台服务，提高了产品精准投放率，同时为消费者带来良好的体验，满足了农民对各种农业基础服务的需求，比如农医生、益农宝等。

（五）农村电子商务的发展现状与趋势

电子商务是我国数字经济的重要源头，是数字经济最活跃、最集中的新产业新业态新模式，是数字经济最重要的组成部分。实践证明，农村电商是发展数字经济、乡村振兴和数字乡村建设的最好抓手。我国农村电商的发展进程大体可分为三个阶段。

第一个阶段，2003年至2015年，发展路径探索阶段。2005年，中央一号文件首次提及电子商务。此后10年，国家主要从流通方式、交易方式和平台建设角度部署农村电商发展。

第二个阶段，2016年至2020年，规模化、专业化发展阶段。国家加大对农村电商的部署力度，逐步提出更高要求，明确农村电商的主要工作方向：加大物流基础设施建设和完善县乡村三级农村物流体系；开展电商进农村综合示范；健全农村电商服务体系；支持涉农电商载体建设和新模式发展等。

第三个阶段，2021年至今，农村电商发展进入"数商兴农"高质量发展阶段。2021年，相关部门印发《"十四五"电子商务发展规划》，突出电子商务与一二三产业的融合，推动乡村振兴、数字乡村建设，大力实施"数商兴农"行动，加快完善农村电子商务生态体系。2022年，中央一号文件进一步明确实施"数商兴农"工程，这是发展农村电商的新举措，也是农村电商发展的新方向。

《中共中央 国务院关于做好2023年全面推进乡村振兴重点工作的意见》继续提到"数商兴农"，提出要深入实施"数商兴农"和"互联网+"农产品出村进城工程，鼓励发展农产品电商直采、定制生产等模式，建设农副产品直播电商基地。2024年的中央一号文件则强调要实施农村电商高质量发展工程，推进县域电商直播基地建设，发展乡村土特产网络销售。

1. 农村电子商务的发展现状

商务大数据监测显示，2021年全国农村网络零售额2.05万亿元，占全国网络零售额的15.66%，同比增长11.3%。2022年上半年，全国农村网络零售额9759.3亿元，同比增长2.5%。其中，农村实物商品网络零售额8904.4亿元，同比增长3.6%。2023年，全国农村网络零售额达到2.5万亿元，比2014年增长近13倍；全国农产品网络零售额达到5870.3亿元，同比增长12.5%。

这一增长趋势反映了农村电商在推动乡村产业发展和助力农产品上行方面的重要作用。农村电商的发展不仅促进了农村地区的经济增长，还为农民提供了更多的就业机会和增收渠道。尽管农村电商发展取得了显著成就，但仍面临一些问题。

1）网络基础设施建设和网络普及

为了加快农村电商的发展，网络基础设施的有力支撑必不可少，同时应缩小城乡之间的数字鸿沟。截至2023年12月，农村地区互联网普及率为66.5%，表明农村电商发展的潜力巨大。

2）农产品流通效率

发展农村电商的关键在于提升农产品的流通效率，即通过完善生产、流通和销售全流程的农产品数字化供应链为乡村产业振兴注入新动能。这包括建立健全适应农产品网络销售的供应链体系、运营服务体系和支撑保障体系等。

3）人才和政策支持

人才是推动农村电商发展的关键。政府和企业需要加大对电商人才的培养和引进力度，同时提供必要的政策支持。例如，实施农村电商高质量发展工程，推进县域电商直播基地建设，鼓励各地因地制宜大力发展特色产业，支持打造乡土特色品牌。

4）直播电商的崛起

随着短视频直播平台的发展，直播电商成为推动农产品上行的重要抓手。例如，快手在2023年启动了"兴农计划"，投入大量流量及现金资源持续扶持优质农产品商家。

2. 农村电子商务的发展趋势

1）直播带货等新业态规范发展

近年来，直播带货在农村地区快速发展，同时伴随着一系列不规范问题，部分店铺经营存在货不对版、以次充好、言行失范、悲情营销、偷税漏税等问题，给行业的健康发展带来巨大挑战。自 2021 年以来，国家有关部门相继出台《关于加强网络直播规范管理工作的指导意见》《网络交易监督管理办法》《网络直播营销管理办法（试行）》《直播电子商务平台管理与服务规范》（征求意见稿）等一系列政策法规，对主播带货提出严格要求和规范，并对主播偷逃税问题进行打击，促进电商直播行业规范化发展。自 2024 年 6 月 1 日起，商务部发布的《直播电子商务平台管理与服务规范》行业标准正式实施，旨在引导和促进直播电子商务平台经营者依法履行主体责任，营造良好的电子商务消费环境。

2）农村电商 B2B 成为发展热点

随着电商进农村、电商扶贫等工作的推进，我国农村电商 B2C 发展速度较快，在脱贫攻坚中起到了巨大作用。当前，我国已步入巩固脱贫攻坚成果与乡村振兴协同发展的新阶段。农村电商 B2B 作为农业产业数字化的核心环节，是农村电商转型升级的重要方向。我国农村电商 B2B 平台数量少、体量小，面对传统商贸企业话语权较弱。农村电商 B2B 发展进入了一个新的发展阶段，农村供应链体系的数字化将推动农村电商 B2B 快速发展。

3）产地仓等基础设施建设将迎来新发展

2021 年，商务部提出开展"数商兴农"行动，强调引导电商企业加强物流配送、农产品分拣加工等农村电商基础设施建设。产地仓是重要的农村电商基础设施。通过建设产地仓，企业可以统一备货、集中发货，从而大幅降低物流成本，提高物流效率。除了分拣包装、检验检疫、仓储物流等基本功能，部分产地仓还提供电商培训孵化、品质溯源、仓内直播、一件代发等增值服务。产地仓预冷设施能极大降低农产品的损耗，实现企业效益；数字化分选线能迅速让农产品变成农商品，助力品牌打造。

4）乡村振兴将为农村电商提供更大发展空间

当前，我国正在有序推进国内统一大市场、国内国际双循环新发展格局的建设，将进一步为农村电商高质量发展提供动力。2021 年，商务部等部门出台《关于加强县域商业体系建设促进农村消费的意见》，支持各地加快补齐农村商业设施短板，扩大农村电子商务覆盖面。未来，我国将以县域为单元统筹农村商业发展，农村电商将在县域商业体系中发挥重要作用，助力乡村振兴和产业数字化。电商企业将继续下沉到农村，拓展消费新业态、新场景，提高生活服务业的便捷性和服务质量。小程序电商、社区团购蓬勃发展，将与县域超市、便利店、夫妻店、连锁店等线下商业实体广泛融合，撬动县域餐饮、外卖、旅游、娱乐等多个农民生活服务场景，推动县域商业数字化转型提速，促进农村消费提质扩容。随着兴趣电商、信任电商、社交电商等内容电商的兴起，农村直播电商、乡村短视频、乡村网红达人分享等电商应用先导还将大大推动乡村旅游的发展，加速乡村一二三产业融合的进程。2024 年，《商务部等 9 部门关于推动农村电商高质量发展的实施意见》发布，要求以习近平新时代中国特色社会主义思想为指导，围绕高质量发展和构建新发展格局，顺应数字经济发展趋势，学习运用"千万工程"经验，深入实施数字乡村发展行动，以技术和应用创新为驱动，推动农村商贸流通企业转型升级，促进电商与农村一二三产业全方位、全链条深度融合，培育新业态、新场景，构建协同、创新、高效的农村电商生态圈，畅通城乡经济循环，促进农民增收和农村消费。

三、任务实施

步骤一：选取家乡的主要农产品1~2种，通过调研了解所选取农产品的供销情况。

步骤二：打开全国农产品批发市场价格信息系统，了解农产品批发价格指数、所选取农产品的价格行情、各地批发市场行情。

步骤三：对比淘宝、京东、拼多多三个主要电商平台，调研各平台对农村电商的支持政策、入驻条件、适合销售的农产品特色等。

步骤四：了解以上三个平台的开店流程。

步骤五：根据调研情况，为家乡主要农产品选择合适的电商平台，并完成表9-8。

表9-8 农产品电子商务实践

家乡所在省市区（县）	
家乡的主要农产品	
该种农产品的行情	
该种农产品的特色	
三个平台对农村电商的支持政策、入驻条件、适合销售的农产品特色	
选择的电商平台	
选择该电商平台的原因	

四、任务评价

任务评价表如表9-9所示。

表9-9 任务评价表

评价内容	分值/分	评分/分
家乡主要农产品的选取是否正确	10	
该种农产品的行情描述是否准确	30	
该种农产品的特色描述是否准确	10	
对各平台的调研描述是否到位	30	
选择电商平台的程序是否科学	10	
选择该平台的原因分析是否合理	10	

五、知识拓展

农产品的常见卖点

所谓卖点，是指产品所具备的独特的或其他产品没有的特点。卖点应满足人无我有、人有我优、人优我特的条件。并且，卖点应落实到营销战略中，转化为消费者能够接受、认同的利益，达到树立品牌形象、促进农产品销售的目的。

农产品销售无论在线上还是线下，都有着巨大的市场。但为什么有些商家卖得好，有些却不尽如人意呢？市场因素的影响是复杂多样的，要想脱颖而出，必须深入挖掘产品的卖点与优势。

农产品的卖点并不单一，归纳总结农产品的卖点需要站在消费者的立场上，从农产品的产地、新鲜程度、环境、口感、外观等方面入手提炼特点，并用简洁、生动、令人印象深刻的语言加以描述。

1. 产地

产地这个农产品特征在众多农产品上都有体现，比如说敖汉小米、炎陵黄桃，在为用户树立一种生态、自然的形象的同时，增加地域性标志，无形中打造了产品的卖点。若没有特殊产地的身份，则可以试着从河流、湖泊、高山等产地特征来塑造卖点，比如西湖藕粉，还可以引经据典，使用经典古诗中的地名。

2. 环境

环境指的就是农产品的生长环境。农产品受光照、降水、空气等级、湿度等因素影响，即使同一种农产品，在不同环境下的最终结果也会不同。比如哈密瓜，大家为什么会觉得新疆的哈密瓜比较甜？那是因为新疆的光照强，并且昼夜温差较大，有助于哈密瓜糖分的形成与积累。具体的产地环境追溯还可以满足消费者对农产品的溯源诉求，因此商家应充分发挥卖点价值。

3. 口感

农产品在适宜的环境中会表现出比同类农产品更好的特性。正所谓"橘生淮南则为橘，生于淮北则为枳"。在肥沃的土壤中生长的庄稼的口感优于在贫瘠土壤中生长的庄稼的口感。此外，一些地方的特色美食，其独特的口感和风味也可引来消费者的追捧。

4. 外观

农产品的外观直接影响着消费者的购买欲望，即使一款口感不太好的产品，经过精美的包装，也会吸引消费者买来作为礼品或装饰品赠送给亲朋，甚至被营销成一种时尚的符号。例如，万圣节的苹果、情人节的玫瑰等。

5. 认同感

要让消费者认同产品就要站在消费者的角度去考虑产品能为消费者带来什么好处，消费者只有看到具体的利益，才会认同产品。比如原生态种植的大豆能带给消费者的想象有：营养丰富，富含蛋白质、氨基酸等；食用方法多样，可煮粥、炖汤、打豆浆等。此外，农产品还可以传递情感和文化，因此商家可以通过与消费者产生情感共鸣，让消费者真正认同产品。

6. 权威性

权威性是证明农产品质量的有力武器，检测报告、质检认证书等权威性证书是对农产品品质和安全性的最好保障，也是对消费者权益的最大保护。有了权威性认证，消费者在购买产品时就会更加放心。

7. 口碑

在竞争激烈的市场中，口碑的力量不容忽视。消费者的正向反馈能够让其他消费者产生从众心理，从而去购买。农村电商从业人员在挖掘卖点时，应尽量展现农产品的好口碑，比如消费者的正面评价、好评数量等。

8. 赠品

赠品偏向于营销层面，赠品可辅助为农产品打造满足消费者超乎想象的价值。赠品还可用于捆绑其他产品，让消费者在感到物超所值的同时，间接宣传其他产品。

9. 情怀

消费者在购物时除了关注农产品的价格或质量，农产品背后的价值理念等也是打动消费者的重要因素。从情怀切入，传递某种正能量，容易让消费者在情感上产生认同，进而产生购买力。比如褚橙就是由于背后浓浓的情怀而被称为励志橙的，而励志情怀也就成为褚橙的一大核心卖点。

除此之外，新鲜程度、人物和达人等均可成为卖点。通过对以上卖点的分析与对照，商家可有针对性地打造属于自己农产品的卖点，让自己的农产品具备一定的吸引力。

（资料来源：根据百度文库、哔哩哔哩等网络资料整理）

六、同步拓展

（1）查阅资料，了解并思考如何监督和保证农产品的质量安全。

（2）如何为选定的家乡特色农产品做消费者用户画像？

项目总结

本项目旨在帮助学生了解网络时代经济全球化背景下电子商务发展的热点应用，熟悉移动电子商务、跨境电子商务、农村电子商务的相关概念、分类与特点、主要平台或模式、发展现状与趋势。通过学习这些内容，学生将加深对新模式、新业态的了解，提高在电子商务活动中与时俱进的职业敏感度，培养国际化的视野，并激发热爱家乡、助力乡村振兴的情怀。

反侵权盗版声明

电子工业出版社依法对本作品享有专有出版权。任何未经权利人书面许可,复制、销售或通过信息网络传播本作品的行为;歪曲、篡改、剽窃本作品的行为,均违反《中华人民共和国著作权法》,其行为人应承担相应的民事责任和行政责任,构成犯罪的,将被依法追究刑事责任。

为了维护市场秩序,保护权利人的合法权益,我社将依法查处和打击侵权盗版的单位和个人。欢迎社会各界人士积极举报侵权盗版行为,本社将奖励举报有功人员,并保证举报人的信息不被泄露。

举报电话:(010)88254396;(010)88258888
传　　真:(010)88254397
E-mail:　dbqq@phei.com.cn
通信地址:北京市海淀区万寿路 173 信箱
　　　　　电子工业出版社总编办公室
邮　　编:100036